Bernd Gräser/Jan Holthaus

Die Generalversammlung und die Vertreterversammlung der Genossenschaft

Bernd Gräser / Jan Holthaus

Die Generalversammlung und die Vertreterversammlung der Genossenschaft

11., vollständig aktualisierte und ergänzte Auflage 2021

Druck: Görres Druckerei und Verlag GmbH, Neuwied

961 120 DG Nexolution eG

ISBN 978-3-87151-283-4

Vorwort zur 11. Auflage

Die 11. Auflage dieses bewährten Standardwerkes – erstmals unter Mitarbeit von Herrn Jan Holthaus – liegt nun in vollständig überarbeiteter Fassung vor. Als wesentliche Erweiterung enthält das Werk ein neues Kapitel (VI) zur virtuellen General- und Vertreterversammlung. Die Autoren sind der Auffassung, dass die virtuelle General- und Vertreterversammlung auch über die Zeit der pandemiebedingten Versammlungsverbote hinaus einen festen Anwendungsbereich haben wird. Dies schon deshalb, weil im Jahr 2020 die Mustersatzungen um Regelungen zur virtuellen General- und Vertreterversammlung ergänzt worden sind.

Zudem sprechen die vorwiegend positiven Ergebnisse einer Umfrage des DGRV im Mai/Juni 2021 für eine Beibehaltung der virtuellen GV/VV, sei es als ein Nebeneinander mit der Präsenzveranstaltung oder als generell virtuelle Veranstaltung. Dies ist Anlass genug, das vorliegende Werk um ein vollständig neues Kapitel (VI) zur virtuellen General- und Vertreterversammlung zu erweitern.

Die Autoren hoffen, dass das Werk als Hilfe zur Vorbereitung, Durchführung und Nachbereitung jeder GV/VV genutzt werden kann.

Stuttgart/Bonn, September 2021
Rechtsanwalt Bernd Gräser
Rechtsanwalt Jan Holthaus

Inhaltsverzeichnis

I Grundlagen

1 Die eingetragene Genossenschaft

Die eingetragene Genossenschaft ist eine **Gesellschaft** mit dem gesetzlich definierten Zweck gemäß § 1 Abs. 1 Genossenschaftsgesetz (GenG), den Erwerb oder die Wirtschaft ihrer Mitglieder oder deren soziale oder kulturelle Belange durch gemeinschaftlichen Geschäftsbetrieb zu fördern. Die Genossenschaft ist **juristische Person** und **Kaufmann** im Sinne des Handelsgesetzbuchs (§ 17 GenG). Sie besitzt damit Rechtsfähigkeit und handelt durch ihre Organe.

Die Genossenschaft hat **drei Organe:** Vorstand, Aufsichtsrat und Generalversammlung oder Vertreterversammlung (vgl. Abschnitt 3 im GenG, Verfassung der Genossenschaft im GenG (§ 24 – 52 GenG)). Diese Organe der Genossenschaft stehen nicht in einem Über- oder Unterordnungsverhältnis, sondern im Sinne einer Funktions- und Gewaltenteilung nebeneinander.

Dem **Vorstand** obliegt gemäß § 27 Abs. 1 Satz 1 GenG die Leitung der Genossenschaft. Er ist bei seiner Tätigkeit eigenverantwortlich und nicht an Weisungen der Generalversammlung/Vertreterversammlung gebunden, vorbehaltlich einer dahin gehenden Satzungsregelung (§ 27 Abs. 1 Satz 2 GenG). Bei Genossenschaften mit nicht mehr als 20 Mitgliedern kann die Satzung vorsehen, dass der Vorstand an Weisungen der Generalversammlung gebunden ist (§ 27 Abs. 1 Satz 3 GenG).

Der Aufsichtsrat hat gemäß § 38 Abs. 1 Satz 1 GenG den Vorstand bei dessen Geschäftsführung zu überwachen.

Die **General-/Vertreterversammlung** ist das Organ, in dem sich die gemeinsame **Willensbildung** der Mitgliederangelegenheiten der Genossenschaft vollzieht.[1] Die General-/Vertreterversammlung ist nach dem Genossenschaftsgesetz für eine Reihe von Entscheidungen ausschließ-

1 Lang/Weidmüller: GenG, 2022, § 43 Rdn. 2.

lich zuständig. Diese Rechte können der General-/Vertreterversammlung auch nicht durch die Satzung entzogen werden. Über die in Gesetz und Satzung vorgesehene Zuständigkeit der General-/Vertreterversammlung hinaus ist die Entscheidung der General-/Vertreterversammlung regelmäßig bei schwerwiegenden Eingriffen in die Rechte und Interessen der Mitglieder (sogenannter Kernbereich) herbeizuführen. Dies folgt aus dem Grundsatz der **Selbstverwaltung** und **Selbstverantwortung** der Mitglieder und gilt für alle Entscheidungen, die die Existenz des genossenschaftlichen Unternehmens nachhaltig beeinflussen können oder in anderer Weise den Kernbereich des genossenschaftlichen Förderungsunternehmens berühren.[2]

In der Praxis wird zwischen ordentlichen General-/Vertreterversammlungen und außerordentlichen General-/Vertreterversammlungen unterschieden, obwohl das GenG diese Unterscheidung nicht kennt. Die **ordentliche** General-/Vertreterversammlung findet regelmäßig (turnusgemäß) nach Abschluss eines Geschäftsjahres statt. Die üblichen Tageordnungspunkte sind neben den Berichten von Vorstand, Aufsichtsrat und Prüfung die Beschlussfassung über die Feststellung des Jahresabschlusses, die Verwendung des Jahresüberschusses bzw. die Deckung eines Jahresfehlbetrags, die Entlastung der Mitglieder des Vorstands und des Aufsichtsrats sowie die Wahlen zum Aufsichtsrat. Die ordentliche General-/Vertreterversammlung hat innerhalb der ersten sechs Monate nach Ablauf des Geschäftsjahres stattzufinden (§ 48 Abs. 1 Satz 3 GenG, § 27 Abs. 1 der Mustersatzungen).

Außerordentliche General-/Vertreterversammlungen werden nach Bedarf einberufen (vgl. § 44 Abs. 2 GenG), z. B. zur Beschlussfassung über eilbedürftige Satzungsänderungen, über eine Verschmelzung, über die Einführung der Vertreterversammlung etc. Auch ein Verlangen der Mitglieder (§ 45 Abs. 1 Satz 1) oder des Prüfungsverbands (§ 60 Abs. 1 GenG) nach Einberufung einer General-/Vertreterversammlung kann zu einer außerordentlichen General-/Vertreterversammlung führen.

2 Ebda., § 43 Rdn. 10.

2 Die Generalversammlung

Einer Generalversammlung gehören **alle Mitglieder** an. Dazu zählen auch Minderjährige oder juristische Personen, deren Rechte durch die gesetzlichen Vertreter wahrgenommen werden. Mitglieder, denen im Rahmen eines Ausschlussverfahrens der Beschluss über den Ausschluss zugesandt wurde, können ab dessen Absendung nicht mehr an der Generalversammlung teilnehmen. Ausgeschiedene Mitglieder haben keinen Anspruch, an der Generalversammlung teilzunehmen (§ 68 Abs. 2 Satz 2 GenG). Mangels Mitgliedschaft zum Zeitpunkt der Beschlussfassung haben ausgeschiedene Mitglieder keinen Anspruch, an der Generalversammlung teilzunehmen, die über die Dividende des Geschäftsjahres entscheidet, in dem das ausgeschiedene Mitglied noch Mitglied war. Es gilt der Grundsatz, dass das Mitglied sein Stimmrecht persönlich ausüben soll (§ 43 Abs. 4 Satz 1 GenG). Dies folgt aus der Selbstverantwortung und Selbstverwaltung der Mitglieder. Die persönliche Ausübung des Stimmrechts ist jedoch keine Pflicht, denn es ist nicht ausgeschlossen, dass Mitglieder sich in der Generalversammlung vertreten lassen (§ 43 Abs. 5 Satz 1 GenG). Die Satzung kann persönliche Voraussetzungen für Bevollmächtigte aufstellen, insbesondere die Bevollmächtigung von Personen ausschließen, die sich geschäftsmäßig zur Ausübung des Stimmrechts erbieten (§ 43 Abs. 5 Satz 4 GenG).

3 Die Vertreterversammlung

Die Vertreterversammlung ist eine **besondere Form der Generalversammlung** (§ 43a Abs. 1 Satz 1). Die Rechte der Mitglieder werden im Rahmen eines Repräsentationssystems durch gewählte Vertreter wahrgenommen. In der Satzung muss das Verhältnis zwischen Mitgliederzahl und zu wählenden Vertretern geregelt sein. Die Vertreterversammlung **kann** gemäß § 43a Abs. 1 Satz 1 GenG durch Satzungsänderung eingeführt werden, wenn die Mitgliederzahl mehr als 1.500 beträgt. Da keine Pflicht zur Einführung der Vertreterversammlung besteht, kann auch bei bestehender Vertreterversammlung durch Satzungsänderung die Generalversammlung wieder eingeführt werden. Die Vertreterversammlung ist ein fakultatives Organ. Die Wiedereinführung der Generalversammlung kann nicht nur durch die Vertreterversammlung beschlossen werden, sondern auch durch eine Generalversammlung. § 43 Abs. 7 Satz 1 GenG sieht vor, dass die Generalversammlung zur Beschlussfassung über die Abschaffung der Vertreterversammlung unverzüglich einzuberufen ist, wenn dies von mindestens einem Zehntel der Mitglieder oder dem in der Satzung hierfür bestimmten geringeren Teil in Textform beantragt wird. Insoweit bestehen General- und Vertreterversammlung stets nebeneinander.[3]

Die Einführung einer Vertreterversammlung folgt oftmals praktischen Überlegungen. So können z. B. keine geeigneten Versammlungsräume vor Ort vorhanden sein, um alle Mitglieder im Rahmen einer Generalversammlung aufzunehmen. Der Einwand, durch Vertreterversammlungen ginge der Kontakt zu den Mitgliedern verloren, lässt sich durch das Abhalten **örtlicher Mitgliederversammlungen** entkräften. Diese örtlichen Mitgliederversammlungen dienen der Information der Mitglieder. Die Einbindung in die demokratische Meinungsbildung wird hierdurch insoweit gefördert, als diesen Mitgliederversammlungen ein Vorschlagsrecht für die Besetzung der Aufsichtsräte oder auch die Wahl von Beiräten übertragen werden kann.

Bei beschlossener Vertreterversammlung bleibt die Generalversammlung bis zur Eintragung des satzungsändernden Beschlusses im **Genossenschaftsregister** noch zuständig für alle anstehenden Beschlüsse. Sie verliert ihre Zuständigkeit erst mit der Eintragung der Satzungsänderung.[4] Nach ihrer Einführung ist die Vertreterversammlung für jede Beschlussfassung zuständig, die sonst in den Aufgabenbereich der Generalversammlung fiele, falls nicht die Satzung spezielle Zuständigkeiten für eine Generalversammlung vorsieht (§ 43a Abs. 1 Satz 2 GenG).

Die Vertreter haben ein allgemeines Mandat aller Mitglieder; sie sind deshalb an Weisungen einzelner Mitglieder nicht gebunden, sondern üben ihr Amt nach pflichtgemäßem Ermessen im Interesse der Genossenschaft aus. Im Gegensatz zum Mitglied in der Generalversammlung darf der Vertreter keine eigenen Interessen zum Maßstab seiner Entscheidungen machen.[5]

Der Vertreter hat sein Mandat persönlich wahrzunehmen; eine rechtsgeschäftliche Vertretung ist nicht möglich. Bei Wegfall eines Vertreters

3 Beuthien: Genossenschaftsgesetz, 2018, § 43a Rdn. 2.

4 Lang/Weidmüller: GenG, 2022, § 43a Rdn. 12.

5 Ebda., § 43a Rdn. 9, Rdn. 60 ff.

(Beispiel: Beendigung der Mitgliedschaft, Tod etc.) tritt ein Ersatzvertreter an dessen Stelle.

Das Vertreteramt ist seiner Natur nach ein **Ehrenamt.** Damit ist die Zahlung einer Vergütung ausgeschlossen.[6]

Den nicht zu Vertretern gewählten Mitgliedern verbleiben ihre **Mitgliedschaftsrechte.** Dies gilt uneingeschränkt für das Recht, die Leistungen der Genossenschaft in Anspruch zu nehmen, oder für das Recht auf Information, z.B. hinsichtlich des Protokolls (Niederschrift) der Vertreterversammlung (§ 47 Abs. 4 Satz 1 GenG). Die Mustersatzung der Kreditgenossenschaften erwähnt in § 11 als Rechte der Mitglieder bei eingeführter Vertreterversammlung:

- Teilnahme an der Vertreterwahl und Bewerbung um das Vertreteramt,
- Antragsrecht für die Tagesordnung der Vertreterversammlung,
- Antragsrecht auf Berufung außerordentlicher Vertreterversammlungen,
- Einreichung von Wahlvorschlägen für die Vertreterversammlung; hierzu bedarf es der Unterschriften von 150 Mitgliedern,
- Recht auf Teilnahme am Gewinn,
- Recht auf Einsicht des Jahresabschlusses, des Lageberichts und des Berichts des Aufsichtsrats (in den Geschäftsräumen, auf der Internetseite oder als Abschrift),
- Recht auf Einsicht in das zusammengefasste Ergebnis des Prüfungsberichtes,
- Recht auf Einsicht in die Niederschrift der Vertreterversammlung sowie Erhalt einer Abschrift,
- Recht auf Einsicht in die Mitgliederliste,
- Verlangen einer Abschrift der Liste der Vertreter und Ersatzvertreter (Name, Anschrift, Telefonnummer oder E-Mail-Adresse).

Besonderheiten der Vertreterversammlung werden nachfolgend grau unterlegt hervorgehoben. Zur Wahl der Vertreterversammlung vgl. Kapitel V.

6 Ebda., § 43a Rdn. 66 ff.; a. a. O. auch Hinweise zum **Aufwendungsersatz.**

II Vorbereitung der General-/ Vertreterversammlung

1 Beteiligte Personen

Die Vorbereitung, Durchführung und Nachbereitung einer General-/Vertreterversammlung bedarf der Mitwirkung einer Vielzahl von Personen. Es kann sich deshalb empfehlen, einen **Organisationsverantwortlichen** zu benennen, der die Aufgaben der unterschiedlichen Personen koordiniert. Vorstand und Aufsichtsrat, insbesondere der Aufsichtsratsvorsitzende als Versammlungsleiter, sind unabkömmlich. Der genossenschaftliche Prüfer bzw. ein Vertreter des zuständigen genossenschaftlichen Prüfungsverbandes sollte im Hinblick auf die Berichterstattung über das Prüfungsergebnis einbezogen werden. Organisatorisch sind die Eingangskontrolle, die Protokollführung und die Stimmzählung sicherzustellen. Soweit erforderlich, sind Personen für Technik, Betreuung für geladene Gäste und Mitglieder, Bewirtung und Programmgestaltung zu bestellen und einzuweisen (vgl. Kapitel II Abschnitt 9).

2 Zuständigkeit für die Einberufung

Die General-/Vertreterversammlung wird gemäß § 44 Abs. 1 GenG **durch den Vorstand** einberufen, soweit nicht nach der Satzung oder dem Genossenschaftsgesetz auch andere Personen dazu befugt sind. Auch die Mustersatzungen gehen von der Einberufung durch den Vorstand aus (vgl. z. B. § 28 Abs. 1 Alternative A der MS), lassen aber eine Option dahingehend zu, auch den Aufsichtsrat, vertreten durch den Aufsichtsratsvorsitzenden, als befugt anzusehen.

Diese Zuständigkeit gilt auch für den Fall, dass Mitglieder von ihrem Einberufungsverlangen Gebrauch machen. Dieses **Einberufungsverlangen** einer **Minderheit** ist in § 45 Abs. 1 S. 1 GenG normiert. Danach muss die General-/Vertreterversammlung unverzüglich einberufen werden, wenn mindestens **ein Zehntel** der Mitglieder oder der in der Satzung hierfür bezeichnete geringere Teil in **Textform** unter Anführung des Zwecks und der Gründe die Einberufung verlangt. Textform bedeutet gemäß § 126b BGB die Erklärung in einer Urkunde oder auf andere zur dauerhaften Wiedergabe in Schriftzeichen geeignete Weise, in der die Person des Erklärenden genannt und der Abschluss der Erklärung durch Nachbildung der Namensunterschrift oder anders erkennbar gemacht worden ist. Die Textform wird beispielsweise auch durch eine E-Mail eingehalten.

Die Mustersatzung regelt das Einberufungsverlangen der Minderheit in den Rechten der Mitglieder in § 11 Buchst. d und § 28 Abs. 2 MS.

> ▶ *Besonderheiten für die Vertreterversammlung*
>
> *Für die Vertreterversammlung gilt die gleiche Regelung: Ein Zehntel der Mitglieder kann die Einberufung verlangen. Ergänzend kommt hinzu, dass für die Einberufung auch ein Zehntel der Vertreter ausreichend ist.[1] Darüber hinaus haben Mitglieder, auf deren Verlangen eine Vertreterversammlung einberufen wird, das Recht, an dieser Versammlung mit Rede- und Antragsrecht teilzunehmen (§ 45 Abs. 1 Satz 2 GenG). Die Satzung kann Bestimmungen darüber treffen, dass ein Rede- und Antragsrecht in der Vertreterversammlung nur von einem oder mehreren von den teilnehmenden Mitgliedern aus ihrem Kreis gewählten Bevollmächtigten ausgeübt werden kann (§ 45 Abs. 1 Satz 3 GenG). Die Mustersatzung sieht diese Alternative in § 28 Abs. 2 Satz 3 MS vor. Sie empfiehlt sich, um den Kreis der Diskussionsteilnehmer nicht zu sehr auszuweiten.*

In Ausnahmefällen sind für die Einberufung einer General-/Vertreterversammlung zuständig:

- die Mitglieder, wenn dem Verlangen des zehnten Teils von ihnen nach Einberufung der General-/Vertreterversammlung durch den Vorstand nicht entsprochen wurde und das Amtsgericht diese Mitglieder zur Einberufung der Generalversammlung ermächtigt (§ 45 Abs 3 Satz 1 GenG). Mit der Einberufung ist die gerichtliche Ermächtigung bekanntzumachen (§ 45 Abs. 3 Satz 2 GenG); eine wörtliche Wiedergabe des Gerichtsbeschlusses ist nicht erforderlich[2];

---

1 Ebda., § 45 Rdn. 3.

2 Ebda., § 45 Rdn. 20.

- der **Aufsichtsrat,** wenn die Einberufung im Interesse der Genossenschaft erforderlich ist (§ 38 Abs. 2 Satz 1 GenG) oder wenn die Satzung dies vorsieht (§ 28 Abs. 1 Satz 2 MS);
- der **Prüfungsverband,** wenn er der Überzeugung ist, dass die Beschlussfassung über den Prüfungsbericht ungebührlich verzögert wird oder dass die General-/Vertreterversammlung bei der Beschlussfassung über wesentliche Feststellungen oder Beanstandungen des Prüfungsberichts unzulänglich unterrichtet war (§ 60 Abs. 1 GenG). Daneben bleibt stets auch der Vorstand zur Einberufung berechtigt (§ 44 Abs. 1 GenG);
- bei Kreditgenossenschaften kann aus aufsichtsrechtlichen Gründen auch die BaFin die Einberufung verlangen (§ 44 Abs. 5 KWG).

Im Fall der **Liquidation** treten für die Einberufung der Generalversammlung die Liquidatoren an die Stelle des Vorstands (§ 89 Satz 1 GenG).

▶ *Besonderheiten für die Vertreterversammlung*

Bei eingeführter Vertreterversammlung kann im Fall des § 45 Abs. 3 S. 1 GenG wiederum der zehnte Teil der Vertreter, aber auch der zehnte Teil der Mitglieder durch das Gericht zur Einberufung der Vertreterversammlung ermächtigt werden.

3 Zeitpunkt der General-/Vertreterversammlung und Einladungsfristen

Gemäß § 336 Abs. 1 Satz 1 u. 2 HGB hat der Vorstand einer Genossenschaft in den ersten fünf Monaten des Geschäftsjahres den Jahresabschluss und den Lagebericht für das vergangene Geschäftsjahr aufzustellen. Folgerichtig schreibt die Mustersatzung (§ 27 Abs. 1) in Übereinstimmung mit § 48 Abs. 1 Satz 3 GenG vor, die General-/Vertreterversammlung spätestens innerhalb eines weiteren Monats abzuhalten, nämlich in den ersten sechs Monaten nach Ablauf des Geschäftsjahres.

Es kann jedoch Gründe geben, die eine **Fristüberschreitung** ohne Verschulden der zuständigen Organe der Genossenschaft zulassen. So kann beispielsweise wegen Sonderfaktoren die gesetzliche Prüfung noch nicht abgeschlossen sein oder ein geeigneter Versammlungsraum nicht zur Verfügung stehen. Im Rahmen der Gesetzesbegründung des Gesetzes über Maßnahmen im Gesellschafts-, Genossenschafts-, Vereins-, Stiftungs- und Wohnungseigentumsrecht zur Bekämpfung der Auswirkungen der COVID-19-Pandemie (COVMG) hat der Gesetzgeber ausgeführt, dass die Versäumung der Sechsmonatsfrist keine Sanktionen zur Folge hat und die Fristeinhaltung auch nicht durch ein Zwangsgeld nach § 160 GenG erzwungen werden kann. Mangels Verschuldens der Organe kann die Fristversäumung im Rahmen der genossenschaftlichen Pflichtprüfung auch nicht dazu führen, dass die Ordnungsmäßigkeit der Geschäftsführung in Zweifel gezogen werden könnte.[3]

Es sollte sich deshalb auch keine Genossenschaft gezwungen sehen, bei erschwerter Durchführung innerhalb von sechs Monaten einen ungeprüften Jahresabschluss der General-/Vertreterversammlung zur **Feststellung** vorzulegen. Eine vorherige Prüfung des Jahresabschlusses durch den Prüfungsverband ist bei Genossenschaften, die nach § 53 Abs. 2 GenG prüfungspflichtig sind, aber keinen Bestätigungsvermerk benötigen, keine Voraussetzung für die Feststellung. Auch ein ungeprüfter Jahresabschluss kann in diesen Fällen von der General-/Vertreterversammlung festgestellt werden.

Bei eingetragenen Genossenschaften (eG), die einen Bestätigungsvermerk benötigen, ist zu differenzieren: Bei Kreditgenossenschaften muss der Jahresabschluss unabhängig von der Bilanzsumme gemäß §§ 340k Abs. 1, 316 Abs. 1 Satz 2 HGB vor seiner Feststellung immer geprüft worden sein, ansonsten ist der Feststellungsbeschluss unwirksam. Hingegen muss der Jahresabschluss großer Genossenschaften i. S. d. § 267 Abs. 3 HGB, die gemäß § 58 Abs. 2 GenG eines Bestätigungsvermerks bedürfen, vor seiner Feststellung nicht geprüft worden sein. Anders als bei Kreditgenossenschaften fehlt für große Genossenschaften ein Verweis auf den Dritten Unterabschnitt des Zweiten Abschnitts des HGB (§§ 316 ff. HGB).

Der **Termin** und der **Tagungsort** der Versammlung werden in gemeinsamer Sitzung von Vorstand und Aufsichtsrat gemäß § 23 Abs. 1 Buchst. f MS festgelegt. Gleiches gilt für die Entscheidung, ob die General-/Vertreterversammlung in physischer Präsenz der Mitglieder/Vertreter oder auf digitalem Wege stattfindet; für die Art der Teilnahme der Mitglieder/Ver-

3 Vgl. BT-Drs. 19/18110, S. 28.

treter an der General-/Vertreterversammlung im Weg der elektronischen Kommunikation; für die Möglichkeit der Mitwirkung an der Beschlussfassung einer nur als Präsenzversammlung durchgeführten General-/Vertreterversammlung und die Frage nach der Bild- und Tonübertragung (vgl. hierzu Kapitel VI Abschnitt 3.1.1). Termine an Sonn- und Feiertagen sind nicht grundsätzlich ausgenommen (zur Form der Einladung vgl. Kapitel II Abschnitt 7, zum Tagungsort Kapitel II Abschnitt 4).

Für die **Einberufung** der General-/Vertreterversammlung ist nach § 46 Abs. 1 Satz 1 GenG und der Mustersatzung eine Frist von mindestens **zwei Wochen** vorgeschrieben, die zwischen dem Tag des Zugangs bzw. der Veröffentlichung der Einberufung und dem Tag der General-/Vertreterversammlung liegen muss (§ 28 Abs. 3 Satz 1 MS). Dies bedeutet, dass der Tag, an dem die Einladung den Mitgliedern zugeht bzw. die Veröffentlichung erfolgt, und der Tag der Versammlung bei der Fristberechnung nicht mitzuzählen sind. Die Sams-, Sonn- und Feiertage werden hingegen mitgezählt; fällt der letzte Tag der Frist auf einen solchen, so läuft die Frist erst am nächsten Werktag ab (§ 193 BGB).

Für den Fall der Einladung in Textform kann die Satzung eine **Zugangsfiktion** enthalten. Gemäß § 28 Abs. 7 MS gelten Mitteilungen als zugegangen, wenn sie zwei Werktage vor Beginn der Frist abgesendet worden sind.

Im Hinblick auf die gesetzliche Regelung des Fristenrechts empfiehlt es sich, die Frist für die Einladung so ausreichend zu bemessen, dass Zweifel an ihrer Einhaltung unter allen Umständen ausgeschlossen sind. Die Frist ist auch einzuhalten, wenn die General-/Vertreterversammlung aufgrund gerichtlicher Ermächtigung von den Genossenschaftsmitgliedern einberufen wird (vgl. Kapitel II, Abschnitt 2).

▶ TIPP

Es ist empfehlenswert, „rückwärts" zu rechnen. Dabei ist Ausgangspunkt der geplante Tag der Versammlung: Mindestens 16 Tage vor der Versammlung müsste die Einladung zum Versand gegeben werden.

Beispiel: Liegt der Tag der Versammlung auf einem Montag, ergibt die Rückrechnung von zwei Wochen den Fristbeginn am Sonntag vor 14 Tagen. Im Hinblick auf § 193 BGB ist Fristbeginn am vorhergehenden Werktag, also Freitag vor 16 Tagen. Bei Postversand kommen zwei weitere Tage hinzu.

Die General-/Vertreterversammlung wird – zumindest bei Kreditgenossenschaften – im Regelfall in den Abendstunden stattfinden. Soweit es sich um die üblichen Tagesordnungspunkte einer ordentlichen General-/Vertreterversammlung handelt, können diese innerhalb von ein bis zwei Stunden abgewickelt werden. Eine **Einladung** auf 20:00 Uhr ist angemessen.

Eine andere Betrachtung kann sich bei **besonderen Tagesordnungspunkten** ergeben, z. B. bei Verschmelzung oder bei Regressverfolgung gegen ein Vorstandsmitglied, insbesondere auch bei außerordentlichen General-/Vertreterversammlungen. Hier ist das Mitgliederinteresse oftmals sehr groß. Es kann zu Schlangen bei der Eingangskontrolle kommen, sodass sich der Beginn verzögert. Auch ist mit längeren Diskussionen und schriftlichen Abstimmungen zu rechnen. In diesen Fällen empfiehlt sich der Verzicht auf ein Programm und ein früherer Beginn, z. B. 19:00 Uhr.

▶ TIPP

Sinnvoll kann es in Ausnahmefällen auch sein, vorsorglich die General-/Vertreterversammlung gleich für den Folgetag ab 0:00 Uhr einzuladen. Falls die Versammlung über Mitternacht hinausgeht, führt dies nach herrschender Meinung zwar nicht zur Nichtigkeit der bis dahin gefassten Beschlüsse[4], Anfechtbarkeit ist aber denkbar und hängt von einer Zumutbarkeitsprüfung ab.[5]

Der ausgesuchte Termin der General-/Vertreterversammlung sollte auch weitere Faktoren berücksichtigen, wie beispielsweise ungewollte **Terminüberschneidungen** mit kulturellen oder sportlichen Ereignissen, um möglichst vielen Mitgliedern den Besuch der Versammlungen zu ermöglichen.

4 Tagungsort

Die General-/Vertreterversammlung findet am **Sitz der Genossenschaft** statt (§ 27 Abs. 3 MS). Vorstand und Aufsichtsrat können nach gemeinsamer Beratung in getrennter Abstimmung einen anderen Tagungsort als den Sitz der Genossenschaft festlegen (§ 23 Abs. 1 Buchst.

4 Zur AG OLG Koblenz ZIP 2001, 1093; OLG München AG 2011, 840 u. a.

5 LG München, AG 2008, 3040 ff.

f MS). Gleiches gilt für die Durchführung der General-/Vertreterversammlung ohne physische Präsenz der Mitglieder (§ 36a Abs. 1 MS), die Möglichkeit der Teilnahme der Mitglieder an der General-/Vertreterversammlung im Wege der elektronischen Kommunikation (§ 36a Abs. 5), die Möglichkeit der Mitwirkung an der Beschlussfassung einer nur als Präsenzversammlung durchgeführten Generalversammlung (§ 36b MS) und die Bild- und Tonübertragung der Generalversammlung (§ 36c MS; siehe hierzu Kapitel VI Abschnitt 3.1.1). Der Tagungsort muss grundsätzlich auch bei Abweichung vom Sitz der Genossenschaft innerhalb des Geschäftsgebiets der Genossenschaft liegen und für alle Mitglieder ohne unverhältnismäßig große Schwierigkeit erreichbar sein. Die Einrichtung eines Fahrservices oder Bustransfers kann erwogen werden. Eine General-/Vertreterversammlung, die z. B. wegen der Wahl des Versammlungsorts einem Teil der Mitglieder die Teilnahme unmöglich machen würde, ist mit den Grundsätzen des Genossenschaftsrechts nicht vereinbar und kann einen Anfechtungsgrund darstellen.

Ausnahmsweise kann es den Mitgliedern bei starkem Besuch der Versammlung zugemutet werden, z. B. in **Nebenräumen** oder einem Zelt an der General-/Vertreterversammlung teilzunehmen. Es muss gewährleistet sein, dass alle den Vorträgen folgen können und Gelegenheit haben, an Aussprache und Beschlussfassung mitzuwirken.[6] Hierzu bedarf es technischer Hilfsmittel und guter Organisation, z. B. einer Übertragung der Versammlung in den Nebenraum auf Leinwand, sowie Stimmzählern und Meldern, die Diskussionswünsche sowie Auszählungsergebnisse bei Abstimmungen dem Versammlungsleiter mitteilen.

Diese Ausnahmesituation ist zu trennen von den in § 43 Abs. 7 Satz 1 GenG vorgesehenen Möglichkeiten, durch Satzungsregelung Beschlüsse der Mitglieder in elektronischer Form fassen zu lassen. Die Mustersatzung sieht diese Möglichkeiten in §§ 36a–36b MS vor (vgl. hierzu die Ausführungen zu virtuellen General- und Vertreterversammlungen in Kapitel VI Abschnitt 2). Nicht geregelt ist eine Teilnahme der Aufsichtsräte an der Versammlung im Wege der Bild- und Tonübertragung. Eine generelle Übertragung der Versammlung im Wege der Bild- und Tonübertragung ist in § 36c MS geregelt.

6 Vgl. Lang/Weidmüller, GenG, 2022, § 43 Rdn. 118.

Bei größeren Versammlungen kann sich die Notwendigkeit ergeben, am Tagungsort die Anwesenheit von **Sanitätsdienst** und **Feuerwehr** sicherzustellen. Eine entsprechende Absprache gehört zur Vorbereitung.

5 Einzuladender Personenkreis

Zur Generalversammlung einzuladen sind alle **Mitglieder der Genossenschaft.** Es müssen auch solche Mitglieder eingeladen werden, deren gegenwärtige Anschrift nicht bekannt ist; die Einladung ergeht in diesen Fällen an die letzte bekannte Anschrift oder E-Mail-Adresse. Auf die lückenlose Einladung der Mitglieder ist unter anderem deshalb zu achten, weil ein nicht eingeladenes und deshalb nicht in der Generalversammlung erschienenes Mitglied gemäß § 51 Abs. 2 Satz 1 GenG grundsätzlich berechtigt ist, innerhalb eines Monats seit Abhaltung der Generalversammlung deren Beschlüsse anzufechten.

Nicht einzuladen sind Mitglieder,

- die aus der Genossenschaft **ausgeschlossen** sind und an die der eingeschriebene Brief mit der Beschlussfassung des Ausschlusses gemäß § 68 Abs. 2 Satz 2 GenG bereits abgesandt wurde, auch wenn über die Rechtmäßigkeit des Ausschlusses ein Rechtsstreit anhängig ist;
- die ihr **Geschäftsguthaben übertragen** haben, und zwar vom Zeitpunkt der Eintragung in die Mitgliederliste an (§ 76 Abs. 1 Satz 1, Abs. 3, § 69 GenG).

Mitglieder, die ihre Mitgliedschaft **gekündigt** haben oder deren Mitgliedschaft gemäß § 66, 66a GenG durch einen Gläubiger bzw. Insolvenzverwalter gekündigt worden ist, sind bis zum Zeitpunkt ihres Ausscheidens zur Generalversammlung einzuladen. Dies ist der Schluss des Geschäftsjahres, in dem die Kündigungsfrist abgelaufen ist (§§ 65 Abs. 2, 69 GenG). Demzufolge dürfen diese Mitglieder an späteren Generalversammlungen nicht mehr teilnehmen, auch wenn z. B. über den Jahresabschluss des Geschäftsjahres zu beschließen ist, während dessen die Mitgliedschaft noch bestanden hat.

Personen, die ihre **Beitrittserklärung** zur Genossenschaft zwar abgegeben haben, die aber noch nicht als Mitglieder zugelassen worden sind

(§ 15 Abs. 1 GenG), können als Gäste (ohne Stimmrecht) zur Generalversammlung eingeladen und zugelassen werden (vgl. hierzu Kapitel III Abschnitt 6.3).

Stirbt ein Mitglied, so geht dessen Mitgliedschaft gemäß § 7 MS i. V. m. § 77 Abs. 1 GenG auf den **Erben** über. Die Mitgliedschaft des Erben endet mit dem Schluss des Geschäftsjahres, in dem der Erbfall eingetreten ist; bis zu diesem Zeitpunkt ist der Erbe als Mitglied zur Generalversammlung einzuladen. Entsprechendes gilt, wenn das verstorbene Mitglied von mehreren Erben beerbt worden ist. In diesem Fall sind alle Erben (Erbengemeinschaft) persönlich einzuladen, haben jedoch lediglich eine Stimme.

Der zuständige gesetzliche **Prüfungsverband** hat nach dem Genossenschaftsgesetz und nach der Verbandssatzung grundsätzlich ein Recht zur Teilnahme an der General-/Vertreterversammlung. Er ist daher ebenfalls zu den General-/Vertreterversammlungen der ihm angeschlossenen Genossenschaften einzuladen (§ 36 MS; vgl. auch § 59 Abs. 3 GenG).

▸ *Besonderheiten für die Vertreterversammlung*

Die Einladung zur Vertreterversammlung ist an ***alle zu Vertretern gewählte Mitglieder*** *bzw.* ***nachgerückte Ersatzvertreter*** *zu richten, nicht aber generell an die Ersatzvertreter. Im Übrigen gelten die vorstehenden Ausführungen mit der Besonderheit entsprechend, dass das Vertreteramt mit dem Tode des Vertreters endet; es geht also nicht auf dessen Erben über. Nicht einzuladen sind ferner Personen, deren Vertreteramt anderweitig endet, sei es durch Ausscheiden aus dem Amt, durch Wahl in den Vorstand oder Aufsichtsrat sowie durch Eintritt der Geschäftsunfähigkeit oder der beschränkten Geschäftsfähigkeit (§ 26f Abs. 3 MS). Von der Einberufung der Vertreterversammlung zu unterrichten – und damit einzuladen – sind die Mitglieder, die einen* ***Minderheitenantrag*** *gemäß § 45 Abs. 1 GenG gestellt haben, soweit sie nicht bereits Vertreter sind. Sie haben Rede- und Antragsrecht in der Versammlung (§ 45 Abs. 1 Satz 2 GenG), soweit nicht die Satzung eine Einschränkung auf eine Person vorgenommen hat.*

Über die Einladung von **Gästen,** insbesondere auch der Presse, entscheidet das einladende Organ (zu deren Rechtsstellung vgl. Kapitel III Abschnitt 6.3).

▶ TIPP

Soweit bei Vertreterversammlungen Ehrengäste oder Ehegatten von Vertretern als Gäste eingeladen werden, ist es nicht unproblematisch, anderen Mitgliedern die Teilnahme als Gast zu verweigern. Es empfiehlt sich, mit Fingerspitzengefühl vorzugehen. Bei Versammlungen mit schwierigen Tagesordnungspunkten sollte auf die Zulassung von Gästen generell verzichtet werden.

Der Umgang mit der **Presse** sollte offen und vertrauensvoll sein. Eine Verpflichtung zur Einladung von Journalisten besteht nicht. Es sollte in Ausnahmefällen darauf verzichtet werden, wenn beispielsweise eine ungewöhnliche Tagesordnung abzuhandeln und zu befürchten ist, dass angesichts anwesender Pressevertreter die Diskussion nicht offen geführt wird. In diesen Fällen ist anzuraten, möglichst rasch nach der General-/ Vertreterversammlung, am besten am nächsten Vormittag, eine Pressekonferenz einzuberufen (vgl. Kapitel III Abschnitt 6.3).

Ob **ausgeschiedene Vorstands-** oder **Aufsichtsratsmitglieder** eingeladen werden, entscheidet das einladende Organ. Eine Verpflichtung hierzu besteht nicht, es sei denn, sie sind Mitglieder und deshalb generell zu einer Generalversammlung einzuladen. Zum Teil wird die Meinung vertreten, ein ausgeschiedener Vorstand, über dessen beispielsweise Regressinanspruchnahme oder fristlose Kündigung zu entscheiden ist, habe einen Anspruch auf rechtliches Gehör.[7] Ein Gastrecht und ein zeitlich limitiertes Rederecht können die Gesamtsituation entspannen.

6 Tagesordnung

6.1 Zuständigkeit

Der Tagesordnung kommt wegen der zwingenden Regelung des § 46 Abs. 2 Satz 1 GenG besondere Bedeutung zu: Über Gegenstände, deren Verhandlung nicht ordnungsgemäß **angekündigt** ist, können keine rechtswirksamen Beschlüsse gefasst werden. Dies gilt nicht, wenn sämtliche Mitglieder erschienen sind, es sich um Beschlüsse über die Leitung der Versammlung (sogenannte Beschlüsse zur Geschäftsordnung) oder

---

7 Lang/Weidmüller: GenG, 2022, § 24 Rdn. 77; Beuthien: Genossenschaftsgesetz, 2018, § 24 Rdn. 34.

um Anträge auf Einberufung einer außerordentlichen Generalversammlung handelt (§ 46 Abs. 2 Satz 2 GenG). Die Mitglieder des für die Einberufung zuständigen Organs haben daher vor Festsetzung der Tagesordnung mit besonderer Sorgfalt zu prüfen, welche Beschlüsse im Interesse der Genossenschaft erforderlich sein werden. Bei schwierigen oder seltenen Beschlussfassungen, z. B. über eine Verschmelzung oder eine Ausgliederung, ist der Kontakt mit dem Prüfungsverband angeraten.

Die Tagesordnung wird von dem Organ festgesetzt, das die General-/Vertreterversammlung einberuft (Kapitel II Abschnitt 2; § 28 Abs. 4 Satz 1 MS). Das Organ, das die Tagesordnung beschließt, muss ordnungsgemäß besetzt sein. Es sind auch solche Tagesordnungspunkte aufzunehmen, die von mindestens einem Zehntel oder dem in der Satzung genannten geringeren Teil der Mitglieder oder Vertreter schriftlich beantragt worden sind (§ 28 Abs. 2 Satz 2 MS). Wird diesem Verlangen nicht entsprochen, so kann das Gericht die Antragsteller ermächtigen, Tagesordnungspunkte zur Beratung und Beschlussfassung selbst anzukündigen; mit der Ankündigung ist die gerichtliche Ermächtigung bekanntzugeben (§ 45 Abs. 3 Satz 2 GenG).

Einzelne Genossenschaftsmitglieder, auch einzelne Mitglieder des Vorstands oder des Aufsichtsrats, können nicht verlangen, dass Gegenstände zur Beschlussfassung in der General-/Vertreterversammlung angekündigt werden. Derartige Anträge sind vielmehr nur als unverbindliche Anregungen zu werten, die vom Versammlungsleiter nach eigenem Ermessen an geeigneter Stelle erwähnt werden können (zu den Einzelheiten vgl. Lang/Weidmüller, GenG, 2022, § 45 Rdn. 12).

Bereits bei der Einberufung der General-/Vertreterversammlung ist die Tagesordnung bekanntzumachen (§ 28 Abs. 3 Satz 2 MS).

▶ *Besonderheiten für die Vertreterversammlung*

*Die Tagesordnung einer Vertreterversammlung ist **allen Mitgliedern durch Veröffentlichung** in den Genossenschaftsblättern oder im Internet unter der Adresse der Genossenschaft oder durch unmittelbare Benachrichtigung in Textform bekannt zu machen (§ 46 Abs. 1 Satz 3 GenG). Damit soll dem Informationsbedürfnis aller Mitglieder Rechnung getragen werden.*

6.2 Frist für die Ankündigung der Tagesordnung

Über Gegenstände, die nicht so rechtzeitig angekündigt worden sind, dass mindestens **eine Woche** zwischen dem Zugang der Ankündigung und dem Tag der Generalversammlung liegt, können gemäß § 46 Abs. 2 Satz 1 GenG keine Beschlüsse gefasst werden (zur Fristberechnung vgl. Kapitel II Abschnitt 3.). Diese Fristen gelten nicht für Beschlüsse über die Leitung und den Ablauf der Versammlung sowie andere Anträge zur Geschäftsordnung.

Eine Aussprache ohne Beschlussfassung ist dagegen auch dann jederzeit möglich, wenn das Thema nicht oder nicht fristgemäß als Punkt der Tagesordnung angekündigt wurde (§ 28 Abs. 6 MS). Insbesondere unter dem Tagesordnungspunkt „Verschiedenes" kann von dieser Regelung Gebrauch gemacht werden.

6.3 Inhalt der Tagesordnung

Die Tagesordnung einer **ordentlichen** General-/Vertreterversammlung enthält regelmäßig wiederkehrende **Gegenstände zur Beratung und Beschlussfassung:**

- Eröffnung und Begrüßung;
- Bericht des Vorstands über das Geschäftsjahr 20…, Vorlage des Jahresabschlusses und Vorschlag zur Verwendung des Jahresüberschusses;
- Bericht des Aufsichtsrats über seine Tätigkeit;
- Bericht über das Ergebnis der gesetzlichen Prüfung, Erklärung des Aufsichtsrats hierzu;
- Beratung und Beschlussfassung über den Umfang der Bekanntgabe des Prüfungsberichts;
- Feststellung des Jahresabschlusses 20… und Beschlussfassung über die Verwendung des Jahresüberschusses;
- Beschlussfassung über die Entlastung
  - der Mitglieder des Vorstands,
  - der Mitglieder des Aufsichtsrats;

- Wahlen zum Aufsichtsrat;
- Verschiedenes.

(Zur Vorbereitung einzelner Tagesordnungspunkte vgl. Kapitel II Abschnitt 6.5.)

Bei der Aufstellung der Tagesordnung ist darauf zu achten, dass zusammengehörende Punkte auch im richtigen sachlichen und zeitlichen Zusammenhang erörtert werden. Änderungen, Ergänzungen und Umstellungen der Tagesordnung sind durch die Einladenden nur innerhalb der für die Ankündigung der Tagesordnung vorgesehenen Frist möglich.

6.4 Bezeichnung besonderer Tagesordnungspunkte

Die rechtzeitige Ankündigung von Tagesordnungspunkten soll den Mitgliedern die Möglichkeit geben, sich ausreichend auf die Diskussion und Beschlussfassung vorzubereiten. Daher müssen die einzelnen Punkte der Tagesordnung den Gegenstand der Verhandlung deutlich erkennen lassen.

Besonderheiten für die Einführung der Vertreterversammlung oder die Wiedereinführung der Generalversammlung

*Wird die **Vertreterversammlung eingeführt,** so sind in die Tagesordnung der letzten Generalversammlung, welche den Einführungsbeschluss fasst, folgende Punkte aufzunehmen:*

1. *Beschlussfassung über*
   a) *die Einführung der Vertreterversammlung,*
   b) *die Änderung der Satzung (auf der Grundlage der Mustersatzung),*
   c) *die Zustimmung zu der von Vorstand und Aufsichtsrat gemäß § 43a Abs. 4 Satz 7 GenG beschlossenen Wahlordnung;*
2. *Wahlen zum Wahlausschuss gemäß § 2 der Wahlordnung.*

Neuwahlen *zum Wahlausschuss bei bestehender Vertreterversammlung sind durch den Tagesordnungspunkt „Wahlen zum Wahlausschuss" anzukündigen. Dies ist nach der Wahlordnung alle vier Jahre erforderlich.*

Änderungen der Wahlordnung *werden vom Vorstand und Aufsichtsrat beschlossen und bedürfen der Zustimmung der Vertreterversammlung.*

*Beschlussfassung über die Änderung der Wahlordnung: Soll bei bestehender Vertreterversammlung die **Generalversammlung wieder eingeführt** werden, so geschieht dies ebenfalls durch Satzungsänderung. Auch für diesen Beschluss ist die Vertreterversammlung – ggf. die Generalversammlung gemäß § 43a Abs. 7 GenG – zuständig. Die Ankündigung in der Tagesordnung könnte lauten:*

Beschlussfassung über

1. *die Einführung der Generalversammlung,*
2. *die Änderung folgender Vorschriften der Satzung:*
   - *§ 26 entsprechend der Mustersatzung (siehe Anhang 3);*
   - *§§ 26a bis f werden aufgehoben.*

Umwandlungen gemäß UmwG erfordern auch hinsichtlich der Tagesordnung besondere Vorbereitungen, die regelmäßig mit dem Prüfungsverband abgesprochen werden sollten.

Ein beabsichtigter **Formwechsel** (§ 260 UmwG) ist ausdrücklich in der Tagesordnung anzukündigen.

Bei **Verschmelzung, Spaltung** und **Ausgliederung** sind §§ 82 bis 125 UmwG zu beachten: Auslegung der Unterlagen über die Umwandlung gemäß §§ 82 Abs. 1 Satz 1, 63 Abs. 1 Nr. 1 bis 4 UmwG sowie das Gutachten des Prüfungsverbands gemäß § 81 UmwG.

Im Falle der Verschmelzung müssen bei der übertragenden und der übernehmenden Genossenschaft folgende Tagesordnungspunkte aufgenommen werden:

- Information über den vorgesehenen Zusammenschluss und Erläuterung des Verschmelzungsvertrags (oder des Entwurfs des Verschmelzungsvertrags),
- Verlesen des Prüfungsgutachtens des Prüfungsverbands,
- Beschlussfassung über die Verschmelzung der ... eG (übernehmende Genossenschaft) mit der ... eG (übertragende Genossenschaft) und Genehmigung des Entwurfs des Verschmelzungsvertrags.

Falls die **Schlussbilanz** nicht mit der letzten Jahresbilanz identisch ist bzw. diese zu einem künftigen Stichtag aufgestellt wird, bedarf diese Schlussbilanz der Feststellung durch die General-/Vertreterversammlung der übertragenden Genossenschaft unter Ankündigung des Tagesordnungspunkts „Vorlage und Feststellung der Schlussbilanz zum ..."

Als weitere Tagesordnungspunkte kommen bei der **übertragenden** Genossenschaft infrage:

- Vorschläge für die Wahl von Mitgliedern in den Vorstand und Aufsichtsrat der übernehmenden Genossenschaft;
- Nominierung der Mitglieder für den Beirat;
- Nominierung der Mitglieder für den Wahlausschuss.

(Vgl. zur Verschmelzung im Einzelnen DGRV: Verschmelzung – Ausgliederung. Hinweise und Hilfen. DGRV (Hrsg.) Schriftenreihe, Band 39, 4. Aufl. 2022, Wiesbaden.)

▸ TIPP

Bei schwierig erscheinenden Beschlussfassungen über eine Verschmelzung ist eine besonders sorgfältige Vorbereitung unumgänglich. Dazu gehört insbesondere die Überzeugungsarbeit in den Vorstands- und Aufsichtsratsgremien beider Verschmelzungspartner. Ein einziger Gegner der Verschmelzung in den Gremien kann das Vorhaben zu Fall bringen. Zu überzeugen sind die Mitglieder oder Vertreter und die Kunden. Hierzu bedarf es vorbereitender Versammlungen und Einzelgespräche. Nicht zu vergessen sind dabei auch die Bürgermeister, die gelegentlich um die Gewerbesteuern nach Fusionen fürchten, sowie alle wichtigen Meinungsbildner in der Öffentlichkeit, sei es in Parteien, Kirchen oder Vereinen.

Bei der beabsichtigten **Abberufung** eines Aufsichtsratsmitglieds genügt es nicht, diesen Tagesordnungspunkt als „Wahlen zum Aufsichtsrat" anzukündigen. Dieser Vorgang muss wie folgt angekündigt werden: „Widerruf der Bestellung des Aufsichtsratsmitglieds XY".

Für die **Änderung einer Satzungsbestimmung** genügt nicht die Angabe „Satzungsänderung", sondern es muss zu ersehen sein, welche Bestimmung geändert werden soll. Zum Beispiel „Änderung der §§ ... der Satzung (Erhöhung des Geschäftsanteils und der Haftsumme)". Auch ist der neue Text der Satzung mitzuteilen.

Wird jedoch die Satzung **umfassend** geändert oder eine neue (z. B. die Mustersatzung) eingeführt, so reicht im Allgemeinen die Ankündigung aus, dass die gesamte Satzung zur Beratung und Beschlussfassung stehe. Soweit es nicht vertretbar erscheint, den Mitgliedern den vollständigen Text des Satzungsentwurfs mit der Ankündigung der Tagesordnung zu übersenden, genügt rechtlich auch ein Hinweis in der Tagesordnung, wonach der Satzungsentwurf während der Öffnungszeiten in den Geschäftsräumen der Genossenschaft eingesehen werden kann.

Formulierungsvorschlag

„Beschlussfassung über die Änderung der Satzung auf Grundlage der Mustersatzung (nähere Bezeichnung der Mustersatzung erforderlich). Der Entwurf der Satzung kann von allen Mitgliedern während der Öffnungszeiten in unseren Geschäftsräumen eingesehen werden."

Auf Anforderung sollte den betreffenden Mitgliedern der Entwurf kostenlos zugesandt werden. Es ist zur Information der Mitglieder auch zulässig und üblich, in einer Synopse die alten und neuen Texte gegenüberzustellen und den Mitgliedern auszuhändigen. Für diesen Fall könnte die Ankündigung in der Tagesordnung folgendermaßen lauten:

Formulierungsvorschlag

„Beschlussfassung über die Änderung der Satzung auf Grundlage der Mustersatzung (nähere Bezeichnung der Mustersatzung erforderlich). Die vorgesehenen Änderungen ergeben sich aus der beigefügten Synopse."

Die Einführung einer neuen Satzung erfolgt gemäß § 16 Abs. 1 1. Alternative GenG durch satzungsändernden Beschluss der General-/Vertreterversammlung. Für die Einzelheiten der Einberufung der Versammlung, ihrer Durchführung und der Beschlussfassung gelten hierbei noch die Bestimmungen der bisher gültigen Satzung. Die neue Satzung wird erst mit der **Eintragung im Genossenschaftsregister** rechtswirksam (§ 16 Abs. 6 GenG; wegen der Anmeldung zum Genossenschaftsregister siehe das Formular in Anhang 7).

Eine komplette **Neufassung** einer Satzung sollte nur als Ganzes abgestimmt werden. Angesichts zahlreicher Alternativmöglichkeiten, die das Gesetz und die Mustersatzung eröffnen, wäre die Abstimmung über einzelne Vorschriften nicht zweckmäßig.

Jede Satzungsänderung muss besonders sorgfältig **protokolliert** werden. Entsprechende Formulierungsvorschläge finden sich im Anhang 6b Nr. 7.

Bei der **Wiederholung** einer General-/Vertreterversammlung genügt es nicht, in der Einladung auf die Tagesordnung der zu wiederholenden Versammlung zu verweisen; die Tagesordnung muss vielmehr neu angekündigt werden.[8]

Weitere Beispiele für besondere Tagesordnungspunkte ergeben sich aus den Protokollierungsbeispielen im Anhang 6b.

8 Lang/Weidmüller: GenG, 2022, § 46 Rdn. 19.

6.5 Vorbereitung einzelner Tagesordnungspunkte der ordentlichen General-/Vertreterversammlung

Die Vorbereitung auf einzelne Tagesordnungspunkte ist für die betroffenen Personen unumgänglich. Manche Genossenschaften benutzen für den Ablauf der Versammlung einen **Versammlungsleitfaden,** der den Versammlungsablauf widerspiegelt, einschließlich der Redebeiträge im Wortlaut, und auf bisherigen Erfahrungen aufbaut. Einer Vorbereitung bedürfen jedoch in jedem Fall die Berichte von Vorstand und Aufsichtsrat sowie Berichte über die gesetzliche Prüfung. Besonderer Vorbereitung bedürfen auch die Tagesordnungspunkte, bei denen es um Personen geht, also Wahlen zum Aufsichtsrat, Entlastung von Vorstand und Aufsichtsrat und – bei Vertreterversammlung – die Wahlen zum Wahlausschuss.

Zur Vorbereitung des Tagesordnungspunkts **„Eröffnung und Begrüßung"** gehört die Auswahl der Protokollführer und Stimmzähler. Hinsichtlich der Begrüßung der Gäste ist zu entscheiden, ob namentliche oder pauschale Begrüßung vorgesehen wird (vgl. Kapitel III Abschnitt 3.2).

Nach dem **Bericht des Vorstands** über das Geschäftsjahr und Vorlage des Jahresabschlusses folgt in der Regel der Bericht des Aufsichtsrats über seine Tätigkeit (vgl. Kapitel III Abschnitt 3.3). Zu diesem Tagesordnungspunkt bedarf es der vorhergehenden Klärung, **wer** diesen Bericht vorträgt. Im Regelfall wird dies der Aufsichtsratsvorsitzende als Versammlungsleiter übernehmen. Hierbei muss der Aufsichtsrat zwingend auf die von ihm vorgenommene Prüfung des Jahresabschlusses und des Lageberichts eingehen sowie zum Ergebnisverwendungsvorschlag des Vorstands Stellung nehmen (§ 38 Abs. 1 Satz 5 GenG, § 22 Abs. 4 MS). Außerdem sollte im Bericht des Aufsichtsrats auf die Sitzungstätigkeit einschließlich der Ausschüsse, auf Art und Umfang der Prüfungshandlungen des Aufsichtsrats sowie auf die Prüfung des Jahresabschlusses durch den Prüfungsverband und den gegebenenfalls erteilten Bestätigungsvermerk eingegangen werden. Zugleich kann der Aufsichtsrat auf besondere Ereignisse und Entscheidungen während des Geschäftsjahres eingehen und den Mitarbeitern Dank für die geleistete Arbeit aussprechen.

In der Vorbereitungsphase ist hinsichtlich des **Berichts über die gesetzliche Prüfung** zu klären, wer diesen Bericht vorträgt und wie dieser Bericht aussehen sollte. Soweit ein Prüfer des gesetzlichen Prüfungsverbands anwesend sein wird, kann dieser gebeten werden, den Bericht zu erstatten. Anderenfalls wird in der Regel der Versammlungsleiter berichten und dabei das zusammengefasste Prüfungsergebnis des Prüfungsberichts wörtlich vorlesen. Der Aufsichtsrat hat zugleich eine eigene wertende Erklärung zum Prüfungsergebnis abzugeben. Zumindest muss er erkennen lassen, dass er die Aussagen im **zusammengefassten Prüfungsergebnis** zu seiner eigenen Stellungnahme macht.[9] Die aufgrund gesetzlicher Vorschrift (§ 59 Abs. 1 Satz 1 GenG) anzukündigende Beratung des Prüfungsberichts wird sich im Regelfall auf das zusammengefasste Ergebnis beschränken.

Bei der Beschlussfassung über die Entlastung des Aufsichtsrats ist im Regelfall der Versammlungsleiter als Aufsichtsrat selbst betroffen. Falls sich der Versammlungsleiter befangen fühlt, wäre in der Vorbereitungsphase eine geeignete Person anzusprechen, die stellvertretend diesen Tagesordnungspunkt übernehmen kann, zwingend ist dies jedoch nicht. Die Person sollte dahingehend informiert werden, dass neben einer En-bloc-Beschlussfassung auch eine Einzelentlastung durch Mitglieder der Versammlung gewünscht werden kann (vgl. Kapitel III Abschnitt 3.5).

▸ TIPP

Bei Kreditgenossenschaften und größeren Waren- und Dienstleistungsgenossenschaften kann diese Bitte zur Durchführung der Entlastung auch an öffentliche **Amtsträger** gerichtet werden, z. B. den Bürgermeister oder Ortsvorsteher. Diese verbinden die Wahrnehmung der Aufgabe gerne mit einem Grußwort.

Bei der Vorbereitung des Tagesordnungspunkts **Wahlen zum Aufsichtsrat** sind hinsichtlich des Ausscheidens und der Möglichkeit einer Wiederwahl oder Neuwahl vier Kriterien zu berücksichtigen, soweit die Satzung entsprechende Regelungen vorsieht:

- die Anzahl der Aufsichtsratsmitglieder,
- die Amtszeit (i. d. R. drei Jahre),
- das jährliche Ausscheiden eines Drittels und

9 Ebda., S. 217.

- die Beachtung der satzungsmäßigen Altersgrenze als Wahlhindernis.

Gem. § 24 Abs. 2 Alternative B MS müssen Vorschläge für die Wahl des Aufsichtsrats mindestens eine Woche vor dem Tag der General-/Vertreterversammlung in Textform bei der Genossenschaft eingehen. Falls von dieser Satzungsalternative durch Satzungsänderung Gebrauch gemacht wird, entfällt das Vorschlagsrecht in der Versammlung. Wenn die Satzung (entsprechend § 24 Abs. 1 Satz 1 MS) keine bestimmte **Anzahl** von Aufsichtsratsmitgliedern festlegt, sondern eine Mindest- und Höchstzahl bestimmt, muss der Versammlungsleiter bereits in der Vorbereitungsphase berücksichtigen, dass es vor der Wahl durch die General-/Vertreterversammlung zu einer Abstimmung kommen sollte, **wie viele** Mitglieder in den Aufsichtsrat zu wählen sind. Eine solche Entscheidung fällt mit einfacher Mehrheit.

▸ TIPP

Nicht immer folgt die General-/Vertreterversammlung bei Ausscheiden einzelner Aufsichtsräte einem möglichen Wunsch des Aufsichtsrats nach Verkleinerung des Gremiums durch Verzicht auf Ersatzwahlen. Zur Vorbereitung des Tagesordnungspunkts „Wahlen zum Aufsichtsrat" gehört daher, vorsorglich immer einen geeigneten Nachfolgekandidaten anzusprechen. Anderenfalls ist man möglicherweise nur mit Kandidaten konfrontiert, die in der Versammlung vorgeschlagen werden und die die notwendigen Voraussetzungen für die Wahrnehmung des Amts nicht erfüllen.

Hinsichtlich des **Drittelausscheidens** muss in der Vorbereitung Klarheit darüber bestehen, dass grundsätzlich jedes Mitglied des Aufsichtsrats bei entsprechender Satzungsregelung nach drei Jahren ausscheidet. Nur dann, wenn bei Anrechnung dieser ausscheidenden Aufsichtsratsmitglieder ein Drittel noch nicht erreicht ist, scheiden weitere Aufsichtsratsmitglieder bis zu einem Drittel aus. Entscheidend ist dabei die Amtsdauer seit der letzten Wahl oder Wiederwahl (vgl. § 24 Abs. 3 MS).

Falls der **Aufsichtsratsvorsitzende** als Versammlungsleiter ebenfalls turnusmäßig ausscheidet und sich zur Wiederwahl stellt, muss in der Vorbereitung geklärt werden, wer den Tagesordnungspunkt „Wahlen zum Aufsichtsrat" übernehmen soll, auch wenn es rechtlich nicht zwingend geboten ist, hierfür einen anderen Wahlleiter zu suchen.

> ▶ *Besonderheiten für die Vertreterversammlung*
>
> *Die Vertreterversammlung hat gemäß Wahlordnung alle vier Jahre vor den neuen Wahlen zur Vertreterversammlung einen Wahlausschuss zu wählen. Zur Vorbereitung gehört es, die Bereitschaft zur Kandidatur rechtzeitig zu erkunden. Es können auch solche Personen in den* ***Wahlausschuss*** *gewählt werden, die später als Vertreter kandidieren wollen.*

7 Form der Einladung

Die Satzung der Genossenschaft muss Bestimmungen über die **Form** der Einberufung der General-/Vertreterversammlung gemäß § 6 Nr. 4 GenG enthalten. Nach der Gesetzesvorgabe muss die General-/Vertreterversammlung durch **unmittelbare Benachrichtigung** sämtlicher Mitglieder oder durch **Bekanntmachung** in der papierhaften Ausgabe des in § 28 Abs. 3 MS bezeichneten Blattes einberufen werden. Im Regelfall wird es sich um das in § 46 MS bestimmte öffentliche Blatt handeln. Die Veröffentlichung im Bundesanzeiger oder in elektronischen Informationsmedien genügt nicht (vgl. Fußnote zu § 28 Abs. 3 MS). Für die unmittelbare Benachrichtigung ist die Textform (vgl. Kapitel I Abschnitt 2) vorgesehen; also i. d. R. ein Brief (ohne eigenhändige Unterschrift), eine E-Mail, eine Drucksache oder ein Telefax. Falls ein besonderes Interesse an der Beweissicherung für den rechtzeitigen Zugang der Einladung besteht, empfiehlt sich die Bekanntgabe in dem vorgenannten öffentlichen Blatt. Dies kann auch ergänzend zur persönlichen Einladung geschehen. Ist für die Einberufung der General-/Vertreterversammlung ein Blatt vorgesehen, das nicht mehr erscheint, und ist in der Satzung auch kein Ersatzblatt bestimmt, so muss die Einberufung durch unmittelbare Benachrichtigung der Mitglieder/Vertreter erfolgen, bis die Satzung ein neues Blatt festlegt (§ 46 Abs. 3 MS).

Eine Satzungsregelung, wonach die Einberufung der Generalversammlung wahlweise in dem einen oder in dem anderen Blatt veröffentlicht wird, entspricht nicht der vom Gesetz verlangten eindeutigen Regelung.

Der **Mindestinhalt der Einladung** umfasst Datum, Uhrzeit und Ort der Versammlung sowie den Einladenden und gibt die Tagesordnung bekannt.

Es empfiehlt sich, wenn die Einladung vom Vorstand ausgeht, die Namen von mindestens zwei Vorstandsmitgliedern hinzuzufügen; eine Unterzeichnung ist nicht erforderlich.

▶ TIPP

Falls ausschließlich von der Möglichkeit Gebrauch gemacht wird, die Mitglieder durch Veröffentlichung einzuladen, sollten die Ehrengäste in jedem Fall persönlich und schriftlich eingeladen werden.

8 Versammlungsunterlagen – Auslagen und Zusendung

Im Hinblick auf die Verantwortung der Mitglieder, insbesondere bei der Feststellung des Jahresabschlusses und der Entlastung der Organmitglieder, erscheint es sinnvoll, ihnen die **notwendigen Informationen** bereits vor der Versammlung zugänglich zu machen. Das Genossenschaftsgesetz (§ 48 Abs. 3 Satz 1) schreibt vor, dass **Jahresabschluss, Lagebericht** sowie der **Bericht des Aufsichtsrats** mindestens eine **Woche** vor der Versammlung in den Geschäftsräumen der Genossenschaft oder an anderer geeigneter Stelle zur Einsicht durch die Mitglieder ausgelegt, auf der Internetseite der Genossenschaft zugänglich gemacht oder diesen sonst zur Kenntnis gebracht werden sollen. Diesem Gebot wird entsprochen, wenn diese Unterlagen den Mitgliedern – und sei es auszugsweise – rechtzeitig zugesandt werden. In der Regel geschieht dies mit Zuleitung der Einladung und Tagesordnung.

Auch bei eingeführter **Vertreterversammlung** verbleibt dieser Informationsanspruch **allen** Mitgliedern. Die Unterlagen haben in erster Linie den Zweck, die Mitglieder als Träger des Unternehmens umfassend über dessen Lage zu informieren. Darüber hinaus kann ihre Übersendung eine gute Werbemöglichkeit darstellen.

Unabhängig von der gesetzlich gebotenen Auslegung oder der Zusendung der Unterlagen (§ 48 Abs. 3 Satz 1 GenG) räumen Gesetz (§ 48 Abs. 3 Satz 2) und Mustersatzung (§ 11 Buchst. g) jedem Mitglied das Recht ein, auf seine Kosten eine **Abschrift** des Jahresabschlusses, des Lageberichts und des Berichts des Aufsichtsrats zu verlangen. Es dürfte aber im Allgemeinen nicht angemessen sein, die Mitglieder in solchen Fällen mit den Kosten zu belasten.

Bezüglich der Besonderheiten der Vorbereitung im Zusammenhang mit einer Verschmelzung, Spaltung und eines Formwechsels vgl. Kapitel II Abschnitt 6.4; §§ 82, 125, 260 UmwG und die näheren Erläuterungen hierzu bei Beuthien: Genossenschaftsgesetz, 2018, §§ 2 UmwG, Rdn. 29 ff.; Pöhlmann/Fandrich/Bloehs: Genossenschftsgesetz, 2012, § 82 UmwG, Rdn. 1 ff.; Lang/Weidmüller: GenG, 2022, § 82 UmwG, Rdn. 1ff.

9 Sonstige Vorbereitungen

9.1 Einlasskontrolle

Eine **Einlasskontrolle** ist unumgänglich. Nur so kann sichergestellt werden, dass sich nur stimmberechtigte Mitglieder an den Abstimmungen beteiligen. Falls Unberechtigte oder Gäste mit abstimmen, kann dies zu einer Anfechtung der Beschlüsse führen.

Auch wird durch eine Eingangskontrolle die genaue **Anzahl der stimmberechtigten Mitglieder** ermittelt. Dies ist für die Stimmauszählung von Bedeutung, insbesondere bei Verschmelzung, da der Verschmelzungsbeschluss gemäß § 13 Abs. 3 Satz 1 UmwG notariell beurkundet wird und die Notare Wert darauf legen, die genaue Anzahl der abgegebenen Stimmen zu erfassen.

▶ TIPP

Bei der Einlasskontrolle benötigt man für die Erfassung eines stimmberechtigten Mitglieds, die Aushändigung der Stimmkarte und sonstiger Unterlagen, Unterschriftleistung, eventuell Vollmachtenkontrolle etc. ca. eine Minute. Werden beispielsweise 600 Mitglieder erwartet, sollten deshalb zehn Kontrolleingänge nach Alphabet geordnet zur Verfügung stehen, um innerhalb einer Stunde die Kontrolle und den Einlass gewährleisten zu können. Für Gäste empfiehlt es sich, einen gesonderten Eingang zur Verfügung zu stellen.

Zwischenzeitlich werden am Markt auch elektronische Einlasskontrollen angeboten.

9.2 Sitzordnung

Es sollte klar geregelt sein, wo die Teilnehmer der Versammlung Platz nehmen. Die erhöhte Platzierung des Vorstands und Aufsichtsrats, beispielsweise auf einer Bühne, wirkt repräsentativ und erleichtert die Leitung der Versammlung. Eine Trennung von stimmberechtigten Mitgliedern und Gästen begünstigt die Stimmzählung.

▶ TIPP

Mitglieder und Gäste empfinden es als angenehm, von Kundenbetreuern zu ihren Plätzen geleitet zu werden. Konzertbestuhlung ohne Tische ist bei großer Teilnehmerzahl eine Alternative.

9.3 Technik

Die notwendigen technischen Hilfsmittel (z. B. Mikrofone, Beamer, Leinwand etc.) sind rechtzeitig zu bestellen und zu installieren. Der Funktionstest sollte vor Eintreffen der Mitglieder erfolgen.

▶ TIPP

Ein Flipchart oder Tageslichtprojektor kann bei Ausfall eines Beamers ein improvisierter Ersatz sein, um z. B. bei Wahlen Kandidatennamen aufzuschreiben.

Ab einer bestimmten Saalgröße ist es angeraten, auch Mikrofone im Saal aufzustellen bzw. Mitarbeiter mit einem Handmikrofon zu den Diskussionsrednern zu schicken.

▶ TIPP

Es sollte vermieden werden, das Mikrofon des Sitzungsleiters diskussionswilligen Teilnehmern zur Verfügung zu stellen. Der Versammlungsleiter wird ohne Mikrofon – insbesondere bei hitzigen Diskussionen – Probleme haben, eine geordnete Versammlungsleitung durchzuführen. Unbenommen bleibt es selbstverständlich, den Sprechern eines Grußworts oder des Verbands das Mikrofon des Versammlungsleiters zur Verfügung zu stellen.

9.4 Abstimmungsvorbereitung

Bei der Beschlussfassung ist mit offener oder geheimer Abstimmung zu rechnen. Die vorgesehenen **Stimmzähler** sind hierauf vorzubereiten.

Anhand eines Tischplans oder der Sitzordnung sollen die Stimmzähler zugeteilt werden. Ein Stimmzähler sollte bei offener Abstimmung nicht mehr als ca. 50 bis 60 Stimmen zu zählen haben. Für eine geheime Abstimmung sind Wahlurnen bereitzuhalten und **Stimmzettel** vorzubereiten. Wahlurnen können gegebenenfalls bei der Gemeinde ausgeliehen werden (vgl. Kapitel III Abschnitt 4.1). Die Musterstimmkarte (vgl. Anhang 6c) ermöglicht die geheime Abstimmung, soweit lediglich mit „Ja" und „Nein" abzustimmen ist. Für Wahlen sollten linierte Stimmzettel bereitgehalten werden, die dann mit den Namen der zu wählenden Kandidaten beschriftet werden können.

Hinsichtlich der Auszählung von Stimmzetteln empfiehlt es sich, jeweils ein Zweier-Team vorzusehen (ein Leser, ein Schreiber), das nicht mehr als 50 bis 80 Stimmkarten auszählen sollte.

▶ TIPP

Die Unterbrechung für eine Auszählung der Stimmkarten bei schriftlicher Abstimmung kann als Zigarettenpause, Bewirtungszeit etc. genutzt werden. Die Stimmzähler sollten so organisiert sein, dass diese Pause auch bei zahlreichen Teilnehmern nicht länger als 10 bis 15 Minuten dauert, insbesondere im Hinblick darauf, dass mehrere schriftliche Abstimmungen im Verlauf einer Versammlung denkbar sind.

Die Auszählung fällt leichter, wenn die Stimmzettel zunächst vorsortiert werden in Ja- und Nein-Stimmen sowie ungültige Stimmzettel..

9.5 Bewirtung, Programm

Ob eine Bewirtung vor oder nach dem offiziellen Teil erfolgen sollte, richtet sich nach den organisatorischen Möglichkeiten. In jedem Fall sollte eine Bewirtung wegen der störenden Geräusche während der Vorträge und Abstimmungen vermieden werden.

▶ TIPP

Alkohol bei der Versammlung kann belebend wirken, aber auch zu aggressiver Stimmung verleiten. Ein Empfang nach dem offiziellen Teil mit Stehtischen und Buffets mit Getränkeausschank ist eine elegante Lösung.

Als Programm nach dem offiziellen Teil bietet sich eine breite Palette an: vom örtlichen Musikverein über Multimediavorträge und Kabarett bis hin zu prominenten Rednern. Eine entsprechende langfristige Disposition ist oftmals unumgänglich.

TIPP

Manche prominente Redner oder Programmgestalter haben in den Verträgen Klauseln, bis wann ihr Auftritt zu beginnen hat, z. B. spätestens um 21:00 Uhr. Dies sollte bereits bei der Auswahl des Programms beachtet werden. Eine Unterbrechung des offiziellen Teils der General-/Vertreterversammlung, allein um diese vertragliche Vorgabe erfüllen zu können, wirkt irritierend.

10 Mängel der Einberufung/Anfechtung

Mängel bei der Einberufung einer General-/Vertreterversammlung oder der Ankündigung von Tagesordnungspunkten haben unter Umständen Anfechtbarkeit, ausnahmsweise auch Nichtigkeit der Beschlüsse zur Folge (wegen Einzelheiten zu diesen Begriffen, den Voraussetzungen und Folgen vgl. Lang/Weidmüller, GenG, 2022, § 51 Rdn. 1 ff.).

Eine **Anfechtung** nach § 51 GenG (vgl. Kapitel III Abschnitt 5.3) erfolgt in der Form einer Klage, die innerhalb eines Monats vor dem LG erhoben werden muss (§ 51 Abs. 3 Satz 3 GenG). Die Anfechtungsfrist beginnt mit dem Tag der Beschlussfassung sowohl für die erschienenen als auch für die nicht erschienenen Mitglieder. Die Tatsachen, auf die sich die Anfechtung stützt, müssen innerhalb der Monatsfrist in den Prozess eingeführt werden[10]; die rechtliche Begründung kann auch später nachgeholt oder geändert werden.[11]

Die **Anfechtungsklage** ist gegen die Genossenschaft, vertreten durch den Vorstand und den Aufsichtsrat, zu richten (§ 51 Abs. 1 Satz 1, Abs. 3 S. 1 und 2 GenG) und muss, um eine wirksame Anfechtung zu begründen, mindestens jeweils einem Mitglied dieser Organe zugestellt werden. Klagebefugt sind entweder erschienene Mitglieder, wenn sie Widerspruch zu Protokoll gegeben haben, oder nicht erschienene Mitglieder, wenn sie nicht ordnungsgemäß eingeladen oder unberechtigterweise nicht zur General-/Vertreterversammlung zugelassen worden sind. Gleiches gilt, wenn die Einberufung der General-/Vertreterversammlung

10 BGH, Urt. v. 23.5.1960, Az. II ZR 89/58, BGHZ 32, 322.

11 OLG Hamm, Urt. v. 7.1.1985, Az. 8 U 47/84, ZIP 1985, 742.

oder die Ankündigung des Gegenstands der betroffenen Beschlussfassung nicht form- und fristgemäß erfolgt ist. In bestimmten Fällen haben außerdem der Vorstand oder einzelne Mitglieder von Vorstand und Aufsichtsrat ein eigenes **Anfechtungsrecht** (§ 51 Abs. 2 Satz 2 GenG).

Der gemäß § 51 Abs. 2 Satz 1 GenG notwendige **Widerspruch zu Protokoll** in der Versammlung muss nicht ausdrücklich mit einer bestimmten Formulierung erklärt werden. Es kommt nur darauf an, dass sich aus der Erklärung die Absicht ergibt, einem bestimmten Beschluss widersprechen zu wollen.[12] So genügen z. B. Erklärungen wie „Protest" oder „Beanstandung". Die Erklärung muss so abgegeben werden, dass sie im Protokoll erscheint, also entweder laut in der Versammlung oder direkt gegenüber dem Protokollführer verkündet werden.

▶ TIPP

Im Falle eines Widerspruchs, der nicht für alle erkennbar zu Protokoll gegeben wird, sollte unverzüglich der Versammlungsleiter vom Protokollführer informiert werden. Falls nämlich zu Recht Versäumnisse der Versammlungsleitung durch das widersprechende Mitglied aufgegriffen wurden, lässt sich dieser Fehler evtl. noch in derselben Versammlung berichtigen, um Ausweitungen zu vermeiden.

Die Anfechtung ist – unabhängig von der Erfüllung der formalen Voraussetzungen des § 51 GenG – im Übrigen nur begründet, wenn der Mangel für das Abstimmungsergebnis ursächlich war: Dies ist beispielsweise dann der Fall, wenn die widersprechenden oder aus sonstigen Gründen anfechtungsberechtigten Mitglieder entweder von ihrer Zahl her oder im Hinblick auf vorenthaltene Informationen eine Beschlussfassung hätten verhindern oder in ihrem Inhalt beeinflussen können.

Wenn bei der Einberufung der Versammlung z. B. die Frist nicht beachtet oder Tagesordnungspunkte nicht ordnungsgemäß angekündigt wurden, so begründet dies trotzdem keine Anfechtung, wenn alle Mitglieder erschienen sind und keine Einwände wegen der Mängel erhoben wurden. Dies wird bei mitgliederstarken Genossenschaften kaum möglich sein.

Mängel bei der Einberufung der Generalversammlung oder der Ankündigung von Tagesordnungspunkten haben nur in besonders schwerwiegenden Fällen **Nichtigkeit** zur Folge, so z. B. bei Einberufung durch

12 Lang/Weidmüller, GenG, 2022, § 51 Rdn. 31.

unbefugte Personen.[13] Der Nachweis der fehlenden Ursächlichkeit des Einladungsmangels für die Beschlussfassung ist in diesen Fällen ausgeschlossen.[14]

▶ *Besonderheiten für die Vertreterversammlung*

Bei bestehender Vertreterversammlung sind grundsätzlich nur die Vertreter berechtigt, unter den Voraussetzungen des § 51 GenG Beschlüsse der Vertreterversammlung durch Klage anzufechten.

Ausnahmsweise muss ein Recht auf Erhebung einer Nichtigkeitsfeststellungsklage auch den nicht zu Vertretern gewählten Mitgliedern eingeräumt werden, wenn die Beschlüsse elementare Rechtsgrundsätze dieser Mitglieder oder der Genossenschaft berühren.[15] Ein Anfechtungsrecht steht ihnen nicht zu.[16]

---

13 BGH, Urt. v. 26.10.1955, Az. VI ZR 90/54, BGHZ 18, 334-340; Lang/Weidmüller, GenG, 2022, § 51 Rdn. 12.

14 Thüringer OLG, Beschl. v. 8.8.1994, Az. 6 W 252/94, juris; rechtskräftig.

15 Lang/Weidmüller, GenG, 2022, § 43a Rdn. 73.

16 Ebda., § 43a Rdn. 74.

III Durchführung der General-/ Vertreterversammlung

1 Maßnahmen am Tagungsort

Der für die Organisation der Versammlung verantwortliche Mitarbeiter sollte pünktlich am Tagungsort erscheinen und vor allen Dingen die für die Eingangskontrolle notwendigen Mitarbeiter rechtzeitig zum Tagungsort bestellen. Der Organisationsverantwortliche wird die **Eingangskontrolle** zusammen mit den Kontrolleuren installieren. Bei großem Andrang sollte ein „Vorsortierer" vor den Eingängen stehen und den Versammlungsteilnehmern den Weg zu den richtigen Eingängen weisen.

Der Organisationsverantwortliche sollte des Weiteren prüfen, ob die Bestuhlung und **Sitzordnung** den Vorgaben entspricht. Des Weiteren ist die **Technik** zu überprüfen, ggf. in Abstimmung mit dem hierfür zuständigen Techniker.

▸ TIPP

Allen aktiv Beteiligten sollte die Handynummer des Organisationsverantwortlichen ausgehändigt werden, um ihn über besondere Vorkommnisse, z.B. Verspätung wegen Verkehrsstaus, informieren zu können.

Anhand der folgenden **Checkliste** kann festgestellt werden, ob alle Vorbereitungen getroffen wurden und alle notwendigen Beteiligten anwesend sind, um mit der Versammlung beginnen zu können.

▶ Checkliste General-/Vertreterversammlung – Maßnahmen am Tagungsort

1. Installieren der Einlasskontrolle

- *Anwesenheit der Mitarbeiter für die Einlasskontrolle prüfen*
- *Sicherstellen, dass nur ein kontrollierter Zugang möglich ist*
- *Eingänge schaffen durch Aufstellen von Tischen mit Sitzen für jeweils zwei Mitarbeiter*
- *Alphabethische Zuordnung auf Hinweistafeln erkennbar anbringen*
- *Für jeden Eingang komplette alphabethische Namensliste der Mitglieder bzw. Vertreter bereithalten*
- *An jedem Eingang Unterschriftenlisten vorsehen*
- *Jeden Tisch im Eingangsbereich mit Stimmkarten und sonstigem Material (Block, Stift, Unterlagen etc.) ausstatten*
- *Gesonderten Eingang für Gäste vorsehen*
- *Bei starkem Andrang einen „Vorsortierer" aufstellen, der Gäste zu den richtigen Eingängen weist*

2. Check Sitzordnung

- *Überprüfen, ob Vorstände und Aufsichtsräte, insbesondere der Versammlungsleiter, richtig platziert sind*
- *Namensschilder aufstellen*
- *Prüfen, ob die Aufstellung der Stühle und gegebenenfalls der Tische der Absprache mit den Stimmzählern entspricht*
- *Kennzeichnung der Stühle bzw. Tische für Ehrengäste*

3. Überprüfen der Technik

- *Einen Soundcheck in Absprache mit dem zuständigen Techniker vornehmen*
- *Beamer und sonstige Hilfsmittel prüfen*
- *Beleuchtung, ggf. Verdunkelung überprüfen*

4. Anwesenheitsliste etc.

- *Anwesenheit Vorstand, Aufsichtsrat, insbesondere Versammlungsleiter, prüfen*
- *Anwesenheit Gäste prüfen*
- *Anwesenheit Redner oder Programmgestalter prüfen*
- *Anwesenheit von Protokollführer und Stimmzählern prüfen*
- *Anwesenheit Gästebetreuer prüfen*
- *Bewirtung einweisen*
- *Handy bereithalten für Unvorhergesehenes*

2 Versammlungsleitung

2.1 Allgemeines

Der Versammlungsleiter ist für den ordnungsgemäßen Ablauf der General-/Vertreterversammlung verantwortlich.

Seine **Aufgabe** ist es, alle Punkte der Tagesordnung innerhalb einer angemessenen Zeit abzuwickeln. Der Versammlungsleiter eröffnet und schließt die General-/Vertreterversammlung; er leitet sie nach parlamentarischen Gepflogenheiten und hat hierbei den genossenschaftlichen Grundsatz der Gleichbehandlung zu beachten.

Es ist unerlässlich, dass der Versammlungsleiter sich gründlich auf die Versammlung vorbereitet, die wichtigsten Bestimmungen des Genossenschaftsgesetzes und der Satzung kennt und diese Unterlagen (zusammen mit dieser Broschüre) in der Versammlung zur Verfügung hat.

Dem Versammlungsleiter obliegt es, die einzelnen **Tagesordnungspunkte** aufzurufen, sie zur Aussprache zu stellen und nach jeder Abstimmung ausdrücklich für erledigt zu erklären. Er bestimmt die Reihenfolge der Worterteilungen und ist insbesondere zuständig für die Durchführung der Abstimmungen sowie für die Verkündung des Abstimmungsergebnisses.

Der Versammlungsleiter soll in verbindlicher, aber bestimmter Form die **Versammlungsdisziplin** wahren und dafür sorgen, dass Befürworter wie Gegner eines Punkts gleichermaßen zu Wort kommen. Er kann selbst das Wort zur Sache ergreifen, Anregungen geben sowie Anträge stellen. Wird über Angelegenheiten beraten oder abgestimmt, an denen der Versammlungsleiter selbst beteiligt oder interessiert ist, z. B. seine Entlastung oder Wiederwahl in den Aufsichtsrat, sollte er prüfen, ob er für diese Zeit nicht die Abwicklung des Tagesordnungspunkts delegiert; rechtlich zwingend ist dies nicht.

Der Versammlungsleiter muss besonders darauf achten, dass die **Abstimmungen** nicht in unzulässiger Weise beeinflusst werden. Unzulässige Beeinflussungen sind z. B. denkbar durch unrichtige Information der Versammlung, durch Stimmungsmache und offene oder versteckte Drohungen.

Keine derartige Beeinflussung liegt vor, wenn der Versammlungsleiter oder die Mitglieder von Vorstand oder Aufsichtsrat mit zulässigen Mitteln auf eine Beschlussfassung hinwirken, die ihrer persönlichen Überzeugung entspricht, auch wenn von ihnen dadurch für eine bestimmte Gruppe bzw. Richtung Partei ergriffen wird.

Der Versammlungsleiter hat besonders darauf zu achten, dass **Anträge** so eindeutig formuliert sind, dass hierüber mit „Ja" oder „Nein" abgestimmt werden kann. Er muss ferner dafür sorgen, dass die zu fassenden Beschlüsse ihrer rechtlichen und wirtschaftlichen Bedeutung und Tragweite nach klar und eindeutig sind.

Die General-/Vertreterversammlung wird vom **Vorsitzenden des Aufsichtsrats** oder dessen Stellvertreter geleitet (§ 29 Satz 1 MS). Sind beide verhindert, so beschließt die General-/Vertreterversammlung mit einfacher Mehrheit über die Person des Versammlungsleiters. In diesem Fall empfiehlt es sich, die Versammlung von einem Mitglied des Aufsichtsrats oder des Vorstands eröffnen zu lassen.

Wurde die General-/Vertreterversammlung vom **Prüfungsverband** einberufen (vgl. Kapitel II Abschnitt 2.), so leitet gemäß § 60 Abs. 2 GenG eine vom Verband bestimmte Person die Versammlung.

Die General-/Vertreterversammlung kann auf **Antrag** eines Mitglieds jederzeit beschließen, die Leitung entweder einem anderen Genossenschaftsmitglied, einem Mitglied des Vorstands bzw. einem anderen Aufsichtsratsmitglied oder einem Vertreter des Prüfungsverbands zu **übertragen** (§ 29 Satz 2 MS). Die Übertragung der Leitung durch Beschluss der General-/Vertreterversammlung auf andere Personen, die nicht dem in der Satzung genannten Personenkreis entstammen, ist ausgeschlossen.

Anträge auf Übertragung des Vorsitzes sind bis zum Schluss der General-/Vertreterversammlung sowohl für die gesamte restliche Tagesordnung als auch für einzelne Tagesordnungspunkte, z. B. für die Durchführung von Wahlen, statthaft. Es handelt sich hierbei um einen Antrag zur Geschäftsordnung, der weder angekündigt noch von einem Zehntel der Mitglieder unterstützt werden muss. Über den Antrag wird mit einfacher Mehrheit entschieden. Ein **Protokollierungsvorschlag** findet sich im Anhang 6b, Nr. 1. Hiervon zu unterscheiden ist die **Delegation von**

Aufgaben, die der Versammlungsleiter nach eigenem Ermessen vornimmt. So kann er beispielsweise das zusammengefasste Prüfungsergebnis von einem anwesenden Verbandsprüfer vortragen lassen. Gleiches gilt etwa für Wahlen zum Aufsichtsrat, wenn die Wiederwahl des Versammlungsleiters ansteht. Eine solche Delegation wird gerne vorgenommen, wenn der Versammlungsleiter selbst von dem Tagesordnungspunkt in irgendeiner Form berührt ist. Aus Rechtsgründen wäre die Delegation nicht erforderlich. So kann der Versammlungsleiter beispielsweise den Tagesordnungspunkt „Entlastung" selbst durchführen, auch wenn seine eigene Entlastung ansteht.

Wenn ein Dritter im Auftrag des Versammlungsleiters eine delegierte Aufgabe wahrnimmt, behält der Versammlungsleiter trotzdem die Leitungsbefugnis, insbesondere hat er weiterhin die Disziplinargewalt inne.

In die **Entscheidungskompetenz des Versammlungsleiters** fallen grundsätzlich folgende Maßnahmen:

- Eröffnung der Versammlung;
- Zulassung oder Ausschluss von Gästen;
- Aufruf und Erläuterung von Tagesordnungspunkten;
- Festlegung der Verhandlungs- und Abstimmungsmodalitäten im Rahmen von Gesetz und Satzung;
- Beschränkung der Redezeit für einzelne Versammlungsteilnehmer;
- Ordnungsmaßnahmen wie Wortentziehung und Saalverweis;
- Verkündung des Abstimmungsergebnisses und der Beschlussfassung;
- Unterbrechung und Abbruch der Versammlung;
- Beendigung der Versammlung.

Ungeachtet der Rechte und Pflichten des Versammlungsleiters verbleiben einige grundlegende **Verfahrensentscheidungen** der General-/Vertreterversammlung, so z. B.:

- Umstellung der Tagesordnung;
- Vertagung und Absetzung einzelner Punkte der Tagesordnung;

- **generelle** Beschränkung der Redezeit und Schluss der Rednerliste bzw. der Debatte;
- Vertagung der General-/Vertreterversammlung.

Es handelt sich seitens der Mitglieder hierbei regelmäßig um Anträge zur Geschäftsordnung (vgl. Kapitel III Abschnitt 2.4), über die mit einfacher Mehrheit zu entscheiden ist.

Das **Ordnungsrecht** des Versammlungsleiters gibt diesem die Möglichkeit, Störungen beim Ablauf der Generalversammlung zu verhindern. Dafür stehen ihm folgende Ordnungsmaßnahmen zur Verfügung:

- Ordnungsruf,
- Wortentziehung,
- Saalverweis.

(Näheres dazu Kapitel III Abschnitt 2.8; Lang/Weidmüller, GenG, 2022, § 43 Rdn. 125.)

2.2 Beschlussfähigkeit und Anwesenheitsliste

Auf die Zahl der erschienenen Mitglieder kommt es für die **Beschlussfähigkeit** der General-/Vertreterversammlung i. d. R. nicht an. Mindestens müssen jedoch drei Mitglieder einer Generalversammlung anwesend sein, die auch dem Vorstand und dem Aufsichtsrat angehören können. Bei einer Vertreterversammlung reicht die Anwesenheit von drei Vertretern aus. Die Zahl Drei spiegelt dabei die Entscheidungsmöglichkeiten bei einer Beschlussfassung wider (ja, nein, Enthaltung).

Die Satzung kann im Rahmen von § 8 Abs. 1 Nr. 4 GenG Voraussetzungen für die Beschlussfähigkeit aufstellen. So müssen z. B. gemäß § 31 Abs. 3 MS bei der Beschlussfassung über die Auflösung oder Änderung der Rechtsform zwei Drittel der Mitglieder oder Vertreter anwesend sein.

Bei General-/Vertreterversammlungen wird üblicherweise eine **Anwesenheitsliste** geführt, in die sich die erschienenen Mitglieder oder Gäste einzutragen haben. Die Anwesenheitsliste dient nicht nur statistischen Zwecken, sondern hat auch Beweisfunktion. Sie kann z. B. in Anfechtungsprozessen von Bedeutung werden, wenn festzustellen ist, ob der

Anfechtungskläger in der General-/Vertreterversammlung erschienen war (§ 51 Abs. 2 Satz 1 GenG).

Zudem dient die Anwesenheitsliste der Feststellung, wie viele stimmberechtigte Mitglieder anwesend waren. Dies ist im Hinblick auf Abstimmungen von Bedeutung.

Bei Verschmelzungsversammlungen legen **Notare** oftmals Wert auf diese Anwesenheitsliste und nehmen sie gelegentlich zu ihren Akten, was jedoch keiner gesetzlichen Vorgabe entspricht.

Für einige Fälle sieht das Gesetz in § 47 Abs. 3 GenG vor, dass ein Verzeichnis der erschienenen Mitglieder beizufügen und bei jedem erschienenen Mitglied die Stimmzahl zu vermerken ist. Dies spielt eine Rolle, falls die Satzung **investierende Mitglieder** oder die Gewährung von Mehrstimmrechten vorsieht oder eine Änderung der Satzung beschlossen wird, die einen der in § 47 Abs. 3 benannten Gegenstände betrifft. Nach § 35 Abs. 5 MS ist in den Fällen der §§ 36a–36c (u. a. Fälle der virtuellen General-/Vertreterversammlung) ebenfalls ein Verzeichnis über die an der Beschlussfassung mitwirkenden Mitglieder beizufügen und darin die Art der Stimmabgabe zu vermerken (vgl. hierzu auch Kapitel VI). Auch bei einer wesentlichen Änderung des Gegenstands des Unternehmens oder einer Fortsetzung der Genossenschaft nach § 117 GenG ist die Anwesenheitsliste unumgänglich.

2.3 Verwendung von Aufnahmegeräten

Bereits in der Eröffnung wird der Versammlungsleiter ggf. auf die Verwendung von **Aufnahmegeräten** hinweisen. Der Einsatz von Aufnahmegeräten für Bild und/oder Ton kann zweckmäßig sein, um die Redebeiträge im Wortlaut festzuhalten. Das entsprechende Gerät ist sofort auszuschalten, wenn dies auf Antrag zur Geschäftsordnung von der General-/Vertreterversammlung mit einfacher Mehrheit beschlossen wird. Darüber hinaus kann jeder Redner verlangen, dass während seiner Ausführungen das Aufnahmegerät ausgeschaltet wird.

Anspruch auf Erteilung von **Abschriften** oder auf Abspielen der Aufnahme besteht nicht; der jeweilige Redner kann dies jedoch für seinen eigenen Beitrag sowie die vom Vorstand darauf etwa erteilten Antworten bzw. die aus der Versammlung dazu abgegebenen Stellungnahmen verlangen, wobei er ggf. die hierdurch entstehenden Kosten zu tragen hat.[1]

Die Benutzung **privater Aufnahmegeräte** durch einzelne Versammlungsteilnehmer bedarf der vorherigen Zustimmung aller Anwesenden. Der Versammlungsleiter sollte darauf hinweisen, dass es sich hierbei nicht um einen Beschluss der General-/Vertreterversammlung handelt, sondern um die privatrechtliche Einwilligung der anwesenden Mitglieder und Gäste. Wird die Zustimmung auch von nur einem Teilnehmer verweigert, so muss der Versammlungsleiter die Benutzung von privaten Aufnahmegeräten während der Rede des Teilnehmers mit allen zulässigen Mitteln, notfalls durch Saalverweis, verhindern.

2.4 Anträge zur Geschäftsordnung

Bereits in der Eröffnungsphase einer General-/Vertreterversammlung kann es Anträge zur Geschäftsordnung geben, z.B. Übertragung der Versammlungsleitung, Umstellung der Tagesordnung etc. Solche Anträge zur Geschäftsordnung betreffen den formalen Ablauf der Versammlung. Sie sind jederzeit – ggf. auch während der Rede eines Versammlungsteilnehmers – zulässig und unverzüglich, d.h. ohne schuldhaftes Zögern, zu behandeln. Der Antragsteller sollte seinen Geschäftsordnungsantrag vor der Abstimmung begründen; verpflichtet ist er dazu nicht. Wie vor jeder Beschlussfassung sollte der Versammlungsleiter die Frage stellen, ob Aussprache gewünscht ist. Der Beschluss bedarf der **einfachen Mehrheit** der gültig abgegebenen Stimmen.

Der Versammlungsleiter hat die Möglichkeit, die Abstimmung über einen Geschäftsordnungsantrag aus Gründen der ordnungsgemäßen Abwicklung der Tagesordnung für einen begrenzten Zeitraum, z.B. bis zur Beendigung der Rede eines Versammlungsteilnehmers, nach eigenem pflichtgemäßen Ermessen **zurückzustellen.** Auch dies entspricht einem unverzüglichen Handeln. Anträge zur Geschäftsordnung dürfen nicht dazu führen, dass die ordnungsgemäße Erörterung eines zur Verhandlung stehenden Themas beeinträchtigt oder gar verhindert wird.

Weitere Beispiele für Anträge zur Geschäftsordnung sind neben den bereits genannten:

1 BGH, Urt. v. 19.9.1994, Az. II ZR 248/92, BB 1994, 2091.

- Vertagung eines bestimmtes Tagesordnungspunkts;
- Vertagung der General-/Vertreterversammlung;
- Verzicht auf weitere Aussprache;
- Schluss der Rednerliste (es sprechen nur noch die Versammlungsteilnehmer, die bereits um das Wort gebeten haben);
- Schluss der Debatte (es soll – unabhängig von noch vorliegenden Wortmeldungen – niemand mehr das Wort erhalten);
- generelle Beschränkung der Redezeit.

2.5 Reihenfolge der Worterteilung

Die Bitte um **Worterteilung** kann in einer General-/Vertreterversammlung bereits in einem sehr frühen Stadium der Versammlung geäußert werden, beispielsweise bei einem Antrag zur Geschäftsordnung auf Umstellung der Tagesordnung. Der Regelfall jedoch wird eine erste Wortmeldung nach den Berichten von Vorstand und Aufsichtsrat sein.

Für einen geordneten Ablauf der Aussprache kommt der **Reihenfolge** der Worterteilung besondere Bedeutung zu. Wortmeldungen sind grundsätzlich in der Reihenfolge zu beachten, in der sie vorgebracht werden. Bei zahlreichen Wortmeldungen empfiehlt sich die Führung einer Rednerliste, erforderlichenfalls durch einen weiteren Schriftführer.

Es kann sich auch empfehlen, mehrere Fragen zu sammeln und zunächst zu beantworten, ehe weitere Wortbeiträge zugelassen werden.

Der Versammlungsleiter sollte grundsätzlich nicht dulden, dass ein Teilnehmer redet, ohne dass ihm das Wort erteilt worden ist. Auch bei umfangreicher Rednerliste kann es sinnvoll sein, zunächst auf eine allgemeine Begrenzung der **Redezeit** zu verzichten und bei flexibler Leitung die Redner zur Disziplin zu ermahnen. Wenn dies keinen Erfolg hat, kann der Versammlungsleiter eine allgemeine Begrenzung der Redezeit für alle durch Beschluss der General-/Vertreterversammlung veranlassen oder im Einzelfall selbst anordnen.[2] Die Begrenzung der Redezeit berührt grundsätzlich nicht das Recht, Fragen zu stellen. Die Weigerung, eine Frage zuzulassen, kann ein Anfechtungsgrund sein. Hiervon zu trennen ist das

2 Vgl. Lang/Weidmüller, GenG, 2022, § 43 Rdn. 30, 132.

Recht der Organe der Genossenschaft, eine Antwort aus den in § 34 Abs. 2 MS genannten Gründen zu verweigern.

▶ TIPP

Es ist einer ungehinderten Aussprache förderlich, wenn der Versammlungsleiter deren Ablauf in möglichst unkomplizierter Weise regelt. Daher dürfte es nicht sinnvoll sein, anzuordnen, Wortmeldungen nur schriftlich, d. h. durch Abgabe eines Zettels beim Versammlungsleiter, vorzunehmen.

2.6 Abstimmungen und Abstimmungsergebnis

Im Regelfall wird es bei der ordentlichen General-/Vertreterversammlung nach den Tagesordnungspunkten Bericht des Vorstands, des Aufsichtsrats und Bericht über die gesetzliche Prüfung zu den ersten Beschlussfassungen kommen, soweit nicht bereits vorher über Anträge zur Geschäftsordnung zu entscheiden war. Gelegentlich wird zu Beginn der Versammlung die **Abstimmungsart** der offenen Abstimmung für alle Abstimmungen per Entscheidung der Versammlung festgelegt. Auch möglich ist, dass sich Vorstand und Aufsichtsrat im Vorfeld auf offene Abstimmung zu allen Tagesordnungspunkten geeinigt haben; hierauf sollte der Versammlungsleiter hinweisen. Die offene Abstimmung entspringt i. d. R. dem Wunsch, möglichst schnell und unkompliziert Abstimmungen durchzuführen. Dennoch muss jedem vor einer Abstimmung geäußerten Wunsch eines Versammlungsteilnehmers Rechnung getragen werden, eine geheime Abstimmung zuzulassen und darüber zu entscheiden (vgl. Kapitel III Abschnitt 4.1). Die generelle Fragestellung, welche Abstimmungsart gewünscht wird, ist nicht erforderlich (Umkehrschluss aus § 33 Abs. 1 MS).

2.7 Unterbrechung, Abbruch, Vertagung der General-/Vertreterversammlung

Eine **Unterbrechung** liegt vor, wenn die Versammlung auf kurze Zeit ausgesetzt und danach als dieselbe Versammlung fortgesetzt wird. Eine Unterbrechung kann sich empfehlen bei Auszählung nach schriftlicher Abstimmung oder schlicht als Pause bei langer Dauer der Versammlung.

Ein **Abbruch** der Versammlung bedeutet, dass diese vorzeitig, nämlich vor Abwicklung der vorgesehenen Tagesordnung, beendet wird, ohne zu einem späteren Zeitpunkt fortgesetzt zu werden. Ein Abbruch ist beispielsweise denkbar, wenn bei einer außerordentlichen Versammlung über eine Verschmelzung die Mehrheit bei der Abstimmung nicht erreicht wird und nachfolgende Abstimmungen sinnlos wären.

Eine **Vertagung** ist dann gegeben, wenn die Versammlung vor Abwicklung der Tagesordnung unterbrochen und zu einem deutlich späteren Termin, also nicht kurz anschließend, fortgesetzt wird. Ebenfalls um eine Vertagung handelt es sich, wenn einzelne Tagesordnungspunkte abgesetzt werden, um in einer späteren General-/Vertreterversammlung abgehandelt zu werden.

Eine **Wiederholung** der Versammlung liegt dann vor, wenn nach vollständiger Erledigung der Tagesordnung die General-/Vertreterversammlung mit gleicher Tagesordnung zu einem späteren Zeitpunkt erneut durchgeführt wird (vgl. Kapitel II Abschnitt 6.4). Zur Wiederholung der Abstimmung vgl. Kapitel III Abschnitt 5.4.

Die Entscheidung über eine Unterbrechung der General-/Vertreterversammlung sowie über einen Abbruch der Versammlung fällt in die Zuständigkeit des Versammlungsleiters, der nach pflichtgemäßem Ermessen zu entscheiden hat.

Die Vertagung einzelner Tagesordnungspunkte oder der General-/Vertreterversammlung kann nicht vom Versammlungsleiter allein angeordnet werden; hierüber hat vielmehr die General-/Vertreterversammlung zu entscheiden.[3]

Wird die Generalversammlung vertagt oder wiederholt, so empfiehlt es sich zur Vermeidung der Anfechtbarkeit späterer Beschlüsse dringend, die gesetzlichen und satzungsmäßigen **Vorschriften** über die Einladung der Versammlung und die Ankündigung von Tagesordnungspunkten erneut zu beachten (vgl. Kapitel II Abschnitt 3).

Sobald die Tagesordnung den Mitgliedern zugegangen ist, können angekündigte Tagesordnungspunkte nur noch **geändert** werden, wenn die

3 Vgl. ebda., § 43 Rdn. 135.

gesetzlichen und satzungsmäßigen Fristen für die erneut erforderliche Ankündigung beachtet werden (vgl. Kapitel II Abschnitt 6.2).

Über die **Absetzung** bereits angekündigter Tagesordnungspunkte kann nur derjenige entscheiden, der die Tagesordnung aufgestellt hat; **zusätzliche** Tagesordnungspunkte kann das für die Aufstellung der Tagesordnung zuständige Organ aufnehmen. Beides ist jedoch nur unter **Beachtung der Ankündigungsfrist** gemäß § 46 Abs. 2 Satz 1 GenG möglich (vgl. Kapitel II Abschnitt 6.2).

Der Versammlungsleiter kann ferner als **Ergänzung** zur vorliegenden Tagesordnung bekannt geben, dass weitere Anträge zur Beratung vorliegen, die unter Punkt „Verschiedenes" ohne Beschlussfassung behandelt werden sollen.

2.8 Ordnungsmaßnahmen

Bei General-/Vertreterversammlungen mit gelegentlich emotional aufgeladenen Tagesordnungspunkten kann der Einsatz von **Ordnungsmaßnahmen** schon frühzeitig notwendig werden.

Hierüber entscheidet der **Versammlungsleiter** nach pflichtgemäßem Ermessen. Er wird zunächst versuchen, durch überzeugende Argumentation Ordnungsmaßnahmen überhaupt zu vermeiden. Falls dies nicht gelingt, sollten jeweils nur diejenigen Ordnungsmittel eingesetzt werden, die zur Unterbindung von Störungen erforderlich erscheinen.

Die zunächst einzusetzende Ordnungsmaßnahme ist der **Ordnungsruf.** Der Versammlungsleiter wird, z. B. bei Störungen wie beleidigenden Zwischenrufen, den Störer zur Ordnung rufen. Nach zweimaligem Ordnungsruf kann er gegen den betreffenden Störer mit weiteren Ordnungsmaßnahmen einschreiten, ggf. mit Saalverweis; beim zweiten Ordnungsruf ist auf diese Folge hinzuweisen. Bei schwerwiegenden Verstößen gegen die Ordnung kann der Versammlungsleiter auch ohne vorherige Abmahnung gegen den Störer vorgehen.

Als weitere Maßnahme kann der Versammlungsleiter Mitgliedern das **Wort entziehen**. Dies gilt z. B. dann, wenn die festgelegte Redezeit überschritten ist, wenn Ausführungen gemacht werden, die nicht zum Beratungsgegenstand gehören, wenn der Redner trotz Aufforderung nicht zum Thema kommt, wenn er sich ausfällig oder beleidigend äußert oder wenn er in sonstiger Weise den Ablauf der Versammlung stört. Vor der Wortentziehung soll das Mitglied grundsätzlich zur Ordnung gerufen werden.

Während die Wortentziehung bei Mitgliedern eines rechtfertigenden Grundes bedarf, ist für die Wortentziehung bei **Gästen** eine solche Begründung nicht erforderlich. Der Versammlungsleiter ist auch nicht verpflichtet, bei einer Wortentziehung nach Anordnung einer Beschränkung der Redezeit darauf hinzuweisen, dass weiterhin das Fragerecht besteht; es genügt die Einräumung der tatsächlichen Möglichkeit hierzu.[4]

Der Saalverweis eines Teilnehmers ist nur statthaft, wenn dieser den ordnungsgemäßen Ablauf der Versammlung nachhaltig stört und die Störung auf andere Weise nicht zu beheben ist.

Beispiel

Rechtswidrige Angriffe auf Versammlungsteilnehmer, sinnloses Lärmen, Trunkenheit, übermäßige Zwischenrufe, Einschalten von Musik- oder Sprechapparaten, Missachtung festgesetzter Redezeiten etc.

Der **Saalverweis** muss jedoch das äußerste Mittel bleiben. Vor dem Saalverweis ist der Störer grundsätzlich – wie im Fall der Wortentziehung – zu ermahnen und auf die Möglichkeit des Ausschlusses aus der Versammlung hinzuweisen. Die vorherige Abmahnung kann unterbleiben, wenn wegen der Schwere des Ordnungsverstoßes ein sofortiger Ausschluss aus der Versammlung geboten erscheint.

Zur Durchführung von Ordnungsmaßnahmen wie Wortentziehung und Saalverweis ist der Versammlungsleiter kraft seines **Ordnungs- und Hausrechts** befugt, notfalls Gewalt anzuwenden. Soweit erforderlich, kann er auch die Hilfe der Polizei in Anspruch nehmen. Die Polizei ist zum Eingreifen berechtigt und verpflichtet, falls der Störer einer Aufforderung zum Verlassen des Saales nicht nachkommt und damit den Tatbestand des Hausfriedensbruchs erfüllt, durch den die öffentliche Sicherheit und Ordnung gefährdet ist (§ 123 StGB).

4 Zur AG LG Stuttgart, Urt. v. 27.4.1994, Az. 7 KfH O 122/93, WM 1994, 1754.

3 Behandlung einzelner Tagesordnungspunkte

3.1 Allgemeines

Der Versammlungsleiter hat die einzelnen Tagesordnungspunkte abzuwickeln. Er wird dies im Zusammenwirken mit dem Vorstand sowie den Personen übernehmen, an die er gegebenenfalls die Abwicklung der einzelnen Tagesordnungspunkte delegiert hat.

3.2 Eröffnung der Versammlung, Ernennung von Schriftführer und Stimmzählern

Die General-/Vertreterversammlung wird vom Versammlungsleiter eröffnet. Es ist üblich, hiermit die Begrüßung der Mitglieder und anwesenden Gäste zu verbinden. Anschließend ernennt der Versammlungsleiter gemäß § 29 Satz 3 MS einen **Schriftführer.** Gegebenenfalls könnte bei größeren Versammlungen ein zweiter Schriftführer ernannt werden, der unter anderem die Aufgabe hat, eine besondere Rednerliste zu führen.

Die Benennung von **Stimmzählern** ist im Hinblick auf klare Abstimmungsergebnisse zumindest bei größeren Versammlungen unumgänglich. Es gehört in diesen Fällen zur Vorbereitung einer General-/Vertreterversammlung, die Stimmzähler auf ihre Aufgabe vorzubereiten (vgl. Kapitel II Abschnitt 9.4).

Auch die **Nachbenennung** von Stimmzählern im Verlauf der Versammlung ist zulässig, wenn beispielsweise bei einer schriftlichen Abstimmung die Auszählung durch eine höhere Zahl von Stimmzählern beschleunigt werden soll.

Als Stimmzähler können auch **Mitarbeiter** der Genossenschaft benannt werden.

Die Eröffnung enthält im Regelfall den Hinweis auf die Ordnungsmäßigkeit der Einberufung unter Einhaltung der Fristen, die Feststellung der Beschlussfähigkeit und die Verlesung der Tagesordnung.

3.3 Bericht des Vorstands, des Aufsichtsrats und Bericht über die gesetzliche Prüfung

Das Gesetz sieht folgende **Berichtspflichten** in der General-/Vertreterversammlung zwingend vor:

- Bericht des Vorstands über Jahresabschluss und Lagebericht (§ 33 Abs. 1 Satz 2 GenG);
- Bericht des Aufsichtsrats über seine Tätigkeit;
- Bericht des Aufsichtsrats über die Prüfung des Jahresabschlusses und Lageberichts und den Vorschlag für die Verwendung des Jahresüberschusses oder die Deckung des Jahresfehlbetrags (§ 38 Abs. 1 Satz 5 GenG);
- Bericht über die gesetzliche Prüfung und Erklärung des Aufsichtsrats zu wesentlichen Feststellungen und Beanstandungen der Prüfung (§ 59 Abs. 2 GenG).

Es erscheint nicht ausreichend, wenn der Vorstand im Rahmen seiner Berichterstattung den gedruckten **Lagebericht** lediglich vorliest. Der mündliche Bericht des Vorstands sollte den Schwerpunkt vielmehr auf die anschauliche Darstellung der wichtigsten Vorgänge sowie der für das betreffende Geschäftsjahr besonders charakteristischen Merkmale legen. Der Vorstand sollte hierbei besonders auf die Interessen der Mitglieder Rücksicht nehmen. Es empfiehlt sich deshalb, den Mitgliedern auch die allgemeinen Zusammenhänge der Entwicklung der Genossenschaft im Berichtsjahr zu erläutern. Es ist andererseits aber weder erforderlich noch wünschenswert, jede einzelne Position im gedruckten Geschäftsbericht zu verlesen und darzustellen.

An den Bericht des Vorstands schließt sich der **Bericht des Aufsichtsrats** über seine Tätigkeit an. Es hat sich als zweckmäßig erwiesen, auch diesen Bericht vorher im Aufsichtsrat durchzusprechen, schriftlich niederzulegen und in der festgelegten Fassung in der Versammlung zu verlesen (vgl. Kapitel II Abschnitt 6.5).

Dem Bericht des Aufsichtsrats über seine Tätigkeit folgt üblicherweise der **Bericht über die gesetzliche Prüfung:** Dieser Bericht kann z. B. vom Aufsichtsratsvorsitzenden, einem anderen Mitglied des Aufsichtsrats oder einem anwesenden Vertreter des Prüfungsverbands vorgetragen werden. Er beschränkt sich im Allgemeinen auf die Verlesung des „zusammengefassten Prüfungsergebnisses" (ZPE) sowie derjenigen Teile, deren Verlesung der Prüfungsverband (!) nach § 59 Abs. 3 1. Alt. GenG verlangt (vgl. Kapitel II Abschnitt 6.5).

Das Genossenschaftsgesetz (§ 59 Abs. 2) verlangt vom **Aufsichtsrat** ausdrücklich eine **Stellungnahme** zu wesentlichen Feststellungen oder Beanstandungen des Prüfungsberichts; insoweit genügt es z. B. nicht, wenn der Aufsichtsrat lediglich das zusammengefasste Prüfungsergebnis vorträgt. Er muss vielmehr eine eigene wertende Erklärung dazu abgeben. Diese Stellungnahme kann z. B. die Erklärung enthalten, dass der Aufsichtsrat über den Prüfungsbericht beraten habe und dass er den Feststellungen des Berichts zustimme, der Prüfungsbericht keine wesentlichen Feststellungen oder Beanstandungen enthalte oder der Aufsichtsrat dafür Sorge tragen werde, dass die Feststellungen des Prüfungsberichts beachtet werden. Auch diese Erklärung des Aufsichtsrats sollte vorher abgestimmt und schriftlich festgehalten werden (vgl. Kapitel II Abschnitt 6.5).

Gemäß § 59 Abs. 1 Satz 1 GenG ist der **Prüfungsbericht** als Gegenstand der Beratung der General-/Vertreterversammlung anzukündigen. Unter diesem Tagesordnungspunkt kann die Aussprache über den geprüften Jahresabschluss erfolgen. Die General-/Vertreterversammlung kann unter diesem Tageordnungspunkt aber keinen Beschluss zur Genehmigung des Prüfungsberichts fassen; dessen Inhalt liegt allein in der Verantwortung des Prüfungsverbands.

Die Beschlussfassung über den Umfang der Bekanntgabe des Prüfungsberichts wird in aller Regel auf die Kenntnisnahme der verlesenen zusammengefassten Prüfungsergebnisse abzielen, weil dies im Regelfall dem Informationsbedürfnis der Mitglieder entspricht. Nur ausnahmsweise wird mehr gewünscht.

Die Verlesung weiterer Teile des Prüfungsberichts findet dort ihre Grenze, wo **Geheimhaltungspflichten,** wie z. B. das Bankgeheimnis oder Persönlichkeitsrechte, verletzt würden. In Anbetracht der Schwierigkeiten, bei der Verlesung eines zusammenhängenden Texts solche Geheimhaltungspflichten rechtzeitig zu erkennen – und auch angesichts des großen Zeitaufwands –, dürfte eine Verlesung des gesamten Prüfungsberichts grundsätzlich ausscheiden. Dieser Umstand beeinträchtigt nicht das Informationsrecht der Mitglieder; sie haben die Möglichkeit, zu allen Fragen, zu denen die „zusammengefassten Schlussbemerkungen" Anlass geben, Auskunft zu verlangen (vgl. Kapitel III Abschnitt 6.1.3).

3.4 Beschlussfassung über die Verwendung des Jahresüberschusses

Die Behandlung einer **Vorwegzuweisung zu den Rücklagen** ist im Genossenschaftsgesetz nicht ausdrücklich geregelt. Es ergibt sich aus § 48 Abs. 1 GenG, dass die General-/Vertreterversammlung unter anderem auch über den auf die Mitglieder entfallenden Betrag des Gewinns oder des Verlusts zu beschließen hat.

Folgendes Verfahren erscheint sinnvoll und rechtlich zulässig:

- In den Lagebericht ist ein Hinweis auf die in der Gewinn- und Verlustrechnung ausgewiesene Vorwegzuweisung zu den Rücklagen aufzunehmen; der Betrag der Zuweisungen muss hier nicht genannt werden.
- In der General-/Vertreterversammlung wird, über die Genehmigung der Vorwegzuweisung im Rahmen der Feststellung des Jahresabschlusses, konkludent ein Beschluss gefasst; Voraussetzung ist im Allgemeinen die Unterrichtung über die Höhe der Vorwegzuweisung;
- Dieser Beschluss bedarf keiner besonderen Ankündigung in der Tagesordnung, da er unter dem Tagesordnungspunkt „Beschlussfassung über die Feststellung des Jahresabschlusses und die Verwendung des Jahresüberschusses" abgehandelt werden kann.[5]

Ein Beschluss von Vorstand und Aufsichtsrat über die Verwendung der „anderen Ergebnisrücklagen" gemäß § 39 MS erfolgt stets unter dem Vorbehalt, dass die General-/Vertreterversammlung diesem Beschluss bei der Feststellung des Jahresabschlusses zustimmt. Eine solche Zustimmung setzt die entsprechende Information der General-/Vertreterversammlung voraus.

Der Beschluss über die Höhe der Dividende sollte auch den Auszahlungstag festlegen.

5 Vgl. hierzu Lang/Weidmüller, GenG, 2022, § 48 Rdn. 21 ff.

3.5 Beschlussfassung über die Entlastung

Zur Vorbereitung dieses Tagesordnungspunkts vgl. Kapitel II Abschnitt 6.5. Der Versammlungsleiter oder die von ihm beauftragte Person wird in der Regel en bloc abstimmen lassen. Unter Nutzung seines Individualrechts kann ein Mitglied die Beschlussfassung über die Entlastung der Organmitglieder auch einzeln verlangen.[6]

3.6 Wahlen zum Aufsichtsrat

Zur Vorbereitung dieses Tagesordnungspunkts vgl. Kapitel II Abschnitt 6.5. Zur Durchführung von Wahlen vgl. Kapitel III Abschnitt 4.1 und Abschnitt 4.6.

3.7 Verschiedenes und Ende der Versammlung

Es ist üblich, die Tagesordnung mit dem Punkt „Verschiedenes" abzuschließen. Dabei können z. B. aktuelle Fragen zur Aussprache gestellt werden. Auch über zuerst in der Versammlung gestellte Anträge kann diskutiert werden. Eine rechtswirksame Beschlussfassung scheidet grundsätzlich schon deswegen aus, weil keine ordnungsgemäße Ankündigung erfolgt ist (vgl. Kapitel II Abschnitt 6.1 und 6.2).

Der Tagesordnungspunkt „Verschiedenes" bietet darüber hinaus die Möglichkeit, **Anregungen und Wünschen** aus dem Kreis der Versammlungsteilnehmer gerecht zu werden.

Nach diesem letzten Punkt der Tagesordnung sollte der Versammlungsleiter deutlich aussprechen, dass der offizielle Teil der General-/Vertreterversammlung beendet ist. Die Uhrzeit ist im Protokoll zu vermerken. Dies hat insoweit rechtliche Bedeutung, als danach keine Widersprüche zu Protokoll gegeben werden können, die Voraussetzung für eine Anfechtung nach § 51 GenG sind.

---

6 Vgl. ebda., § 48 Rdn. 25.

4 Verfahren bei Abstimmungen (Beschlüsse und Wahlen)

4.1 Grundsätze (Mehrheiten, offene oder geheime Abstimmung)

Zu Abstimmungen kommt es bei Beschlüssen, Zustimmungen und Wahlen. Der **Beschluss** ist ein förmliches Verfahren zur Feststellung der Meinung der General-/Vertreterversammlung zu Sachfragen. Durch **Zustimmung** wird ein Beschluss der Organe Vorstand und Aufsichtsrat (z. B. bei Erlass oder Änderung der Wahlordnung) genehmigt. Bei **Wahlen** geht es um die Meinungsbildung bei der Bestimmung von Personen als Mitglieder eines Gremiums.[7]

Nach § 43 Abs. 2 Satz 1 GenG bedürfen Beschlüsse der General-/Vertreterversammlung grundsätzlich der **Mehrheit** der abgegebenen Stimmen **(einfache Stimmenmehrheit),** soweit nach § 43 Abs. 2 Satz 2 GenG nicht Gesetz oder Satzung eine größere Mehrheit oder weitere Erfordernisse bestimmen. Für Wahlen erlaubt das Gesetz auch andere Regelungen, z. B. die relative Mehrheit.[8]

Gemäß § 31 Abs. 2 MS ist eine qualifizierte Mehrheit von drei Vierteln der gültig abgegebenen Stimmen insbesondere in folgenden Fällen erforderlich:

- Änderung der Satzung;
- Widerruf der Bestellung von Mitgliedern des Vorstands – mit Ausnahme der in § 40 GenG geregelten Fälle (fristlose Abberufung vom Amt und fristlose Kündigung des Dienstvertrags) – sowie von Mitgliedern des Aufsichtsrats;
- Ausschluss von Mitgliedern des Vorstands und des Aufsichtsrats aus der Genossenschaft;
- Austritt aus genossenschaftlichen Verbänden;
- Verschmelzung der Genossenschaft;

7 Ebda., § 43 Rdn. 60 ff.

8 Näher dazu: Lang/Weidmüller, GenG, 2022, § 43 Rdn. 61.

- Auflösung der Genossenschaft;
- Fortsetzung der Genossenschaft nach beschlossener Auflösung;
- Aufhebung der Einschränkung des Anspruchs auf Auszahlung des Auseinandersetzungsguthabens.

Zum Teil ergibt sich die Notwendigkeit für eine Abstimmung mit qualifizierter Mehrheit aus gesetzlichen Vorschriften (z. B. GenG, UmwG). Jede Genossenschaft ist darüber hinaus berechtigt, durch Satzungsbestimmung frei zu entscheiden, zu welchen Beschlüssen eine qualifizierte Mehrheit erforderlich sein soll.

Eine qualifizierte Mehrheit der abgegebenen Stimmen ist außerdem erforderlich bei der **Spaltung** (Aufspaltung, Abspaltung, Ausgliederung; § 125 i. V. m. § 84 UmwG) und dem Formwechsel (§ 262 UmwG) einer Genossenschaft. Für den **Formwechsel** sind in § 31 Abs. 3 MS darüber hinaus noch zusätzliche Erfordernisse bestimmt.

Für Beschlüsse über die Verschmelzung, Spaltung und den Formwechsel schreibt § 13 Abs. 3 UmwG überdies deren **notarielle Beurkundung** vor.

§ 33 Abs. 1 MS regelt das Verfahren bei Abstimmungen und Wahlen. Zu unterscheiden ist die **geheime Abstimmung** mit Stimmzettel sowie die **offene Abstimmung** durch Handzeichen. Die Abstimmungen müssen geheim (mit Stimmzetteln) erfolgen, wenn der Vorstand oder der Aufsichtsrat es verlangen. Außerdem kann jedes anwesende und stimmberechtigte Mitglied oder jeder Vertreter den Antrag auf geheime Abstimmung stellen. In diesem Fall hat die General-/Vertreterversammlung darüber zu entscheiden, ob geheim oder offen abgestimmt werden soll. Für diesen Beschluss genügt nach § 33 Abs. 1 MS die Zustimmung des **vierten Teils** der bei der Beschlussfassung hierüber gültig abgegebenen Stimmen. Wegen der Protokollierung vgl. Anhang 6b Nr. 3.

Ansonsten erfolgt die offene Abstimmung durch Handzeichen.

TIPP

Genossenschaftsgesetz und Satzung sehen eine **namentliche Abstimmung** nicht vor. Es dürfte aber rechtlich unbedenklich sein, wenn aus besonderen Gründen die General-/Vertreterversammlung eine solche offene Abstimmung mit einfacher Mehrheit beschließt.

4.2 Reihenfolge der Abstimmung

Bei mehreren Alternativanträgen zu einem Tagesordnungspunkt hat der Versammlungsleiter die Reihenfolge der Abstimmung festzulegen. Es ist insofern zwischen **Hauptanträgen** (dem zur Beratung stehenden eigentlichen Tagesordnungspunkt) und Änderungsanträgen (Einschränkungen oder Erweiterungen des Hauptantrags) zu unterscheiden. Liegen mehrere Anträge vor, so wird im Regelfall nach parlamentarischem Brauch zuerst über den **weitestgehenden Antrag** abgestimmt.

Es ist in der Praxis nicht immer leicht festzustellen, welcher Antrag weiter geht als ein anderer. Im Allgemeinen ist dies der Antrag, mit dessen Annahme die anderen Anträge automatisch erledigt sind. Ist nicht ohne Weiteres erkennbar, welcher Antrag zuerst zu behandeln ist, so kann der Versammlungsleiter nach eigenem **Ermessen** darüber entscheiden, wie bei der Abstimmung verfahren werden soll. Der Versammlungsleiter kann es aber auch der Versammlung überlassen, durch **Beschlussfassung** zur Geschäftsordnung die Reihenfolge zu bestimmen.

Liegen mehrere Anträge vor, die weitgehend **inhaltlich gleich** sind, so entscheidet der Versammlungsleiter ebenfalls nach eigenem Ermessen über die Reihenfolge der Abstimmung.

In manchen Fällen kann sich aus dem Sachzusammenhang verschiedener Anträge eine „logische Reihenfolge" für die Abstimmung ergeben. Hieran ist auch der Versammlungsleiter grundsätzlich gebunden. Dies ist z. B. dann der Fall, wenn ein Antrag von einem anderen abhängt oder auf einem anderen aufbaut.

Da es jedoch keine Geschäftsordnung mit Regeln für Abstimmungen gibt – wie beispielsweise im Bundestag –, sind auch andere Lösungen denkbar. So kann auch zunächst über den Vorschlag der Genossenschaft abgestimmt werden, da bei Zustimmung zu einem weitergehenden Antrag erhebliche Zusatzarbeiten entstehen können.

Beispiel

Der Antrag auf Ausschüttung einer höheren Dividende als die von der Genossenschaft in der Gewinn- und Verlustrechnung vorgeschlagene könnte bei bevorzugter Abstimmung und Annahme des weitergehenden Antrags eine Neuverteilung erforderlich machen. Es ist deshalb zulässig, zunächst den vorgesehenen Vorschlag der Genossenschaft zur Abstimmung zu bringen.

Über Verfahrensanträge ist vor Sachanträgen zu beschließen.

Beispiel

Der Verfahrensantrag, die Beschlussfassung betreffend die Entlastung der Vorstandsmitglieder von der Tagesordnung abzusetzen, ist vor dem Tagesordnungspunkt „Entlastung der Vorstandsmitglieder" zu beschließen.

4.3 Feststellung des Abstimmungsergebnisses

Bei der Abstimmung hat jedes Mitglied – bei Vertreterversammlung jeder Vertreter – grundsätzlich eine Stimme, und zwar ohne Rücksicht auf die Dauer seiner Mitgliedschaft, die Höhe seines Geschäftsguthabens, die Zahl der Geschäftsanteile oder den Umfang seines Geschäftsverkehrs mit der Genossenschaft (§ 26 Abs. 2 MS; § 43 Abs. 3 GenG). Soweit die Satzung die gesetzliche Möglichkeit eines **Mehrstimmrechts** vorsieht – die Mustersatzung der Kreditgenossenschaften macht hiervon keinen Gebrauch – ist dies entsprechend zu berücksichtigen.[9]

Bei der Feststellung des Stimmenverhältnisses werden nur die **abgegebenen gültigen Stimmen** gezählt (§ 33 Abs. 2 MS; § 43 Abs. 2 Satz 1 GenG). **Stimmenthaltungen** und **ungültige** Stimmen werden dabei **nicht** berücksichtigt.

Stimmenthaltung liegt vor, wenn ein beim Abstimmungsvorgang anwesendes stimmberechtigtes Mitglied bei der Abstimmung keine Ja- oder Nein-Stimme abgibt. Bei schriftlicher Abstimmung kann die Stimmenthaltung auch dadurch zum Ausdruck kommen, dass z. B. ein unbeschriebener Stimmzettel abgegeben wird. Diese Unterscheidung entspricht auch dem tatsächlichen Willen der Beteiligten: Wer sich z. B. der Stimme enthält, will gerade nicht mit Ja oder Nein stimmen. Es wäre

9 Lang/Weidmüller, GenG, 2022, § 43 Rdn. 69.

daher sinnwidrig, diese Stimme etwa den Nein-Stimmen zuzuordnen. Es empfiehlt sich, vor Abstimmungen darauf hinzuweisen.

Ist eine Stimmberechtigung nicht gegeben, ist diese Stimmabgabe – egal welchen Inhalts – ungültig.

Folgende Begriffe sind zu unterscheiden:

- **erschienene Mitglieder** – Mitglieder, die zu einem beliebigen Zeitpunkt an der Versammlung teilgenommen haben und deren Erscheinen festgehalten ist, z. B. in der üblichen „Anwesenheitsliste";
- **anwesende Mitglieder** – Mitglieder, die beim jeweiligen Abstimmungsvorgang im Versammlungsraum anwesend sind;
- **abgegebene Stimmen** – Stimmen, die gemäß § 33 Abs. 2 MS gezählt werden, also tatsächlich abgegebene gültige Stimmen ausschließlich der Stimmenthaltungen und der ungültigen Stimmen.

Beispiel

Bei der Abstimmung anwesend sind 120 Mitglieder. Ergebnis der Abstimmung: 51 Ja-Stimmen, 49 Nein-Stimmen. Ein Antrag, der nach § 31 Abs. 1 MS der einfachen Mehrheit bedarf, ist somit angenommen. Die 120 anwesenden Mitglieder haben gemäß § 33 Abs. 2 MS nur 100 zu wertende Stimmen abgegeben; die Zahl der Enthaltungen bzw. ungültigen Stimmen bleibt außer Betracht.

Die möglichen Mehrheiten werden folgendermaßen definiert:

- **einfache Mehrheit** – mehr als die Hälfte der abgegebenen gültigen Stimmen;
- **relative Mehrheit** – mehr als jede andere einzelne Alternative;
- **absolute Mehrheit** – mehr als alle anderen Alternativen zusammen;
- **qualifizierte Mehrheit** – Erschwerung über die einfache Mehrheit hinaus (z. B. Drei-Viertel-Mehrheit).

Im Regelfall wird bei offener Abstimmung zuerst danach gefragt, wer für den Antrag stimmen will. Damit wird den Beteiligten Gelegenheit gegeben, sich zu dem Antrag zu bekennen. Nach der Auszählung sollte als Zweites nach den **Gegenstimmen** gefragt werden.

Zwar werden **Stimmenthaltungen** nicht berücksichtigt. Dennoch muss die Notwendigkeit der Fragestellung nach Stimmenthaltungen differenziert gesehen werden.

Als zulässig – und von Notaren bei Abstimmungen zu Verschmelzungen gelegentlich gewünscht – ist die **negative Auszählung (Subtraktionsverfahren)** anzusehen. Sie kann sinnvoll sein, wenn mit einer deutlichen Überzahl von Ja-Stimmen gerechnet wird. Der Versammlungsleiter lässt dann nur die Nein-Stimmen und die Stimmenthaltungen auszählen, zieht beide Ergebnisse von der Zahl der anwesenden Stimmberechtigten ab und kommt so zum Abstimmungsergebnis. Dieses Verfahren setzt eine lückenlose Anwesenheitskontrolle voraus. In der Praxis ist dies oft schwierig.

Ein anderer Fall der notwendigen Frage nach Stimmenthaltungen wäre dann gegeben, wenn beispielsweise bei Anwesenheit von hunderten Stimmberechtigten in einer Versammlung bei einer Beschlussfassung nur eine Handvoll Ja- und Nein-Stimmen abgegeben werden. Die Frage nach Stimmenthaltungen ist dann geboten, weil deren hoher Anteil dem Versammlungsleiter verdeutlicht, dass der Tagesordnungspunkt noch nicht ausdiskutiert ist. Der Versammlungsleiter sollte nochmals in die Aussprache eintreten und sich zu einer **Wiederholung der Abstimmung** entschließen (vgl. Kapitel III Abschnitt 5.4).

Bei **Stimmengleichheit** ist ein Antrag abgelehnt, ein Stichentscheid durch den Versammlungsleiter ist ausgeschlossen. Bei Wahlen erlaubt das Gesetz aber eine andere Regelung: Nach § 33 Abs. 2 Satz 2 MS erfolgt ein Losentscheid durch den Versammlungsleiter (vgl. Kapitel III Abschnitt 4.7). Zu denken ist an einen Münzwurf o. Ä.

4.4 Feststellung der qualifizierten Mehrheit

In einzelnen Fällen schreiben Gesetz bzw. Satzung für das wirksame Zustandekommen eines Beschlusses eine **qualifizierte Mehrheit** vor (vgl. Kapitel III Abschnitt 4.1), z. B. bei einer Satzungsänderung eine Drei-Viertel-Mehrheit.

Ergibt sich bei der Berechnung des Abstimmungsergebnisses der **Bruchteil von Stimmen,** so zählt dieser Bruchteil nicht als Ja-Stimme. Er fällt vielmehr weg:

Beispiel

Gültig abgegebene Stimmen *71*
Ja-Stimmen *53*
Nein-Stimmen *18*

Berechnung $\frac{71 \times 3}{4} =$ *53,25 Stimmen*

*Die 53 Ja-Stimmen erreichen rechnerisch nicht die Drei-Viertel-Mehrheit. Da aber nach dem Gesetz mindestens drei Viertel der abgegebenen Stimmen erforderlich sind, wären für das wirksame Zustandekommen eines Beschlusses bzw. einer Wahl 54 Stimmen notwendig gewesen. 75 Prozent müssen **voll** erreicht sein.*

Gemäß § 43 Abs. 2 Satz 1 GenG beschließt die General-/Vertreterversammlung mit einfacher Mehrheit, soweit nicht Gesetz oder Satzung eine größere Mehrheit oder weitere Erfordernisse bestimmen. So sieht die Mustersatzung für den Beschluss über die Änderung der Rechtsform **(Formwechsel)** in § 32 Abs. 3 MS eine Mehrheit von **neun Zehnteln** der gültig abgegebenen Stimmen vor. Bei der Beschlussfassung über die Auflösung sowie die Änderung der Rechtsform (Formwechsel) müssen über die gesetzlichen Vorschriften hinaus zwei Drittel aller Mitglieder oder Vertreter in einer nur zu diesem Zweck einberufenen Versammlung anwesend sein. Wenn diese Mitgliederzahl in der Versammlung nicht erreicht ist, kann jede weitere Versammlung ohne Rücksicht auf die Zahl der erschienenen Mitglieder oder Vertreter innerhalb desselben Geschäftsjahres über die Auflösung oder Änderung der Rechtsform (Formwechsel) beschließen.

4.5 Verfahren bei geheimer Abstimmung

Für **geheime Abstimmungen** sind Stimmzettel und Wahlurnen durch die Stimmzähler bereitzuhalten (vgl. Vorbereitungen Kapitel II Abschnitt 9.4).

Vor der Abstimmung sollte der Versammlungsleiter deutlich erklären, in welcher Weise die **Stimmzettel** ausgefüllt werden sollen.

Soweit keine Wahl unter Namensnennung ansteht, kann die Musterstimmkarte genutzt werden. Die **Musterstimmkarte** der DG Nexolution (vgl. Anhang 6c) sieht die Möglichkeit vor, perforierte Abschnitte herauszulösen. Diese Abschnitte sind mit Nummern versehen und ermöglichen das Ankreuzen von drei Varianten: Ja, Nein, Enthaltung. Der Versammlungsleiter sollte deutlich erklären, welcher nummerierte Abschnitt des Stimmzettels zur Abstimmung herangezogen wird.

Falls die Musterstimmkarte nicht zur Hand ist, können auch **unbeschriftete Stimmzettel** ausgegeben werden.

Vor der Stimmabgabe sollte der Versammlungsleiter nochmals nachfragen, ob jeder Wahlberechtigte einen Stimmzettel erhalten hat. Im Hinblick auf die Gültigkeit sollte erklärt werden, dass Stimmzettel, die z. B. gleichzeitig mit „Ja" und „Nein" beim gleichen Punkt oder mit zusätzlichen Bemerkungen versehen werden, grundsätzlich ungültig sind und bei der Ermittlung des Stimmverhältnisses nicht berücksichtigt werden.

Nach der Frage, ob alle den Stimmzettel ausgefüllt haben, ist mit dem Einsammeln der Stimmzettel unter Einsatz von **Wahlurnen** zu beginnen.

Die Ausgestaltung von Wahlurnen ist im Genossenschaftsrecht nicht geregelt. Aus Wahlordnungen im öffentlichen Bereich lassen sich einige Voraussetzungen ableiten. Es soll sich um verschließbare feste Behältnisse mit Deckel und Schlitz handeln, die eine Manipulation verhindern sollen. Da sich das Einsammeln und das Auszählen im Regelfall vor den Augen der Versammlungsteilnehmer abspielen, sind an die Wahlurnen keine allzu hohen Anforderungen zu stellen.

Für die anschließende Auszählung empfiehlt sich in der Regel eine Unterbrechung der Versammlung (vgl. Tipp in Kapitel II Abschnitt 9.4).

▶ TIPP

Die geheime Abstimmung kann erhebliche Zeit in Anspruch nehmen. Im Interesse einer zügigen Abwicklung ist deshalb in der Regel der offenen Abstimmung der Vorzug zu geben. Gelegentlich wird es als Ermunterung zum Antrag auf geheime Abstimmung empfunden, wenn die Stimmzettel für eine schriftliche Abstimmung bereits bei der Eingangskontrolle ausgehändigt werden. Es kann deshalb sinnvoll sein, Stimmzettel erst vor der Abstimmung an die Wahlberechtigten zu verteilen, falls geheime Abstimmung beschlossen wurde.

4.6 Grundsätze bei Wahlen und Wahlvorschläge

Das Genossenschaftsgesetz sieht in § 43 Abs. 2 unterschiedliche Mindestvorschriften für die **Mehrheitsverhältnisse** bei Beschlüssen und Wahlen vor. Während Beschlüsse nur mit mindestens einfacher Mehrheit gefasst werden können, kann die Satzung für Wahlen auch abweichende Regelungen enthalten, also größere oder auch geringere Mehrheiten vorschreiben, wie z. B. die relative Mehrheit (vgl. Kapitel III Abschnitt 4.3).

Das Recht, **Wahlvorschläge** zu unterbreiten, folgt aus dem Mitgliedschaftsrecht und steht somit grundsätzlich jedem Mitglied der Genossenschaft zu.

▶ *Besonderheiten für die Vertreterversammlung*

Das Vorschlagsrecht steht nicht gewählten Vertretern bei bestehender Vertreterversammlung auch außerhalb der Vertreterversammlung zu. Soweit ein Mitglied als Gast in der Vertreterversammlung zugelassen ist, kann es dort ebenfalls Wahlvorschläge unterbreiten.[10]

Es ist zulässig, in der Satzung konkrete Regelungen vorzusehen, z. B. Ausschlussfristen für die Einreichung von Wahlvorschlägen festzulegen, wie es z. B. § 24 Abs. 2 Alternative B MS für Wahl der Mitglieder des Aufsichtsrats vorsieht. Die Satzung kann ferner vorsehen, dass weitere Erfordernisse, z. B. eine bestimmte Anzahl von Mitgliedern, notwendig sind. Dadurch darf das Vorschlagsrecht allerdings nicht in einer Weise beschränkt werden, die einer Entziehung dieses Rechts gleichkäme.

10 Ebda., § 43a Rdn. 71.

Entsprechende Hinweise in der Einladung zur General-/Vertreterversammlung, die in der Satzung keine Grundlage haben, besitzen nur Ordnungscharakter; sie schließen also die Benennung von Kandidaten auch noch in der Versammlung nicht aus.

Auch den Mitgliedern von Vorstand oder Aufsichtsrat steht als Genossenschaftsmitgliedern grundsätzlich das Recht zu, Wahlvorschläge zu unterbreiten. Dies gilt immer nur für die einzelnen Mitglieder des Vorstands oder des Aufsichtsrats (also nicht für das Organ!). Zur Vermeidung von möglichen **Interessenkollisionen** haben die Vorstandsmitglieder bei Wahlen zum Aufsichtsrat weder ein Vorschlags- noch ein Stimmrecht.[11] Wahlvorschläge der Organmitglieder müssen im Übrigen nicht bereits in der Tagesordnung enthalten sein; sie können vielmehr auch in der Versammlung selbst vorgebracht werden.

Es ist zulässig, z. B. im Zusammenhang mit einer **Verschmelzung** zu vereinbaren, dass eine bestimmte Anzahl von Aufsichtsratsmitgliedern aus einem örtlich abgegrenzten Bereich kommen muss. Eine solche Vereinbarung wirkt sich zunächst nur auf das **Vorschlagsrecht** aus. Die Wahl selbst wird von allen in der General-/Vertreterversammlung anwesenden und stimmberechtigten Mitgliedern – also nicht etwa nur von den Mitgliedern aus dem betreffenden Gebiet – einheitlich und frei durchgeführt. Die General-/Vertreterversammlung ist an die Vorgaben des von ihr geschlossenen Fusionsvertrags gebunden.

Während das **aktive Wahlrecht** der Genossenschaftsmitglieder grundsätzlich nicht einschränkbar ist, kann die Satzung Voraussetzungen für die Wählbarkeit **(passives Wahlrecht)** aufstellen. Diese Voraussetzungen müssen insbesondere den genossenschaftlichen Gleichbehandlungsgrundsatz beachten und sachlich gerechtfertigt sein.

Grundsätzlich sind in die gesetzlichen Organe nur Mitglieder der Genossenschaft wählbar; es genügt jedoch, wenn die Mitgliedschaft von dem Gewählten spätestens bis zum Amtsantritt erworben wird.

Ausnahmen bestehen für die Wahl von Vorstands- und Aufsichtsratsmitgliedern. Gehören der Genossenschaft eingetragene **Genossenschaften** als Mitglieder an, können deren Mitglieder, sofern sie natürliche Personen sind, in den Vorstand oder Aufsichtsrat der Genossenschaft

11 Einzelheiten dazu und Begründung siehe Lang/Weidmüller, GenG, 2022, § 36 Rdn. 24.

berufen werden. Gehören der Genossenschaft andere **juristische Personen** oder **Personengesellschaften** an, gilt dies für deren zur Vertretung befugte Personen (§ 9 Abs. 2 GenG). Die Altersbegrenzung als Wahlhindernis gilt auch für diesen Personenkreis.

> ▶ *Besonderheiten für die Vertreterversammlung*
>
> *Auch für die **Wahl von Vertretern** besteht eine Ausnahme. Ist ein Mitglied der Genossenschaft eine juristische Person oder eine Personengesellschaft, können natürliche Personen, die zu deren Vertretung befugt sind, als Vertreter gewählt werden (§ 43a Abs. 2 Satz 2 GenG).*

Vor der Wahl ist festzustellen, ob für die vorgeschlagenen Kandidaten die Wahlvoraussetzungen (z. B. eine Altersbegrenzung, die Dauer der Mitgliedschaft oder ähnliche, jedoch von allen Kandidaten gleichermaßen zu erfüllende objektive Kriterien) erfüllt sind. Werden diese persönlichen Voraussetzungen nicht beachtet, so führt dies zur Anfechtbarkeit der Wahl (§ 51 GenG).

Es ist zweckmäßig, die aufgestellten Kandidaten vor der Wahl zu befragen, ob sie im Fall ihrer Wahl bereit sind, das Amt anzunehmen. Die Kandidaten sollten der Versammlung vor der Wahl vorgestellt werden. Es ist zwar rechtlich nicht erforderlich, dass die zur Wahl gestellten Kandidaten in der General-/Vertreterversammlung persönlich anwesend sind; ein unentschuldigtes Fernbleiben könnte jedoch als mangelndes Interesse verstanden werden.

> ▶ *Besonderheiten für die Vertreterversammlung*
>
> *Bei bestehender Vertreterversammlung haben nur die gewählten Vertreter ein aktives Wahlrecht hinsichtlich der Organe. Das aus der Mitgliedschaft folgende Vorschlagsrecht steht jedoch auch in diesem Fall grundsätzlich jedem Mitglied der Genossenschaft zu (vgl. Kapitel III Abschnitt 4.6).*

4.7 Durchführung der Wahl

Bei Wahlen geht es um Entscheidungen über Personen. Daraus ergeben sich in der Praxis immer wieder Probleme. Das Wahlverfahren sollte sich an den folgenden Grundsätzen orientieren:

- Die Wahl muss **frei** sein. Dies bedeutet, dass jeder Wähler die Möglichkeit haben muss, nach eigener Entscheidung für oder gegen jeden einzelnen Bewerber zu stimmen. Dieser Grundsatz schließt im Genossenschaftsrecht z. B. den Zwang der Wähler aus, bestimmten Wahlvorschlägen oder Benennungsrechten zu folgen oder sich bei zwei Bewerbern alternativ für einen von ihnen zu entscheiden. Daran ändert auch die Regelung in § 33 Abs. 4 MS nichts, die eine **En-bloc-Wahl** ermöglicht. Sind nicht mehr Kandidaten vorgeschlagen, als Mandate neu zu besetzen sind, so kann gemeinsam (en bloc) abgestimmt werden, sofern dem nicht widersprochen wird. Der Widerspruch eines Einzelnen reicht also aus, bei der grundsätzlichen Durchführung einzelner Wahlgänge zu bleiben.
- Jeder Bewerber muss die **gleichen** Wahlchancen haben.

Offene Wahlen führen notwendig dazu, dass die Wähler gezwungen sind, sich öffentlich für oder gegen einen Kandidaten zu erklären. Dies mag die Freiheit der Wahl beeinträchtigen und kann zu Misstrauen und vermeidbarer Gegnerschaft führen. Vor allem sieht die Mustersatzung für die offene Abstimmung bei Wahlen ein kompliziertes Verfahren vor. Für jedes zu vergebende Mandat ist ein besonderer Wahlgang erforderlich. Gewählt ist, wer mehr als die Hälfte der abgegebenen gültigen Stimmen erhalten hat. Erhält kein Kandidat im ersten Wahlgang die erforderliche Mehrheit, so wird eine **Stichwahl** zwischen den beiden Kandidaten durchgeführt, die die meisten Stimmen erhalten haben. In diesem Fall ist dann der Kandidat gewählt, der die meisten Stimmen erhält (vgl. § 33 Abs. 4 MS).

Eine Erleichterung bietet hier die bereits erwähnte En-bloc-Wahl. Sobald jedoch mehr Kandidaten zu wählen als Mandate vorhanden sind, sollte aus den genannten Gründen geheim mit Stimmzetteln gewählt werden.

Gemäß § 33 Abs. 3 MS hat bei Wahlen mit **Stimmzetteln** jeder Wahlberechtigte so viele Stimmen, wie Organmitglieder zu wählen sind. Der Wahlberechtigte bezeichnet auf dem Stimmzettel die Bewerber, denen er seine Stimme geben will. Gewählt sind die Bewerber, die die meisten Stimmen erhalten **(relative Mehrheit;** zum Begriff vgl. Kapitel III Abschnitt 4); bei gleicher Stimmenzahl entscheidet das durch den Versammlungsleiter gezogene Los (§ 33 Abs. 2 Satz 2 MS). Bei Wahlen mit relativer Mehrheit können Probleme dadurch entstehen, dass ein gewähltes Mitglied weniger als die Hälfte der Stimmen erhält – bis hin zum Extremfall, dass nur eine, unter Umständen seine eigene Stimme, für ihn abgegeben wurde. Hier stellt sich die Frage, ob diese formal ordnungsgemäß gewählten Personen von dem Vertrauen der Mitglieder getragen werden. Eine Lösung kann nur so versucht werden, dass die Satzung möglichst von vornherein ein bestimmtes Quorum, z. B. mindestens die Hälfte oder ein Viertel der abgegebenen Stimmen, festlegt. Erreicht ein Bewerber diese Mindestzahl an Stimmen nicht, so ist er nicht gewählt. Die Wahl sollte – möglichst mit neuen Kandidaten – wiederholt werden. Die Mustersatzung enthält keine entsprechende Regelung.

In der Praxis kann aus Gründen der Vereinfachung eine offene Wahl dann durchgeführt werden, wenn z. B. bei unproblematischer Wiederwahl entsprechend den vorliegenden Wahlvorschlägen abgestimmt wird und wenn sich keine weitere Kandidaten um die Position bewerben.

Für die **Wahlen zum Aufsichtsrat** gelten die obigen Regeln. Es ist offene und geheime Abstimmung möglich.

§ 24 Abs. 2 MS wiederholt für die Wahl von Aufsichtsratsmitgliedern zunächst den allgemeinen Rechtsgrundsatz, dass jeder Wahlberechtigte die Möglichkeit haben muss, für oder gegen jeden einzelnen Kandidaten zu stimmen (Grundsatz der freien Wahl). En-bloc-Wahlen sind zulässig, wenn jeder Wahlberechtigte damit einverstanden ist. Hierzu steht nicht in Widerspruch, dass Wahlvorschläge in Form von Stimmzetteln vorbereitet werden, die bereits die Namen der vorgeschlagenen Kandidaten sowie ggf. Leerzeilen für weitere Kandidaten enthalten: Auch hier hat jeder Wähler die Möglichkeit, die einzelnen Kandidaten zu wählen.

Es ist auch gebräuchlich, zum Wahlvorgang **unbedruckte Stimmzettel** zu verteilen, auf die dann jeweils die Kandidaten geschrieben werden, die der Wahlberechtigte wählen will. Hierbei ist besonders darauf zu achten, dass jeder Wahlberechtigte nur einen Stimmzettel erhält und dieser ausgefüllte Stimmzettel nur so viele Namen enthalten darf, wie Kandidaten zu wählen sind.

Stimmzettel, die den genannten Voraussetzungen nicht genügen, sind im Zweifel ungültig. Schreibt z. B. ein Wähler eine größere Anzahl von Kandidaten oder Namen, deren Träger als Kandidaten gar nicht aufgestellt sind, auf den Stimmzettel, so ist die gesamte Stimmabgabe dieses Wählers ungültig. Entsprechendes gilt, wenn der Name eines Kandidaten mehrfach aufgeführt wird, ohne dass Stimmenhäufung zugelassen ist. **Unbeschriebene Stimmzettel** gelten als Stimmenthaltungen. Stimmzettel, die nicht eindeutig einem bestimmten Kandidaten zuzuordnen sind, gelten ebenfalls als ungültig. In Zweifelsfällen kann der Versammlungsleiter im Rahmen einer Ermessensentscheidung eine bestimmte Zuordnung vornehmen; diese unterliegt ggf. aber gerichtlicher Nachprüfung und Entscheidung.

Der Wahlvorgang wird abgeschlossen durch formale **Verkündung des Wahlergebnisses** und Feststellung der Beschlussfassung. Im Anschluss daran sollte der Versammlungsleiter an die anwesenden Gewählten die Frage richten, ob sie die Wahl annehmen (§ 33 Abs. 5 MS). Die Kandidaten sind an ihre früher erklärte Bereitschaft, sich zur Wahl zu stellen, nicht gebunden; sie können also auch die Annahme der Wahl ablehnen.

Lehnt ein Kandidat noch im unmittelbaren Zusammenhang mit der Wahl die Annahme der Wahl ab, so rücken diejenigen Bewerber an seine Stelle, die jeweils die relativ meisten Stimmen erhalten haben. Nach Beendigung der General-/Vertreterversammlung ist eine Ablehnung der Kandidatur ausgeschlossen; es kommt dann nur noch der Rücktritt vom Amt infrage. Je nach Regelung in der Satzung müssen evtl. ergänzende Neuwahlen durchgeführt werden, falls ein Organ infolge einer Ablehnung der Wahl oder durch Rücktritt nicht ordnungsgemäß besetzt sein sollte.

Nicht in der General-/Vertreterversammlung anwesende Kandidaten haben die Annahme der Wahl unverzüglich, also ohne schuldhaftes Zögern, bei nächster Gelegenheit gegenüber der Genossenschaft zu erklären (§ 33 Abs. 5 MS).

5 Abstimmungsergebnis

5.1 Bekanntgabe des Abstimmungsergebnisses

Nach jeder Abstimmung hat der Versammlungsleiter das **Abstimmungsergebnis** bekannt zu geben und die Feststellung zu treffen, ob der Beschluss zustande gekommen ist.

Beispiel

Der Beschluss ist mit der erforderlichen einfachen Mehrheit bei fünf Gegenstimmen zustande gekommen.

Ein **Beschluss** wird grundsätzlich so **wirksam,** wie er vom Versammlungsleiter **verkündet** wurde. Sind bei der Stimmzählung Fehler gemacht worden,

- war z. B. die vorgeschriebene qualifizierte Mehrheit nicht vorhanden, obwohl der Versammlungsleiter infolge eines Rechenfehlers sie als gegeben verkündet hat, oder
- sind Stimmen von Personen mitgezählt worden, die nicht stimmberechtigt waren,

dann gilt der Antrag ebenfalls so, wie der Versammlungsleiter dies verkündet hat, als angenommen oder abgelehnt. Entsprechend wird der Beschluss auch protokolliert. Ein solcher Beschluss kann jedoch unter Umständen angefochten werden (vgl. Kapitel II Abschnitt 10).

Beruht die Verkündung des Abstimmungsergebnisses dagegen auf einem sprachlichen Versehen des Versammlungsleiters, so wird im Allgemeinen davon auszugehen sein, dass der Beschluss so Bestand hat, wie er tatsächlich gefasst worden ist. Im Regelfall erfolgt in der Praxis eine sofortige Korrektur, da Versammlungsteilnehmer oder Stimmzähler auf das Versehen aufmerksam machen.

Wird der Beschluss nicht vom Versammlungsleiter, sondern von einer anderen, nicht autorisierten Person verkündet, so kann auch dies eine Anfechtbarkeit begründen.

5.2 Beanstandung des Abstimmungsergebnisses

Wird von anwesenden Mitgliedern die Richtigkeit des Abstimmungsergebnisses angezweifelt, so kann der Versammlungsleiter – wenn er sich der Ordnungsmäßigkeit des Abstimmungsvorgangs sicher ist – den Einspruch zurückweisen und erklären, dass es bei dem von ihm verkündeten Abstimmungsergebnis bleibt. Sind Mitglieder damit nicht einverstanden, so können sie Widerspruch zu Protokoll geben und den Beschluss durch eine gegen die Genossenschaft gerichtete Klage anfechten (vgl. Kapitel II Abschnitt 10).

5.3 Mangelhafte Beschlüsse, Nichtigkeit, Anfechtbarkeit

Die Anfechtung von Beschlüssen der General-/Vertreterversammlung ist im Genossenschaftsgesetz geregelt; eine Regelung der Nichtigkeit enthält das Gesetz dagegen nicht.

Einzelheiten über die Voraussetzungen und das **Verfahren der Anfechtung** regelt § 51 GenG. Insoweit kann auf die Ausführungen in Kapitel II Abschnitt 10 verwiesen werden. Die dort erläuterten Grundsätze für die Fälle mangelhafter Einladung oder mangelhafter Ankündigung von Tagesordnungspunkten gelten entsprechend auch für mangelhafte Beschlüsse (z. B. Fehlen der gesetzlichen und der satzungsmäßig vorgeschriebenen Mehrheit, Teilnahme nicht stimmberechtigter Personen, unzulässige Beeinflussung der Abstimmung bzw. unrichtige Feststellung des Abstimmungsergebnisses)[12]. Die Anfechtung ist jedoch immer nur dann **begründet,** wenn der beanstandete Mangel für das Abstimmungsergebnis **ursächlich** war.

Beispiel

Gültig abgegebene Stimmen = 100, davon 90 Ja-Stimmen und 10 Nein-Stimmen. Bei fünf Ja-Stimmen ist streitig, ob ein Stimmrecht gegeben bzw. ob die Stimmabgabe gültig war. Diese Frage ist jedoch unerheblich: Der etwaige Mangel könnte nicht zu einer erfolgreichen Anfechtung führen, weil die 5 Stimmen das Ergebnis der Abstimmung nicht beeinflusst haben, der Beschluss somit nicht auf der Stimmabgabe nicht stimmberechtigter Versammlungsteilnehmer beruht.

---

12 Näheres dazu bei Lang/Weidmüller, GenG, 2022, § 51 Rdn. 22.

Nach Ablauf der **Anfechtungsfrist** von einem Monat (§ 51 Abs. 1 Satz 2 GenG) wird der Mangel geheilt. Der Beschluss wird damit endgültig rechtswirksam und unanfechtbar.

Im Allgemeinen führen **Mängel der Beschlussfassung** nicht zur **Nichtigkeit,** sondern nur zur Anfechtbarkeit von Beschlüssen. Nur ganz ausnahmsweise kann Nichtigkeit angenommen werden: wenn gegen zwingende gesetzliche oder satzungsmäßige Vorschriften verstoßen wird, die vor allem im öffentlichen Interesse ergangen sind und auf deren Einhaltung die Beteiligten nicht wirksam verzichten können; sofern der Mangel offenkundig ist. Es handelt sich also um Fälle, in denen ein Beschluss zu einem „rechtlich und sittlich unvertretbarem Zustand"[13] führen würde.

Nichtigkeit kann im Wege der **Klage auf Feststellung** geltend gemacht werden (§ 256 ZPO). Für die Erhebung der Klage besteht keine Frist. Entsprechend § 242 Abs. 2 Satz 1 AktG kann die Nichtigkeit jedoch nicht mehr geltend gemacht werden, wenn der Beschluss in das **Genossenschafsregister** eingetragen wurde und seitdem drei Jahre vergangen sind. Diese nachträgliche Heilung ist jedoch ausgeschlossen, wenn ein rechtskräftiges Urteil über die Nichtigkeit des Beschlusses ergangen ist.

5.4 Wiederholung der Abstimmung

Es kann vorkommen, dass die Auszählung der Stimmen kein klares Ergebnis bringt, etwa weil die Stimmzähler nicht sorgfältig zählen, weil einzelne Abstimmende die Hand zu früh herunternehmen oder weil offensichtlich mehr Stimmen gezählt werden, als stimmberechtigte Mitglieder anwesend sind. In diesen Fällen muss der Versammlungsleiter bekannt geben, dass das Abstimmungsergebnis unklar ist und von dessen formaler Verkündung Abstand nehmen. Er muss sodann die ungültige Abstimmung gründlicher vorbereitet wiederholen. Wegen der **Protokollierung** vgl. Anhang 6b Nr. 4.

Darüber hinaus kann der Versammlungsleiter in solchen Fällen zu schriftlicher Abstimmung übergehen. Dadurch ist eher gewährleistet, dass es zu einem eindeutigen Abstimmungsergebnis kommt.

13 Vgl. Lang/Weidmüller, GenG 2022, § 51 Rdn. 7 ff.

Von dem Fall des unklaren Abstimmungsergebnisses ist der Sachverhalt zu unterscheiden, dass nach der Bekanntgabe eines Abstimmungsergebnisses sofort oder im Laufe der weiteren Diskussion **Zweifel an der Zweckmäßigkeit** eines Beschlusses aufkommen und eine **erneute Abstimmung** wünschenswert erscheint. So kann z. B. bei Verschmelzungen die notwendige qualifizierte Mehrheit zunächst nicht vorhanden sein, später aber aus sachlichen Erwägungen oder aufgrund zusätzlicher Informationen ein Stimmungsumschwung eintreten.

Grundsätzlich kann zwar (außer im Falle einer **Probeabstimmung)** über jeden Antrag nur einmal abgestimmt werden. Dennoch wird – auch unter rechtlichen Gesichtspunkten – die erneute Abstimmung über einen Verhandlungsgegenstand in derselben General-/Vertreterversammlung, ggf. nach nochmaliger Aussprache, für zulässig angesehen, soweit der Gegenstand der Beschlussfassung ordnungsgemäß angekündigt ist und die Satzung eine solche Wiederholung nicht ausdrücklich ausschließt.[14] Über die erneute Abstimmung entscheidet der Versammlungsleiter. Ein Beispiel für die Protokollierung enthält Anhang 6b Nr. 4.

Eine Wiederholung der Abstimmung bzw. eine erneute Abstimmung scheidet jedoch dann aus, wenn die General-/Vertreterversammlung, auch wenn sie noch nicht offiziell geschlossen war, sich bereits tatsächlich aufgelöst hat, wenn also ein wesentlicher Teil der an der ersten Abstimmung beteiligten Mitglieder nicht mehr anwesend ist.

5.5 Aufhebung eines früheren Beschlusses

Die **Aufhebung eines Beschlusses** in einer späteren General-/Vertreterversammlung ist stets möglich, soweit nicht durch den ersten Beschluss Sonderrechte für Mitglieder oder Rechte Dritter begründet worden sind.

Wenn Mitglieder erst nach Schluss der Versammlung, z. B. nach beschlossener Verschmelzung, die volle Tragweite eines Beschlusses erkennen, so können sie in einer weiteren außerordentlichen Versammlung den Antrag stellen, dass der frühere Beschluss aufgehoben wird; dies gilt aber nur bis zur evtl. möglichen Eintragung des ursprünglichen Beschlusses

14 Ebda., § 43 Rdn. 131.

ins Genossenschaftsregister. Im Falle der Verschmelzung bedarf dessen Aufhebung überdies erneut der qualifizierten Mehrheit.

6 Rechte der Versammlungsteilnehmer

6.1 Mitgliederrechte

6.1.1 Teilnahmerecht und Rederecht

Die Mitglieder oder Vertreter haben neben dem Teilnahmerecht in der General-/Vertreterversammlung folgende Rechte:

- Rederecht,
- Antragsrecht/Vorschlagsrecht,
- Auskunftsrecht,
- Stimmrecht.

Diese Rechte sind grundsätzlich unentziehbar. Für ihre Ausübung bzw. Regelung gilt der genossenschaftliche **Gleichbehandlungsgrundsatz**.[15] Die Verletzung dieses Grundsatzes kann eine Anfechtung begründen.

> ▶ *Besonderheiten für die Vertreterversammlung*
>
> *An der Vertreterversammlung können Mitglieder der Genossenschaft, die nicht Vertreter sind, teilnehmen, soweit sie als* ***Gäste*** *zugelassen werden oder soweit es sich um Mitglieder handelt, die* ***Minderheitenrechte*** *gemäß § 45 GenG geltend gemacht haben. Gemäß dieser Vorschrift kann ein Zehntel der Mitglieder oder ein Zehntel der Vertreter oder der in der Satzung hierfür bezeichnete geringere Teil in Textform unter Anführung des Zwecks und der Gründe die Einberufung der Vertreterversammlung verlangen. Diese Mitglieder können mit Rede- und Antragsrecht an der Vertreterversammlung teilnehmen. Die Satzung kann Bestimmungen darüber treffen, dass das Rede- und Antragsrecht in der Vertreterversammlung nur von einem oder mehreren von den teilnehmenden Mitgliedern aus ihrem Kreis gewählten* ***Bevollmächtigten*** *ausgeübt werden kann (vgl. Kapitel II Abschnitt 5).*

15 Ebda., § 18 Rdn. 16 ff.

Gleiches gilt für solche Mitglieder, auf deren Verlangen gemäß § 45 Abs. 2 GenG Gegenstände zur Beschlussfassung einer Vertreterversammlung angekündigt werden.

Das **Rederecht** dient der Meinungsbildung in der General-/Vertreterversammlung. Es steht naturgemäß nur Mitgliedern – bei Generalversammlung auch deren Bevollmächtigten oder gesetzlichen Vertretern – und Vertretern des Prüfungsverbands (§§ 59 und 60 GenG) zu. Rederecht bedeutet Recht auf ungestörte Rede. Zwischenfragen darf der Redner ablehnen, gegen Zwischenrufe ist er machtlos. Das Rederecht bezieht sich auf den jeweils zur Verhandlung und Entscheidung anstehenden Tagesordnungspunkt – außerhalb der Tagesordnungspunkte auf Anträge zur Geschäftsordnung. Zu Regelungen des Rederechts durch den Versammlungsleiter vgl. Kapitel III Abschnitt 2.5.

6.1.2 Antrags- und Vorschlagsrecht

Begrifflich ist zwischen Anträgen und Anregungen zu unterscheiden. **Anregungen** sind ohne Weiteres und in jeder Form im Rahmen des allgemeinen Rederechts zugelassen. Bei **Anträgen** handelt es sich demgegenüber um das formale Ersuchen, eine Entscheidung entweder im Rahmen der Aussprache zu Tagesordnungspunkten oder zum Ablauf der Versammlung (zur Geschäftsordnung) herbeizuführen (vgl. Kapitel III Abschnitt 2.4).

Das Antragsrecht folgt aus dem Mitgliedschaftsrecht; Nichtmitgliedern steht es nicht zu. Der Prüfungsverband hat im Rahmen von § 59 Abs. 3 oder § 60 Abs. 1 GenG ein besonderes Antragsrecht.

Dem Antragsrecht entspricht bei Wahlen ein **Vorschlagsrecht;** auch dieses Recht folgt aus der Mitgliedschaft und ist grundsätzlich nicht entziehbar (vgl. Kapitel III Abschnitt 4.6).

6.1.3 Auskunftsrecht

Die Mitglieder haben in der General-/Vertreterversammlung ein höchstpersönliches, d. h. auf Dritte nicht übertragbares Auskunftsrecht über Angelegenheiten der Genossenschaft, soweit die Auskunft für die sinnvolle Ausübung des Stimmrechts oder zur ordnungsgemäßen Beurteilung bzw. Erledigung von Tagesordnungspunkten erforderlich ist.[16] Näheres zum Auskunftsrecht siehe Lang/Weidmüller, GenG, 2022, § 43 Rdn. 31 ff. Die Auskunft ist grundsätzlich in der General-/Vertreterversammlung zu erteilen. Ein Anspruch auf Auskunftserteilung **außerhalb** der Versammlung ist rechtlich nicht begründbar. Eine derartige Auskunft kann jedoch in Ausnahmefällen zu Konfliktlösungen beitragen. Das Auskunftsrecht bezieht sich regelmäßig auf die zur Verhandlung oder Entscheidung anstehenden **Tagesordnungspunkte.** Unter Beachtung des genossenschaftlichen Grundsatzes der Selbstverwaltung und Selbstverantwortung muss den Mitgliedern unter Umständen ein weitergehendes Auskunftsrecht eingeräumt werden. Dies gilt, falls ein gerechtfertigtes Bedürfnis besteht, über den Rahmen der Tagesordnung hinaus von wichtigen Vorgängen im Bereich der Genossenschaft unterrichtet zu werden. Im Regelfall wird man dies unter dem Tagesordnungspunkt „Verschiedenes" abhandeln.

TIPP

Es kann sinnvoll sein, eine Aussprache und die Ausübung des Auskunftsrechts zu lenken, indem man beispielsweise zunächst die drei Berichte von Vorstand, Aufsichtsrat und gesetzlicher Prüfung erstattet, da sich erfahrungsgemäß einige aufdrängende Fragen durch die Kenntnisnahme aller Berichte beantworten lassen.

Gegenstand des Auskunftsrechts können die tatsächlichen oder rechtlichen Verhältnisse der Genossenschaft, die Tätigkeit von Vorstand und Aufsichtsrat oder auch persönliche Angelegenheiten von Organmitgliedern sein, soweit die Auskunft für eine Meinungsbildung im Rahmen der Zuständigkeit der General-/Vertreterversammlung erforderlich ist. Abzustellen ist dabei auf ein objektiv denkendes Mitglied, das die Genossenschaftsverhältnisse nur aufgrund allgemein zugänglicher Tatsachen kennt.

Die Auskunft ist vom **Vorstand** oder **Aufsichtsrat** als Organ zu erteilen (§ 34 Abs. 1 Satz 2 MS). Es erscheint sachgerecht, wenn der Vertreter desjenigen Organs die Auskunft erteilt, dessen Aufgabenbereich von der Frage betroffen ist. So wird z. B. der Aufsichtsratsvorsitzende im Namen des Aufsichtsrats Auskünfte über die Tätigkeit des Organs oder über Fragen erteilen, für die der Aufsichtsrat zuständig ist. Soweit es um **beson-**

16 Vgl. jüngst zum Umfang des Auskunftsrechts in der HV der AG, OLG Frankfurt/M, Beschl. v. 29.12.2020, Az. 5 U 232/19, AG 2021, S. 324.

dere Fachfragen geht, kann der Versammlungsleiter z. B. auch einen Vertreter des Prüfungsverbands oder einen sonstigen sachverständigen Dritten um Auskunft bitten. Falls der Vorstand mit dieser Auskunft nicht einverstanden ist, hat er stets das Recht und ggf. auch die Pflicht, seine eigene Auffassung vorzutragen. Dies gilt entsprechend für den Aufsichtsrat. Die Auskunft ist grundsätzlich mündlich zu erteilen.

Nach § 34 Abs. 2 MS kann die **Auskunft verweigert** werden, soweit

- ihre Erteilung nach vernünftiger kaufmännischer Beurteilung geeignet ist, der Genossenschaft einen nicht unerheblichen Schaden zuzufügen;
- die Fragen steuerliche Wertansätze oder die Höhe einzelner Steuern betreffen;
- die Erteilung der Auskunft strafbar wäre oder eine gesetzliche, satzungsmäßige oder vertragliche Geheimhaltungspflicht (z. B. das Bankgeheimnis) verletzt würde;
- das Auskunftsverlangen die persönlichen oder geschäftlichen Verhältnisse eines Dritten betrifft;
- es sich um arbeitsvertragliche Vereinbarungen mit Vorstandsmitgliedern oder Mitarbeitern der Genossenschaft handelt;
- die Verlesung von Schriftstücken zu einer unzumutbaren Verlängerung der Generalversammlung führen würde.

Je nach Art der Genossenschaft kann dieser Katalog erweitert werden und z. B. Kalkulationsgrundlagen betreffen etc.

In den genannten Fällen räumt die Mustersatzung lediglich das Recht ein, die Auskunft zu verweigern. Der Auskunftspflichtige muss nach pflichtgemäßem Ermessen in jedem einzelnen Fall abwägen, ob er gegenüber den Mitgliedern von dieser Möglichkeit Gebrauch machen darf.

Die Verantwortung für die Erteilung oder Verweigerung der Auskunft liegt bei der zur Auskunft verpflichteten Person. Ein Beschluss der General-/Vertreterversammlung ist insoweit nicht bindend.

Die Auskunft darf nicht unter Hinweis auf Nachteile für die Genossenschaft verweigert werden, wenn bestimmte Tatsachen objektiv den hinreichenden Verdacht **schwerwiegender Pflichtverletzungen** der Verwaltungsorgane begründen und die Auskunft geeignet sein kann, diesen Verdacht zu erhärten. Auf Anfrage ist grundsätzlich Auskunft auch über die **Gesamtbezüge des Vorstands** zu geben. Diese Auskunft darf aber dann verweigert werden, wenn daraus Rückschlüsse auf das Gehalt einzelner Vorstandsmitglieder möglich sind.

Stellt die Verweigerung der Auskunft einen **Rechtsmissbrauch** dar, so sind die Beschlüsse der General-/Vertreterversammlung, für deren Zustandekommen die Auskunftsverweigerung ursächlich gewesen ist, unter Umständen anfechtbar.

Das Auskunftsrecht der Mitglieder kann in analoger Anwendung der Regelungen des § 132 AktG gerichtlich durchgesetzt werden. Die Klagebefugnis setzt voraus, dass das betreffende Mitglied in der General-/ Vertreterversammlung Widerspruch zu Protokoll erklärt hat. Die Klage ist mit einer Frist von zwei Wochen nach der General-/Vertreterversammlung zu erheben, in der die Auskunft abgelehnt worden ist.

6.1.4 Stimmrecht

Gemäß § 43 Abs. 1 GenG erfolgt die **Willensbildung** im gesellschaftsrechtlichen Bereich der Genossenschaft durch Beschlussfassung in der General-/Vertreterversammlung. Eine Meinungsbildung der Mitglieder außerhalb der General-/Vertreterversammlung ist somit genossenschaftsrechtlich – mit Ausnahme von § 43 Abs. 7 S. 1 GenG (sogenanntes schriftliches Umlaufverfahren, vgl. zum Begriff Kapitel VI Abschnitt 2.2.2) – ohne Bedeutung. Das **Stimmrecht** ist das jedem Mitglied in gleicher Weise zustehende **gesellschaftsrechtliche Grundrecht.** Es ist unentziehbar und nicht einzuschränken (Ausnahmen: § 43 Abs. 6 GenG und § 68 Abs. 2 Satz 2 GenG). Die Ausübung des Stimmrechts der Mitglieder oder Vertreter unterliegt dem eigenen pflichtgemäßen Ermessen unter Beachtung des genossenschaftlichen Treuegrundsatzes, wobei eigene Interessen durchaus mit ausschlaggebend sein können.

6.1.4.1 Stimmrecht in der Generalversammlung

Ausübung durch Bevollmächtigte

Nach dem Genossenschaftsgesetz und der Mustersatzung hat jedes Mitglied eine Stimme; das Stimmrecht soll persönlich ausgeübt werden (§ 26 Abs. 2 MS; § 43 Abs. 4 Satz 1 GenG).

Mitglieder oder ihre gesetzlichen Vertreter können **Stimmvollmacht** für die Generalversammlung erteilen (§ 43 Abs. 5 GenG). Die Stimmvollmacht überträgt dem Bevollmächtigten grundsätzlich alle Rechte des Mitglieds in der Generalversammlung, insbesondere das Anwesenheits-, Rede-, Auskunfts-, Antrags- und Abstimmungsrecht. Der Vollmachtgeber kann **Weisungen** für den Bevollmächtigten erteilen, an die der Bevollmächtigte gebunden ist. Eine **Prokura** enthält grundsätzlich Vollmacht zur Stimmabgabe, soweit die Mitgliedschaft zum Geschäftsbetrieb in Beziehung steht.[17]

Für **rechtsgeschäftliche Vertreter** kann die Satzung besondere **Voraussetzungen** vorsehen. So können beispielsweise Bevollmächtigte (rechtsgeschäftlich bestellte Vertreter) gemäß § 26 Abs. 4 Satz 4 MS nur Mitglieder der Genossenschaft, Ehegatten oder eingetragene Lebenspartner, Eltern, Kinder oder Geschwister eines Mitglieds sein oder müssen zum Vollmachtgeber in einem Gesellschafts- oder Anstellungsverhältnis stehen. Ein aus der Genossenschaft **ausgeschlossenes Mitglied** kann nicht mehr bevollmächtigt werden (§ 26 Abs. 4 Satz 5 MS). Ein Mitglied, das Vollmacht erteilt hat, verliert damit nicht das Recht, selbst an der Generalversammlung teilzunehmen. Grundsätzlich kann ein durch Rechtsgeschäft Bevollmächtigter nicht mehr als zwei Mitglieder vertreten (vgl. Kapitel III Abschnitt 6.1.4.1).

Stirbt ein Mitglied, so geht dessen Mitgliedschaft und damit auch das Stimmrecht auf dessen **Erben** über. Sind mehrere Erben vorhanden (Erbengemeinschaft), so müssen diese sich zur Ausübung des einheitlichen Stimmrechts auf einen gemeinschaftlichen Bevollmächtigten einigen (§ 26 Abs. 4 Satz 2 MS).

17 Lang/Weidmüller, GenG, 2022, § 43 Rdn. 91.

Geschäftsunfähige oder in der Geschäftsfähigkeit beschränkte Mitglieder

Gemäß § 43 Abs. 4 Satz 2 GenG wird in der Generalversammlung das Stimmrecht geschäftsunfähiger oder in der Geschäftsfähigkeit beschränkter natürlicher Personen durch ihre **gesetzlichen Vertreter** ausgeübt (§ 26 Abs. 3 MS). Diese Vertreter können im gesetzlich zulässigen Rahmen ebenfalls rechtsgeschäftliche Stimmvollmacht erteilen.

Minderjährige Mitglieder werden gesetzlich durch ihre Eltern bzw. den Vormund vertreten. Falls für ein volljähriges Mitglied vom Vormundschaftsgericht eine **Betreuung** angeordnet worden ist (§§ 1896 ff. BGB), hat der Betreuer im Rahmen des ihm zugewiesenen Aufgabenkreises die Stellung eines gesetzlichen Vertreters des Betreuten. Ob er in dieser Eigenschaft das Stimmrecht für den Betreuten abgeben kann, richtet sich nach dem Umfang seiner gerichtlichen Bestellung; diese ist gegebenenfalls anhand der **Bestallungsurkunde** nachzuprüfen.

Steht die gesetzliche Vertretung mehreren Personen gemeinsam zu, wie im Falle der Vertretung Minderjähriger durch beide Eltern, so können die gesetzlichen Vertreter das Stimmrecht grundsätzlich nur gemeinschaftlich ausüben. Ein Elternteil kann jedoch das andere **ermächtigen** (Handeln im eigenen Namen mit Wirkung für den anderen[18]), allein als gesetzlicher Vertreter aufzutreten. Die Stimmabgabe aufgrund gesetzlicher Vertretung schränkt die Anzahl der Stimmen nicht ein (vgl. Kapitel III Abschnitt 6.1.4.1).

Sowohl gesetzliche Vertreter als auch Bevollmächtigte können neben der Ausübung des Stimmrechts im engeren Sinne auch die übrigen Rechte der Vertretenen in der Generalversammlung ausüben, also z. B. Anträge stellen oder sich an der Aussprache beteiligen.

Stimmrecht bei Gesellschaften und Vorgesellschaften

Juristische Personen, die Mitglieder der Genossenschaft sind, üben ihr Stimmrecht in der Generalversammlung durch ihren gesetzlichen Vertreter, Personengesellschaften durch ihre zur Vertretung ermächtigten Gesellschafter aus (§ 26 Abs. 3 MS).

18 Lang/Weidmüller, GenG, 2022, § 43 Rdn. 89 ff.

Eine **Personengesellschaft** hat in der Generalversammlung unbeschadet der Anzahl ihrer Gesellschafter nur eine Stimme. Diese kann jeder vertretungsberechtigte Gesellschafter abgeben, und zwar als gesetzlicher Vertreter, soweit der Gesellschaftsvertrag Einzelvertretung zulässt. Sofern die Vertretung bei mehreren Personen liegt, kann eine von ihnen zur gesetzlichen Vertretung ermächtigt werden.

Besteht die **gesetzliche Vertretung** aus mehreren Personen, so müssen diese sich einigen, wer für die Gesellschaft als Bevollmächtigter die Stimme abgibt (gemeinschaftlicher Vertreter). Für diesen gelten die Beschränkungen des § 26 Abs. 4 MS.

Bei allen Gesellschaften ist also zunächst festzustellen, **wie** die Vertretung in der jeweiligen Satzung bzw. im Gesellschaftsvertrag **geregelt** ist: Falls Vertretung durch eine Person vorgesehen ist, kann diese als gesetzlicher Vertreter die Stimme in der Generalversammlung abgeben. Bei gesetzlicher Vertretung durch mehrere Personen bedarf es der Ermächtigung für einen Vertreter.

Auch eine **Gesellschaft des bürgerlichen Rechts** oder eine **Vorgesellschaft** (z. B. GmbH in Gründung) kann Mitglied einer Genossenschaft sein. Für ihre Vertretung in der Generalversammlung gilt das Vorhergesagte entsprechend.

Stimmenzahl der Bevollmächtigten und gesetzlichen Vertreter

Ein rechtsgeschäftlich Bevollmächtigter kann in der Generalversammlung nicht mehr als **zwei** Mitglieder vertreten (§ 26 Abs. 4 Satz 3 MS; § 43 Abs. 5 Satz 3 GenG). Ist er selbst auch Mitglied, so hat er insgesamt drei Stimmen.

In Fällen, in denen der Bevollmächtigte außerdem gesetzlicher Vertreter weiterer Mitglieder ist, kann er das Stimmrecht für diese Mitglieder ausüben, und zwar in unbeschränkter Zahl. Die Anzahl der Stimmen eines gesetzlichen Vertreters ist nicht beschränkt.

Beispiel

Herr X ist alleiniger Geschäftsführer von drei GmbHs; alle drei Gesellschaften sind Mitglied der Genossenschaft; zugleich ist Herr X auch persönlich Mitglied. Er hat in der Generalversammlung insgesamt vier Stimmen, nämlich für sich selbst und für jede der drei Mitgliedsgesellschaften als deren gesetzlicher Vertreter.

▶ TIPP

Der Versammlungsleiter und die Stimmzähler sollten grundsätzlich von den Mitarbeitern der Eingangskontrolle über das Vorliegen geprüfter Vollmachten informiert werden. Bei der Abstimmung kann eine Person mehrere Stimmen abgeben. Insbesondere bei der offenen Abstimmung oder der Verteilung von Stimmkarten bei schriftlicher Abstimmung ist dies besonders zu berücksichtigen.

Stimmrecht im Insolvenzverfahren

Das Stimmrecht eines in Insolvenz befindlichen Mitglieds bleibt diesem erhalten. Bei juristischen Personen und Handelsgesellschaften erlischt das Stimmrecht mit der Mitgliedschaft gemäß § 77a Satz 1 GenG mit Ablauf des Geschäftsjahres, in dem die Auflösung bzw. das Erlöschen wirksam geworden ist.

Nachweis der Vollmacht eines Mitglieds

Gemäß § 43 Abs. 5 Satz 2 GenG bedarf die Erteilung einer Stimmvollmacht der **Schriftform** (§ 126 BGB). Die Beachtung dieser Form ist somit Wirksamkeitsvoraussetzung (§ 125 BGB). Die Satzung kann persönliche Voraussetzungen für Bevollmächtigte aufstellen. Die Erteilung einer **Untervollmacht** ist zulässig, wenn der Vollmachtgeber dies vorher schriftlich zugelassen hat (Anhang 8).

Auch die Mustersatzung bestimmt für Genossenschaften mit Generalversammlung in § 26 Abs. 5, dass auf Verlangen des Versammlungsleiters stimmberechtigte gesetzliche bzw. ermächtigte Vertreter oder Bevollmächtigte ihre Vertretungsbefugnis schriftlich nachzuweisen haben. Der Nachweis der gesetzlichen Vertretungsmacht kann z. B. durch Vorlage einer Geburtsurkunde, einer Bestellungsurkunde (z. B. des Vormunds bzw. Betreuers) oder eines Handelsregisterauszugs geführt werden.

Falls eine Person in der Generalversammlung aufgrund von Vollmachten mehrere Stimmen abgibt, kann im Allgemeinen ein einfaches Handzeichen genügen, wenn das Abstimmungsergebnis so eindeutig ist, dass es auf die zusätzlichen Stimmen nicht ankommt. Anderenfalls erscheint es erforderlich, genau auszuzählen, wie viele Stimmen durch dieses Handzeichen vertreten sind. Falls Beschlussfassung im schriftlichen Verfahren durchgeführt wird, muss dem Vertreter eine entsprechende Anzahl von Stimmzetteln ausgehändigt werden.

Ein Stimmrechtsvertreter (gesetzlicher Vertreter oder Bevollmächtigter) muss die Stimmrechte nicht einheitlich ausüben. Soweit ihm zulässige Weisungen vorliegen oder sonstige sachliche Gesichtspunkte dies rechtfertigen, kann er von mehreren Stimmrechten auch unterschiedlich Gebrauch machen.[19]

Stimmrecht bei Interessenkollision

Bei Interessenkollision besteht grundsätzlich kein Stimmrecht (§ 43 Abs. 6 GenG). Diese Vorschrift enthält eine abschließende Regelung: Danach darf niemand für sich oder für einen anderen das Stimmrecht ausüben, wenn darüber Beschluss gefasst wird, ob er oder der Vertretene zu entlasten oder von einer Verbindlichkeit zu befreien ist oder ob die Genossenschaft gegen ihn oder den Vertretenen einen Anspruch geltend machen soll.

Entlastung ist hier nicht im engen technischen Sinne, wie z. B. bei § 48 Abs. 1 GenG die Entlastung von Vorstand und Aufsichtsrat, zu verstehen. Gemeint sind vielmehr alle Beschlüsse, mit denen die Tätigkeit eines Organmitglieds der Genossenschaft oder eines sonstigen Beauftragten inhaltlich gebilligt werden.

Eine Ausweitung auf vergleichbare Fälle ist grundsätzlich ausgeschlossen.[20] Ein Ausschluss vom Stimmrecht besteht daher nicht bei sonstigen Betroffenen (umstritten!): So darf z. B. bei Wahlen jeder Kandidat mitstimmen; bei Beschlussfassung über den Ausschluss aus der Genossenschaft sowie der Abberufung aus einem Amt besteht ebenfalls Stimmrecht für den Betroffenen. Entsprechendes muss bei Widerruf der Bestellung in

19 Ebda., § 43 Rdn. 101.

20 Ebda., § 43 Rdn. 105.

ein Organ der Genossenschaft gelten. Die Beschlussfassung über einen Misstrauensantrag wird demgegenüber mit einer Entlastung vergleichbar sein, sodass der Betroffene hierbei kein Stimmrecht hat.

Ein Ausschluss vom Stimmrecht besteht auch für einen **Bevollmächtigten** bei der Stimmabgabe, wenn der Interessenkonflikt in seiner Person und nicht beim Vertretenen besteht.[21]

Vorstands- und Aufsichtsratsmitglieder haben bei ihrer **eigenen Entlastung** in der Generalversammlung **kein** Stimmrecht; außerdem dürfen Mitglieder des Vorstands nicht bei der Entlastung von Aufsichtsratsmitgliedern abstimmen und Mitglieder des Aufsichtsrats nicht bei der Entlastung von Vorstandsmitgliedern (§ 32 Abs. 2 MS). Das Gleiche gilt für ehemalige Vorstands- und Aufsichtsratsmitglieder, die ihr Amt niedergelegt haben, aber weiterhin Mitglied bleiben.

In allen Fällen des Ausschlusses vom Stimmrecht handelt es sich nicht um eine Stimmenthaltung, sondern um das Fehlen einer Stimmberechtigung. Bei der Berechnung des Abstimmungsergebnisses dürfen in diesen Fällen die Mitglieder des Vorstands und des Aufsichtsrats also nicht berücksichtigt werden.

6.1.4.2 Stimmrecht in der Vertreterversammlung

In der Vertreterversammlung sind Teilnahmebefugnis und Stimmrecht höchstpersönliche, nicht übertragbare Rechte des Vertreters. Eine **Bevollmächtigung** ist **ausgeschlossen.** Eine gesetzliche Vertretung scheidet aus, da nur unbeschränkt geschäftsfähige natürliche Personen zu Vertretern gewählt werden können (§ 43a Abs. 2 GenG; § 26b Abs. 1 MS). Dies gilt auch, falls eine natürliche Person, die zur Vertretung eines Mitglieds der Genossenschaft in Form einer juristischen Person oder Personengesellschaft befugt ist, als Vertreter gewählt wurde.

Der Ausschluss vom Stimmrecht gemäß §43 Abs. 6 GenG gilt grundsätzlich auch für die Vertreterversammlung, sofern Vertreter unmittelbar von den im Gesetz abschließend genannten Fällen der Interessenkollision betroffen sind.

21 Ebda:, § 43 Rdn. 104.

6.2 Rechtsstellung von Vorstand und Aufsichtsrat

Die Mitglieder von Vorstand und Aufsichtsrat haben in General- und Vertreterversammlungen **Teilnahmerecht** und **Teilnahmepflicht.** Insoweit besteht für sie ein Rede- und Antragsrecht. Ein besonderes Anfechtungsrecht ergibt sich aus § 51 Abs. 2 Satz 2 GenG.

Bei Genossenschaften mit Generalversammlung stehen Vorstands- und Aufsichtsratsmitgliedern als Mitgliedern der Genossenschaft auch Beschlussfassungsrechte zu. Lediglich bei der Entscheidung über die **Entlastung** von Vorstand und Aufsichtsrat haben weder die Mitglieder des Vorstands noch des Aufsichtsrats ein Stimmrecht (siehe zuvor Abschnitt 6.1.4.1 „Stimmrecht bei Interessenkollision").

6.3 Rechtsstellung von Gästen

Gästen steht grundsätzlich weder ein Rederecht noch ein Antrags-, Vorschlags-, Auskunfts- oder Stimmrecht zu. Es steht im Ermessen des Versammlungsleiters, Gästen (also in der Vertreterversammlung z. B. auch Mitgliedern, die nicht zu Vertretern gewählt sind) das Wort zu erteilen und wieder zu entziehen. Der genannte Sonderfall, dass Mitglieder, die nicht zu Vertretern gewählt sind, an der Vertreterversammlung als Gast teilnehmen dürfen, gibt ihnen auch ein Vorschlagsrecht für Wahlen. An der Wahl selbst dürfen sie sich nicht beteiligen (vgl. Kapitel III Abschnitt 4.1).

Im Regelfall sollte die Genossenschaft einen offenen Umgang mit der **Presse** pflegen und Pressevertreter einladen (vgl. Kapitel II Abschnitt 5). Dazu gehört auch die Versorgung mit Informationsmaterial **(Pressemappe)**. Es kann gelegentlich zu einer einseitigen Berichterstattung kommen, wenn beispielsweise ausgeschiedene Vorstandsmitglieder die Medien mit Informationen versorgen. Die Genossenschaft selbst darf jedoch im Hinblick auf Geheimhaltungspflichten nicht mit gleicher Offenheit reagieren. In solchen Fällen kann es sich empfehlen, eine General-/ Vertreterversammlung als reine Arbeitssitzung ohne jegliche Gästebeteiligung und ohne Presse abzuhalten. In einer nachfolgenden Pressekonferenz lässt sich der Informationsbedarf der Medien decken (vgl. Kapitel IV Abschnitt 4).

Berater von Mitgliedern oder Vertretern (Rechtsanwälte, Steuerberater, Wirtschaftsprüfer etc.), die nicht Mitglied sind, haben kein Teilnahmerecht, können jedoch in Ausnahmefällen einen Gaststatus erhalten.

6.4 Rechtsstellung von Vertretern der Verbände

Den Vertretern der Genossenschaftsverbände steht in der General-/Vertreterversammlung ein allgemeines Anwesenheits- und Rederecht zu (§ 36 MS; §§ 59 Abs. 3, 60 GenG). Darüberhinausgehende Rechte, wie Antrags-, Vorschlags-, Auskunfts- und Stimmrechte, stehen den Vertretern der Verbände demgegenüber grundsätzlich nicht zu, da diese Rechte aus der Mitgliedschaft folgen (Ausnahme: Antrag auf Verlesung des Prüfungsberichts, § 59 Abs. 3 GenG).

Es kann zweckmäßig sein, einem Vertreter des gesetzlichen Prüfungsverbands bzw. des Spitzenverbands auch außerhalb der Rednerliste zur Klärung von bestimmten Fragen das Wort zu erteilen. Einer Zustimmung der General-/Vertreterversammlung bedarf es hierzu nicht.

IV Nachbereitung der General-/ Vertreterversammlung

1 Versammlungsniederschrift

1.1 Grundsätze, Inhalt, Einsichtnahme

Die Niederschrift über die General-/Vertreterversammlung (§ 47 GenG, § 35 MS) ist gegenüber dem Registergericht und den Mitgliedern die Dokumentation und damit **Beweismittel** für den ordnungsgemäßen Ablauf, die gefassten Beschlüsse und die durchgeführten Wahlen der Versammlung.

Protokolle werden üblicherweise in der **Gegenwartsform** (Präsens) geschrieben.

Im Allgemeinen kann die Niederschrift als **Ergebnisprotokoll** kurzgehalten sein. Die Feststellungen des Versammlungsleiters über das Zustandekommen der Beschlüsse sind jedoch in jedem Fall mit Angabe der Mehrheitsverhältnisse wiederzugeben.

Im Hinblick auf die Verantwortlichkeit der Organmitglieder und wegen der Bedeutung besonderer Beschlüsse kann es geboten sein, auch die **Gründe** für eine bestimmte Beschlussfassung in das Protokoll aufzunehmen.

Das **Musterprotokoll** einer General-/Vertreterversammlung ist unter Nr. 6a im Anhang abgedruckt. Formulierungsvorschläge für weitere Beratungsgegenstände und sonstige Vorgänge in der General-/Vertreterversammlung finden sich unter Nr. 6b im Anhang.

Da die Versammlungsniederschrift Beweiszwecken dient, ist sie nicht Voraussetzung für die Rechtswirksamkeit der Beschlüsse und Wahlen (§ 35 Abs. 1 MS).

Die Niederschrift braucht nicht in ein Protokollbuch eingetragen zu werden; es genügt vielmehr eine Loseblattsammlung in geeigneter Form.

Im Einzelnen ist in der **Niederschrift über die General-/Vertreterversammlung** gemäß § 35 Abs. 2 Satz 2 MS, § 47 Abs. 1 GenG festzuhalten:

- Ort und Tag der Versammlung;
- Name des Versammlungsleiters;
- Art und Ergebnis der Abstimmungen und die Feststellung der Beschlussfassung durch den Versammlungsleiter;
- im Fall der §§ 36a, 36b MS ein Verzeichnis über die an der Beschlussfassung mitwirkenden Mitglieder und Art ihrer Stimmabgabe;
- gegebenenfalls zu Protokoll erklärte Widersprüche.

Über die im Gesetz und in der Satzung benannten Inhalte hinaus sollten folgende **Angaben** ebenfalls aufgenommen werden:

- Beginn der Versammlung;
- Feststellung der satzungs- und ordnungsgemäßen Einberufung der Versammlung;
- Namen der Protokollführer und Stimmzähler;
- Zahl der stimmberechtigten Anwesenden;
- Feststellung der Beschlussfähigkeit;
- Mitteilung der Tagesordnung;
- Ende der Versammlung.

Weicht das Protokoll von dem vom Versammlungsleiter verkündeten Beschlussergebnis ab, so ist für den Inhalt des Beschlusses das verkündete Ergebnis entscheidend. Die Niederschrift begründet deshalb nur eine widerlegbare Vermutung für die Richtigkeit und Vollständigkeit der in ihr enthaltenen Angaben.

Die Verlesung der Niederschrift ist weder am Ende der General-/Vertreterversammlung noch in einer der folgenden General-/Vertreterversammlungen erforderlich. Jedem Mitglied steht ein **Einsichtsrecht** in die Versammlungsniederschrift in den Geschäftsräumen der Genossenschaft zu (§ 35 Abs. 4 Satz 2 MS). Da es sich nicht um ein höchstpersönliches Recht handelt, kann Einsicht auch durch Bevollmächtigte vorgenommen werden. Soweit ein durch Aufnahmegerät erstelltes Protokoll vorliegt (vgl. Kapitel III Abschnitt 2.3), haben die Teilnehmer das Recht, **Abschriften** ihres Redebeitrags und der Stellungnahme der Verwaltung dazu auf eigene Kosten zu verlangen.[1]

> ▶ *Besonderheit für die Vertreterversammlung*
>
> *Neben dem Einsichtsrecht haben die Mitglieder einer Genossenschaft mit Vertreterversammlung das Recht, eine* ***Abschrift*** *des Protokolls der Vertreterversammlung zu erhalten (§ 47 Abs. 2 Satz 2 GenG). Damit soll dem Informationsbedürfnis der Mitglieder Rechnung getragen werden.*

Das Recht auf Abschrift des Protokolls besteht bei Genossenschaften mit Generalversammlung nicht, da ja alle Mitglieder an der Versammlung teilhaben oder vertreten sein können.

Falls die Versammlung auf Tonträger aufgezeichnet wurde, bedarf es einer Wiedergabe in Schriftform. Die Aufzeichnung dient i. d. R. lediglich Kontrollzwecken hinsichtlich der Richtigkeit der Protokollerstellung.

1.2 Prüfung und Unterzeichnung des Protokolls

Die Niederschrift soll innerhalb der in § 35 Abs. 2 Satz 1 MS angegebenen **Frist** von zwei Wochen angefertigt werden.

Der **Versammlungsleiter** prüft die Niederschrift

- auf Vollständigkeit,
- auf richtige Wiedergabe der gefassten Beschlüsse und Wahlergebnisse sowie
- auf die zeitgerechte Anfertigung.

Anschließend ist die Niederschrift von dem Versammlungsleiter, dem Schriftführer und mindestens einem Vorstandsmitglied, das an der Ge-

1 Vgl. zur AG BGH, Urt. v. 19.9.1994, Az. II ZR 248/92, BB 1994, 2091.

neral-/Vertreterversammlung teilgenommen hat, zu unterzeichnen (§ 35 Abs. 2 Satz 3 MS; § 47 Abs. 2 Satz 1 GenG).

Die Verantwortung für die **Richtigkeit des Protokolls** liegt in erster Linie beim Versammlungsleiter, daneben aber auch bei den Personen, die das Protokoll mit unterzeichnen, insbesondere beim Schriftführer.

Fehlt eine der vom Gesetz vorgesehenen Eintragungen oder Unterschriften, so führt dies nicht zur Anfechtbarkeit oder Nichtigkeit der General-/Vertreterversammlungsbeschlüsse. Es handelt sich vielmehr um Pflichtverletzungen der verantwortlichen Personen. Wird eine Unterschrift verweigert, so sollten in der Niederschrift die Gründe dafür genannt werden. Dies gilt sinngemäß, wenn einer der nach dem Gesetz zur Unterschrift Verpflichteten hieran verhindert ist.

2 Protokollanlagen

Der Niederschrift über die General-/Vertreterversammlung sind die **Belege über die Einberufung** als Anlage beizufügen (§ 35 Abs. 2 Satz 3 MS; § 47 Abs. 2 Satz 2 GenG), beispielsweise das Einladungsschreiben oder ein Belegexemplar der Veröffentlichung in dem satzungsmäßigen Blatt. Ist die Veröffentlichung in mehreren Blättern erfolgt, so sind sämtliche Belegexemplare beizufügen. Auch die Tagesordnung gehört grundsätzlich zu den der Niederschrift beizufügenden Belegen, da sie nach § 46 Abs. 1 GenG bei der Einberufung der General-/Vertreterversammlung bekanntgemacht werden soll.[2]

Zu den Fällen des § 47 Abs. 3 GenG ist der Niederschrift unter anderem bei Satzungsänderungen in den Fällen des § 16 Abs. 2 Nr. 2 bis 5, 9 bis 11 oder Abs. 3 GenG ein **Verzeichnis** der erschienenen oder vertretenen Mitglieder unter Angabe ihrer Stimmenzahl beizufügen (§ 35 Abs. 3 MS).

> ▶ *Besonderheit für die Vertreterversammlung*
>
> *Bei bestehender Vertreterversammlung bezieht sich das Verzeichnis gemäß § 35 Abs. 3 MS und § 47 Abs. 3 GenG auf die erschienenen Vertreter.*

2 Lang/Weidmüller, GenG, 2022, § 47 Rdn. 11.

Da das Verzeichnis der Erschienenen im Übrigen nur **Beweiszwecken** dient, braucht es der Anmeldung zur Eintragung von Satzungsänderungen in das Genossenschaftsregister ebenso wenig beigefügt zu werden wie die Belege über die Einberufung der General-/Vertreterversammlung. Es müssen aber in den mit der Anmeldung einzureichenden Protokollabschriften die oben angeführten Einzelheiten und Unterschriften enthalten sein. Ein Muster entsprechender Anmeldungen enthält Anhang 7.

3 Registergericht

Soweit eine Beschlussfassung gemäß § 6 Abs. 2 GenRegV Auswirkung auf die Eintragung beim Genossenschaftsregister haben kann, z. B. die Eintragung einer Satzungsänderung, ist aufgrund des EHUG (Gesetz über das elektronische Handels- und Genossenschaftsregister) elektronisch die Anmeldung gemäß § 157 GenG in **öffentlich beglaubigter Form** einzureichen. Für die Anmeldung ist es unumgänglich, die Unterschriften der Vorstände in vertretungsberechtigter Zahl notariell zu beurkunden. Der Notar übernimmt auch die Anmeldung mittels qualifizierter elektronischer Signatur.

4 Öffentlichkeitsarbeit

Für die Presse vorbereitetes **Informationsmaterial,** ggf. eine Pressekonferenz, rundet die Nachbereitung der General-/Vertreterversammlung ab. Es kann sich empfehlen, die Vorbereitung und Durchführung mit dem Pressereferenten des Prüfungsverbands abzustimmen.

Mit einer guten **Öffentlichkeitsarbeit** werden nicht nur die Kunden und Mitglieder erreicht, sondern auch potenzielle Neukunden angesprochen. Das Verhältnis zu den Medien bedarf deshalb einer besonderen Pflege.

V Wahlen zur Vertreterversammlung

Für die Wahl der Vertreter einer Vertreterversammlung ist ein Zeitraum von ca. drei Monaten einzuplanen. Dieser beginnt mit der Aufstellung der Kandidaten durch den Wahlausschuss und der Information der vorgeschlagenen Vertreter und Ersatzvertreter und erstreckt sich über die in der Wahlordnung dargelegten Fristen der Auslegung der Listen, eventuell auch weiterer Listen, über die eigentliche Wahl, die Feststellung der Ergebnisse und die Annahme der Wahl bis hin zur Bekanntmachung der gewählten Vertreter.

Für die Vertreterversammlung gelten die folgenden **gesetzlichen Regelungen:**

- Bei Genossenschaften mit mehr als 1500 Mitgliedern kann durch Satzungsänderung die Vertreterversammlung eingeführt werden (§ 43a Abs. 1 Satz 1 GenG).
- Zu Vertretern können natürliche, unbeschränkt geschäftsfähige Personen gewählt werden (§ 43a Abs. 2 Satz 1 GenG).
- Ist ein Mitglied der Genossenschaft eine juristische Person oder eine Personengesellschaft, können natürliche Personen, die zu deren Vertretung befugt sind, als Vertreter gewählt werden (§ 43a Abs. 2 Satz 2 GenG).
- Die Mitglieder von Vorstand und Aufsichtsrat können nicht zu Vertretern gewählt werden (§ 43a Abs. 2 Satz 1 GenG).
- Die Vertreterversammlung besteht aus mindestens 50 von den Mitgliedern zu wählenden Vertretern (§ 43a Abs. 3 Satz 1).
- Die Vertreter können nicht durch Bevollmächtigte vertreten werden (§ 43a Abs. 3 Satz 2 GenG).
- Mehrstimmenrechte können den Vertretern nicht eingeräumt werden (§ 43a Abs. 3 Satz 3 GenG).
- Die Vertreter werden in allgemeiner, unmittelbarer, gleicher und geheimer Wahl gewählt (§ 43a Abs. 4 Satz 1 GenG).

- Die Amtsdauer der Vertreter ist durch das Gesetz begrenzt (§ 43a Abs. 4 Satz 3).
- Die Satzung muss bestimmen, auf wie viele Mitglieder ein Vertreter entfällt, ebenso die Amtszeit der Vertreter (§ 43a Abs. 4 Satz 5).
- Nähere Bestimmungen über das Wahlverfahren können in einer Wahlordnung festgelegt werden (§ 43a Abs. 4 Satz 7 f.).
- Fällt ein Vertreter vor Ablauf der Amtszeit weg, so muss ein Ersatzvertreter an seine Stelle treten (§ 43a Abs. 5 Satz 1 GenG).

Eine Erweiterung oder Beschränkung der **Wählbarkeit** (passives Wahlrecht) durch die Satzung, beispielsweise durch Festlegung einer Altersgrenze oder durch den Umfang der Inanspruchnahme des Geschäftsbetriebs der Genossenschaft, ist über die Bestimmung des § 43a Abs. 2 GenG hinaus nicht möglich. Auch Mitglieder des Wahlausschusses können zu Vertretern gewählt werden.

Obwohl die Vertreter Mitglied der Genossenschaft sein müssen, ist die Mitgliedschaft nicht Voraussetzung für die Wählbarkeit. Die **Mitgliedschaft** jedoch muss bestehen, wenn das Amt des Vertreters, z. B. durch Teilnahme an der Vertreterversammlung, ausgeübt werden soll.[1]

Nach § 43a Abs. 3 Satz 1 GenG muss die Vertreterversammlung aus mindestens **50 Vertretern** bestehen. Hierdurch soll die Bildung allzu kleiner und damit nicht mehr repräsentativer Vertreterversammlungen verhindert werden. Im Übrigen muss die Satzung bestimmen, auf wie viele Mitglieder ein Vertreter entfällt (§ 43a Abs. 4 Satz 5 Nr. 1 GenG). Das Gesetz schreibt somit vor, dass sich die Vertreterzahl jeweils proportional nach der Zahl der Genossenschaftsmitglieder zu richten hat. Diese Relation gilt nicht zwingend für die gesamte Dauer der Wahlperiode der Vertreter, da es Veränderungen durch Beendigung des Vertreteramts geben kann.

Das **Verbot der Mehrstimmrechte** in der Vertreterversammlung berücksichtigt die Grundsätze der „mittelbaren Demokratie" sowie den Gedanken einer möglichst repräsentativen Vertretung aller Mitglieder in der Versammlung. Entsprechendes gilt für das Verbot von Stimmvollmachten. Bei der Wahl der Vertreter, die durch die Genossenschaftsmitglieder vorgenommen wird, können allerdings Mehrstimmrechte aus-

1 Ebda., § 43a Rdn. 21.

geübt und Stimmvollmachten erteilt werden (§ 43a Abs. 4 Satz 1 u. 2 i. V. m. § 43 Abs. 4 und 5 GenG).

Die Vertreter werden gemäß § 43a Abs. 4 Satz 1 GenG in allgemeiner, unmittelbarer, gleicher und geheimer Wahl gewählt. Damit wäre z. B. ein Wahlverfahren unvereinbar, wonach die vom Wahlausschuss vorgeschlagenen Personen als gewählt gelten, wenn keine Gegenlisten eingereicht werden.

Der Grundsatz der **„allgemeinen Wahl"** bedeutet, dass kein Mitglied von der Ausübung des Wahlrechts ausgeschlossen werden darf. Die Vertreterwahl ist grundsätzlich in einem Wahlgang durchzuführen. Dies schließt jedoch Wahlen in **Bezirken** nicht aus, sofern diese Wahlen in unmittelbar zeitlichem Zusammenhang in Versammlungen an verschiedenen Orten durchgeführt werden. Die Erfahrung zeigt, dass gerade dieses „Bezirkswahlsystem" besser zu einer verantwortlichen Beteiligung der Mitglieder und einer demokratischen Wahlentscheidung beiträgt.[2]

„Unmittelbarkeit" der Wahl bedeutet, dass jeder Wähler mit seiner Stimme die Zusammensetzung der Vertreterversammlung beeinflussen kann. Unmittelbare Wahl wäre z. B. nicht gegeben, wenn die Satzung oder die Wahlordnung lediglich die Möglichkeit einräumen würden, gegen eine vorgelegte Liste Einspruch zu erheben.

Der **„Gleichheitsgrundsatz"** bei der Wahl bedeutet, dass jede Stimme den gleichen Zählwert und die gleiche Wirkungsmöglichkeit haben muss. Dieses Gleichheitsgebot muss für alle Maßnahmen gelten, die auf das Wahlergebnis Auswirkung haben, so insbesondere auch für das Verfahren der **Kandidatenaufstellung.** Es wäre unzulässig, wenn z. B. lediglich Vorstand und Aufsichtsrat berechtigt sein sollten, Kandidaten zu benennen. Unbedenklich ist es, einem **Wahlausschuss** die Nennung der Kandidaten zu übertragen, sofern auch die übrigen Mitglieder grundsätzlich die Möglichkeit haben, eigene Kandidaten für die Wahl aufzustellen.

Zulässig ist es aus Gründen der praktischen Durchführbarkeit der Wahl, Wahlvorschläge davon abhängig zu machen, dass eine bestimmte Zahl von Genossenschaftsmitgliedern sich für **einheitliche Vorschläge** zusammenschließt. § 43a Abs. 4 Satz 6 GenG lässt die Zahl von 150 Mit-

2 Ebda., § 43a Rdn. 28 ff.

gliedern ausreichen, um einen Wahlvorschlag in Form einer weiteren Liste einreichen zu können.

Nähere Bestimmungen über das Wahlverfahren können in einer **Wahlordnung** getroffen werden, die vom Vorstand und Aufsichtsrat aufgrund übereinstimmender Beschlüsse erlassen wird und der Zustimmung der General-/Vertreterversammlung bedarf. Für die Genossenschaften stehen **Musterwahlordnungen** zur Verfügung, die unterschiedliche Wahlverfahren vorsehen, insbesondere das „Listenwahlverfahren" und das „Bezirkswahlverfahren". Wird die Generalversammlung wieder eingeführt, so wird die Wahlordnung gegenstandslos. Es bedarf keines besonderen Aufhebungsbeschlusses (vgl. Anhang 4 und 5).

Die Musterwahlordnungen sehen vor, dass für die Vorbereitung und Durchführung der Wahl und für alle damit zusammenhängenden Entscheidungen ein **Wahlausschuss** gebildet wird. Dieser besteht aus den Mitgliedern von Vorstand und Aufsichtsrat sowie aus Genossenschaftsmitgliedern, die von der Generalversammlung bzw. Vertreterversammlung zu wählen sind (vgl. Musterwahlordnungen).

Bei der **Listenwahl** wird eine vom Wahlausschuss aufgestellte Kandidatenliste im schriftlichen und geheimen Verfahren zur Abstimmung gestellt. Die Wahl wird nicht auf einer Versammlung durchgeführt, sondern durch Stimmabgabe in den Geschäftsräumen der Genossenschaft zu bestimmten Wahlterminen. **Briefwahl** ist nach Beschluss des Wahlausschusses und Bekanntmachung möglich (vgl. § 6a Wahlordnung zur Vertreterversammlung-Listenwahl, siehe dazu Anhang 9f). Auch die Stimmabgabe in elektronischer Form (Online-Vertreterwahl) ist nach Zulassung und Bekanntmachung durch den Wahlausschuss möglich (§ 6b Wahlordnung zur Vertreterversammlung, Anhang 9f).

Steht nur eine Liste zur Wahl, so sind die in ihr genannten Kandidaten gewählt, wenn die Liste die Mehrheit der gültig abgegebenen Stimmen erhalten hat. Andernfalls ist die Wahl zu wiederholen.

Die Wahlordnung gibt unter bestimmten Voraussetzungen den Genossenschaftsmitgliedern das Recht, mit **eigenen Wahllisten** Kandidaten zur Vertreterwahl vorzuschlagen. Unter Beachtung des Gleichheitsgrundsatzes müssen diese Wahlvorschläge in gleicher Weise zur Wahl gestellt werden wie die Wahlvorschläge des Wahlausschusses. Wegen der Voraussetzungen für die Aufstellung eigener Listen, insbesondere wegen des „Quorums", siehe die Erläuterungen zu § 3 der Listenwahlordnung im Anhang 4b.

Werden **mehrere Listen** zur Vertreterwahl eingereicht, so gilt nicht das Mehrheitswahlrecht, sondern das Verhältniswahlrecht. Damit soll nach der Rechtsprechung des Bundesgerichtshofs[3] gewährleistet werden, dass die Vertreterversammlung die Zusammensetzung und Struktur der Mitglieder widerspiegelt. Die Zurechnung der Stimmen erfolgt nach dem d'Hondtschen Verfahren[4].

Die **Bezirkswahl** wird unmittelbar in Versammlungen durchgeführt, die getrennt nach verschiedenen Stimmbezirken abgehalten werden. Dieses Wahlverfahren entspricht ebenfalls demokratischen Grundsätzen und damit den zwingenden Verfahrensvorschriften des § 43a Abs. 4 Satz 1 GenG.[5] Wesentlich ist jedoch, dass auch hierbei die Wahl geheim, d. h. durch Stimmzettel und nicht etwa durch Handzeichen oder dergleichen, durchgeführt wird. Die Erteilung von Vollmachten für die Stimmabgabe ist ebenfalls möglich. Auch bei Bezirkswahl sind **Briefwahl** und **elektronische Wahl** unter bestimmten Voraussetzungen möglich (vgl. §§ 5 und 5a, Wahlordnung zur Vertreterversammlung – Bezirkswahl im Anhang 5).

Eine **Liste der gewählten Vertreter** und der gewählten Ersatzvertreter ist mindestens zwei Wochen lang „in den Geschäftsräumen der Genossenschaft" zur Einsichtnahme für die Mitglieder auszulegen (§ 43a Abs. 6 Satz 1 GenG) oder bis zum Ende der Amtszeit der Vertreter im nicht öffentlichen Mitgliederbereich auf der Internetseite der Genossenschaft zugänglich zu machen (§ 26e Abs. 4 Satz 1 MS). Es soll gewährleistet werden, dass die Liste allen Mitgliedern, also auch denen, die nur mit einer Zweigniederlassung im Geschäftsverkehr stehen, in zumutbarer Weise zugänglich gemacht wird. Die Liste muss daher in den Geschäftsräumen von Zweigniederlassungen und Betriebsstätten ebenfalls ausgelegt werden. Eine solche Auslegung entspricht auch dem Interesse der Genossenschaft, da andernfalls die Mitglieder verstärkt von ihrem Recht

3 BGH, Urt. v. 22.3.1982, Az. II ZR 219/81, BGHZ 83, 228-234; NJW 1982, 2558.

4 Vgl. Lang/Weidmüller, GenG, 2022, § 43a Rdn. 34 und die Erläuterungen zu § 8 der Listen-Wahlordnung im Anhang 4b.

5 Lang/Weidmüller, GenG, 2022, § 43a Rdn. 45.

gemäß § 43a Abs. 6 Satz 4 GenG Gebrauch machen könnten, eine Abschrift der Liste zu verlangen.

In der Liste werden die gewählten Vertreter und gewählten Ersatzvertreter mit Namen, Anschriften, Telefonnummern oder E-Mail-Adressen genannt (§ 26e Abs. 4 Satz 1 MS). Diese Angaben geben den Mitgliedern der Genossenschaft die Möglichkeit, Kontakt mit einem Vertreter aufzunehmen und gegebenenfalls dessen **persönliche und fachliche Qualifikation** zu beurteilen. Auch kann mit dem Vertreter über Tagesordnungspunkte diskutiert werden. Die Aushändigung der Liste kann nicht nur innerhalb der 14-tägigen Auslegungsfrist, sondern während der gesamten Amtszeit der Vertreter verlangt werden. Das Recht der Mitglieder, eine Abschrift der Liste zu verlangen, darf nicht durch Kostenbelastung unzumutbar erschwert werden. Dies bedeutet, dass grundsätzlich ein Anspruch auf unentgeltliche Aushändigung der Liste besteht.

In der Bekanntmachung über die Auslegung der Liste ist darauf hinzuweisen, dass jedes Mitglied eine Abschrift verlangen kann (§ 26e Abs. Satz 4 MS).

Das Wahlverfahren wird dadurch abgeschlossen, dass die gewählten Vertreter die Wahl annehmen. Nähere Einzelheiten über die Benachrichtigung von der Wahl zum Vertreter enthalten die Musterwahlordnungen.

Wenn die gewählten Kandidaten die Wahl nicht annehmen und damit nicht zu Vertretern werden, bleibt dies solange ohne rechtliche Bedeutung, als die vom Genossenschaftsgesetz festgelegte **Mindestzahl von 50 Vertretern** (§ 43a Abs. 3 Satz 1 GenG) erreicht wird. Die Satzung kann höhere Mindestzahlen für die Vertreterversammlung bestimmen. Falls nicht mindestens 50 Vertreter die Wahl annehmen, rücken bis zum Erreichen der gesetzlichen bzw. der satzungsmäßigen Mindestzahl die gewählten Ersatzvertreter nach.[6]

Der Ersatzvertreter tritt ansonsten in das **Vertreteramt** erst ein, wenn der Vertreter vorzeitig und endgültig wegfällt, z. B. durch Ausscheiden aus der Genossenschaft infolge Kündigung, Tod oder Amtsniederlegung. Eine nur vorübergehende Verhinderung, z. B. durch Krankheit des Vertreters, reicht nicht aus, um den Ersatzvertreter nachrücken zu lassen. Gemäß § 26c Abs. 1 Satz 2 MS sind – unter Festlegung der Reihenfolge

6 Vgl. ebda., § 43a Rdn. 55 ff.

ihres Nachrückens – mindestens fünf Ersatzvertreter zu wählen. Die Reihenfolge bestimmt der Wahlausschuss.

In den Fällen der **Verschmelzung** und **Ausgliederung** unter Beteiligung eingetragener Genossenschaften gibt es bei der Vertreterversammlung Besonderheiten.[7]

Besteht bei der übernehmenden Genossenschaft die Vertreterversammlung, so ist nach der Listenwahlordnung (Anhang 4a, § 12) eine **Ergänzungswahl** zur Vertreterversammlung lediglich für den Bereich der übertragenden Genossenschaft durchzuführen. An dieser Ergänzungswahl sind die Mitglieder der übernehmenden Genossenschaft nicht beteiligt.

Für die **Amtszeit der Vertreter** enthält § 43a Abs. 4 Satz 3 GenG folgende Regelung:

„Kein Vertreter kann für längere Zeit als bis zur Beendigung der Vertreterversammlung gewählt werden, die über die Entlastung der Mitglieder des Vorstands und des Aufsichtsrats für das vierte Geschäftsjahr nach dem Beginn der Amtszeit beschließt. Das Geschäftsjahr, in dem die Amtszeit beginnt, wird nicht mitgerechnet."

Diese kompliziert formulierte Bestimmung setzt also der Amtsdauer eine gesetzliche Höchstgrenze, die regelmäßig fünf Jahre beträgt.

Beispiel

Beginn der Amtszeit: im Januar 2021, Beschlussfassung über die Entlastung für das Geschäftsjahr 2026 im Dezember 2027. Das erste Geschäftsjahr 2021 wird nicht mitgerechnet (§ 43a Abs. 4 Satz 4 GenG), das vierte Geschäftsjahr endet 2026. Die Beschlussfassung betreffend das vierte Geschäftsjahr findet aber erst 2027 statt.

Die Satzung kann für das Vertreteramt andere Regelungen vorsehen, insbesondere die Dauer des Vertreteramts abkürzen. Die Mustersatzung enthält in § 26f folgende Regelung:

- Grundsätzlich werden die Vertreter für die Dauer von vier Jahren gewählt (§ 26f Abs. 1 Satz 1 MS).

---

7 Vgl. Ohlmeyer/Kuhn/Philipowski: Verschmelzung von Genossenschaften und andere Umwandlungsmöglichkeiten, 2004.

- Das Amt des Vertreters endet jedoch, wenn nach durchgeführter Neuwahl mindestens 50 Vertreter die Wahl angenommen haben (§ 26f Abs. 3).

Beispiel

Wahl zur Vertreterversammlung: im Mai 2021. Nach der Mustersatzung ist Neuwahl erforderlich im Jahr 2025, sie kann z. B. wieder im Mai durchgeführt werden. Das Amt der 2021 gewählten Vertreter endet somit, wenn nach der Wahl im Jahr 2025 mindestens 50 Vertreter die Wahl angenommen haben. Jede Satzungsregelung findet aber zwingend ihre Grenze an der gesetzlichen Höchstdauer des Vertreteramts.

Wenn nicht innerhalb der in § 43a Abs. 4 GenG genannten Frist eine Neuwahl der Vertreter rechtswirksam durchgeführt ist, endet das Amt der Vertreter unabhängig von jeder Satzungsregelung. Unter diesen Umständen besteht dann keine Vertreterversammlung mehr, sodass die Generalversammlung wieder mit allen Kompetenzen an ihre Stelle tritt.

Die weiteren Einzelheiten ergeben sich aus den Musterwahlordnungen und den Erläuterungen zur Listenwahl im Anhang unter 4a und b sowie 5. Ausführliche Beispiele für erforderlichen Mitteilungen, Bekanntgaben und Protokolle zur Listen-Wahl der Vertreterversammlung finden sich im Anhang unter 9a bis k.

VI Virtuelle General-/ Vertreterversammlungen

1 Zulässigkeit von virtuellen General-/ Vertreterversammlungen

Seit der Genossenschaftsnovelle 2006 (Gesetz zur Einführung der Europäischen Genossenschaft und zur Änderung des Genossenschaftsrechts vom 14. August 2006 [BGBl. I, 1911]) ermöglicht § 43 Abs. 7 Satz 1 GenG eine Beschlussfassung in elektronischer Form, wenn die Satzung das „Nähere" regelt. Umstritten ist, ob damit zugleich auch eine Beschlussfassung ohne physische Präsenz der Mitglieder (virtuelle Generalversammlung, zum Begriff s. Abschnitt 2) in einer rein virtuellen Versammlung zulässig ist.[1] Durch Artikel 32 des Gesetzes zur Neuregelung des Berufsrechts der anwaltlichen und steuerberatenden Berufsausübungsgesellschaften sowie zur Änderung weiterer Vorschriften im Bereich der rechtsberatenden Berufe v. 7. Juli 2021 (BGBl. I S. 2363) ist § 3 Abs. 1 Satz 1 des Gesetzes über Maßnahmen im Gesellschafts-, Genossenschafts-, Vereins-, Stiftungs- und Wohnungseigentumsrecht zur Bekämpfung der Auswirkungen der COVID-19-Pandemie (COVMG) klarstellend dahingehend geändert worden, dass die elektronische Beschlussfassung Beschlussfassungen in Gestalt von virtuellen Generalversammlungen ohne physische Präsenz der Mitglieder mit einschließt. Zudem wirkt nach Art. 36 Abs. 3 des Gesetzes zur Neuregelung des Berufsrechts der anwaltlichen und steuerberatenden Berufsausübungsgesellschaften sowie zur Änderung weiterer Vorschriften im Bereich der rechtsberatenden Berufe die Klarstellung in § 3 Abs. 1 COVMG auf den 28. März 2020 zurück. Durch die Änderung des Gesetzeswortlauts hat der Gesetzgeber nochmals unmissverständlich zum Ausdruck gebracht,

1 Vgl. die Übersicht über den Streitgegenstand, insbesondere den ablehnenden Beschluss des OLG Karlsruhe, Beschl. v. 26.3.2021, Az. 1 W 4/21 (Wx) m. Anm. Holthaus, NZG 2021 S. 696 (700). Der BGH hat die Frage der Zulässigkeit ausdrücklich offengelassen (Beschl. v. 5.10.2021, Az. II ZB 7/21, Rz. 11).

dass er virtuelle General- und Vertreterversammlungen für zulässig erachtet.[2]

1.1 Zulässigkeit ohne Satzungsgrundlage

Durch § 3 Abs. 1 Satz 1 COVMG sind virtuelle General- und Vertreterversammlungen ohne Satzungsregelungen möglich. Die COVID-Sondergesetzgebung gilt noch bis einschließlich 31. August 2022. Folgt man dem Gesetzgeber, sind ab dem 1. September 2022 General- und Vertreterversammlungen nur noch auf Grundlage einer Satzungsregelung zulässig.

1.2 Zulässigkeit mit Satzungsgrundlage

Um auch weiterhin virtuelle General- und Vertreterversammlungen durchführen zu können, sind in die Mustersatzungen Regelungen zur virtuellen General- und Vertreterversammlung mit den §§ 36a bis 36b MS bzw. (zur Übertragung der Generalversammlung in Bild und Ton) § 36c MS aufgenommen worden. Dies ist das „Nähere" i. S. d. § 43 Abs. 7 Satz 1 GenG.

Des Weiteren hat der DGRV – Deutsche Genossenschafts- und Raiffeisenverband e. V. **Mindestanforderungen an virtuelle General- und Vertreterversammlungen** (Min. virtuelle GV/VV, abgedruckt in ZfgG 2020, 70 (3), S. 176) herausgegeben, die zur Erläuterung des „Näheren" herangezogen werden können.

2 Vgl. auch die Gesetzesbegründung BT-Drs. 19/30516, S. 72 f.

2 Definition der virtuellen General-/Vertreterversammlung sowie die verschiedenen Durchführungswege nach den Mustersatzungen

2.1 Definition der virtuellen General-/Vertreterversammlung

Das Genossenschaftsgesetz enthält keine Definition der virtuellen Generalversammlung. § 3 Abs. 1 S. 1 COVMG definiert lediglich, dass eine virtuelle Generalversammlung eine Versammlung ohne physische Präsenz der Mitglieder ist. Dementsprechend definiert auch § 36a Abs. 1 Satz 1 MS die virtuelle General- bzw. Vertreterversammlung. In der Praxis bestehen unterschiedlichste Durchführungswege. Die Mustersatzungen bilden die gängigsten Formate ab. Dies bedeutet aber nicht, dass weitere Ausgestaltungen denkbar sind. Hierfür bedarf es individueller Satzungsanpassungen.

2.2 Durchführungswege nach der Mustersatzung

Ausgehend davon, dass § 36a Abs. 1 Satz 1 MS jede Versammlung ohne physische Präsenz der Mitglieder als virtuelle Generalversammlung definiert, ist es erforderlich, dass im Weiteren näher definiert wird, wie die virtuelle Generalversammlung durchgeführt wird. Dies erfolgt über die folgenden Absätze des § 36a MS.

2.2.1 Vollvirtuelle Versammlung

Die Mustersatzung sieht in § 36a Abs. 2 vor, dass die virtuelle Generalversammlung in der Gestalt erfolgen kann, dass die technische Ausgestaltung eine Zwei-Wege-Kommunikation der Mitglieder mit den Organen und untereinander ermöglicht. Hierdurch wird die virtuelle Generalversammlung näher konkretisiert. Es handelt sich hierbei um eine sogenannte **vollvirtuelle Versammlung,** bei der alle Teilnehmer direkt und unmittelbar (live) untereinander kommunizieren können. Dies macht es erforderlich, dass die Versammlung z. B. als Videokonferenz oder über eine Live-Streaming-Plattform mit Live-Stream und Chat übertragen wird, sodass die Organe in Echtzeit untereinander in Austausch treten können. Gleiches gilt für den Abstimmungsvorgang. Diese Variante kommt der Präsenzversammlung am nächsten, weil die Organe unmittelbar miteinander agieren.

2.2.2 On-Demand Versammlung

Einen weiteren Durchführungsweg enthält § 36a Abs. 1 Satz 1 i. V. m. Abs. 3 Satz 2 MS: mit dem sogenannten **On-Demand-**Durchführungsweg (teilweise auch als „virtuelle Versammlung im weiteren Sinn", „gestrecktes Verfahren" oder „qualifiziertes Umlaufverfahren" bezeichnet). Kennzeichnendes Element dieses Durchführungswegs ist die längere Zeitdauer. Die On-Demand-Versammlung wird in verschiedene Versammlungsabschnitte (Phasen) eingeteilt. Nach der Vorbereitungsphase (vgl. nachfolgend Abschnitt 3.1) folgt die sogenannte Diskussionsphase. In der Diskussionsphase haben die Mitglieder/Vertreter Zugang zu den vorher erstellten Inhalten gemäß der Tagesordnung. Neben den ohnehin nach § 48 Abs. 3 Satz 1 GenG mind. eine Woche vor der Versammlung auszulegenden Inhalten können dies vorab in Bild und Ton aufgezeichnete Vorstandsberichte oder ergänzende Textdokumente sein. Der Austausch (Frage und Antwort) kann über eine Plattform, wie bspw. ein Mitgliedsforum, ermöglicht werden.

Nach Abschluss der Diskussionsphase folgt die Abstimmungsphase (§ 36a Abs. 3 Satz 2 MS), in der die Abstimmung über die zur Beschlussfassung gestellten Anträge erfolgt bzw. die Wahlen in einem vorher festgelegten Zeitraum durchgeführt werden. Die Beschlussfassung wird gegebenenfalls zuvor noch um die von den Mitgliedern/Vertretern beantragten Anträge ergänzt. Abstimmung und Wahlen können in schriftlicher Form erfolgen oder mittels technischer Unterstützung (z. B. BSI-zertifizierte Wahlsoftware, wie sie etwa bei der elektronischen Online-Vertreterwahl zum Einsatz kommt). Die Abstimmungsphase ist mit der Bekanntgabe des Abstimmungsergebnisses beendet. Dies ist gleichzeitig auch das Ende der virtuellen General-/Vertreterversammlung (vgl. § 36a Abs. 3 Satz 2 MS).

Dieser Durchführungsweg darf nicht mit dem **sogenannten schriftlichen Umlaufverfahren** verwechselt werden. Im Unterschied zum

On-Demand-Durchführungsweg stellt das schriftliche Umlaufverfahren keine Versammlungsform dar, auch keine Versammlungsform ohne die zwingende Einhaltung der Auskunfts- und Rederechte. Zu einer solchen kann es höchstens werden, wenn sämtliche Mitglieder/Vertreter auf ihr Auskunfts- und Rederechte verzichten.

Das schriftliche Umlaufverfahren ist eine reine Form der Beschlussfassung, die u. a. im Rahmen des On-demand-Durchführungswegs zur Anwendung gelangen kann.

2.2.3 Hybride Versammlung

Als dritten Durchführungsweg sehen die Mustersatzungen in § 36a Abs. 1 Satz 1 i. V. m. Abs. 5 die sogenannte **hybride** oder **gemischt-virtuelle Versammlung** vor. Hierbei handelt es sich um eine Präsenzversammlung, bei der ein Teil der Mitglieder/Vertreter vor Ort ist, aber gleichzeitig auch Mitglieder/Vertreter auf dem Wege elektronischer Kommunikation teilnehmen (elektronische Teilnahme an einer Präsenzversammlung). Dieser Durchführungsweg ist nicht mit der Präsenzversammlung zu verwechseln, bei der den Mitgliedern/Vertretern zusätzlich zur physischen Teilnahme die Möglichkeit eingeräumt wird, in schriftlicher oder in elektronischer Form ohne Teilnahme an der Diskussionsphase abzustimmen. Ebenfalls ist nicht die Präsenzversammlung gemeint, die in Bild- und Ton z. B. über das Internet übertragen wird (§ 36c MS).

Für hybride Versammlungen gelten sowohl die besonderen Regelungen der virtuellen Versammlung als auch die allgemeinen Regelungen der Präsenzversammlung. Insofern beinhaltet dieser Durchführungsweg den höchsten administrativen Aufwand und sollte in jedem Fall durch ein professionelles Veranstaltungsmanagement inklusive technischer Unterstützung begleitet werden.

2.2.4 Erste Erfahrungen aus der Praxis

Der DGRV – Deutscher Genossenschafts- und Raiffeisenverband e. V. hat zur virtuellen General- und Vertreterversammlung eine Online-Befragung unter seinen angeschlossenen Mitgliedern durchgeführt. An der Umfrage haben über 1.000 Mitglieder teilgenommen. Rund 40 % der Teilnehmer haben im Jahr 2020 eine virtuelle Versammlung als vollvirtuelle Versammlung oder als On-Demand-Versammlung durchgeführt. Lediglich 1,5 % der Befragten haben die hybride Durchführungsform gewählt. Rund 33 % haben trotz pandemischer Einschränkungen an der Präsenzversammlung festgehalten.

Etwa 20 % der Befragten wollen nach den ersten Erfahrungen mit dem neuen virtuellen Durchführungsweg zukünftig an der Präsenzveranstaltung festhalten, aber eine optionale Online-Teilnahme einführen (hybride Durchführungsform). Rund 19 % sind noch unentschlossen und rund 57 % haben sich dafür ausgesprochen, definitiv zu Präsenzversammlungen zurückzukehren.

Auf die Frage, was gegen eine virtuelle Versammlung spricht (wobei mehrere Antworten möglich waren), ...

- sprachen sich rund 81 % der Befragten dafür aus, dass für die Mitglieder der persönliche Austausch, das Netzwerk und das gesellige Beisammensein sehr wichtig sind;
- gaben dementsprechend ca. 55 % der Befragten an, dass der Vorstand die Sorge hat, dass bei virtuellen Versammlungen der persönliche Kontakt zu den Mitgliedern verlorengehen könnte;
- waren rund 33 % der Meinung, dass der technische und organisatorische Aufwand zu hoch sei;
- gaben rund 31 % an, dass die Teilnahme an der Versammlung zu kompliziert sei;
- war rund 29 % die rechtliche Lage zu unsicher.
- sahen etwa 22 % die Gefahr, dass aufgrund unzureichender Internetversorgung nicht alle Mitglieder an der Versammlung teilnehmen könnten;
- sagten rund 12 %, dass die datenschutzrechtlichen Anforderungen sie abschreckten.

TIPP

> Um die „neue" mit der „alten" Welt zu verbinden, kann ein kleiner Präsentkorb als Catering zu den Mitgliedern/Vertretern nach Hause geschickt werden, damit sich die Mitglieder/Vertreter während der virtuellen Versammlung ebenso stärken können wie die Teilnehmer in der Präsenzversammlung. Gleichzeitig können so regionale Anbieter unterstützt werden, die z. B. auch zugleich Geschäftspartner der eG sind.

3 Besonderheiten der virtuellen General-/ Vertreterversammlung

3.1 Vorbereitungsphase

Nachfolgend werden nur Besonderheiten dargestellt, die sich aufgrund des abweichenden Durchführungswegs gegenüber einer Präsenzversammlung ergeben. Im Übrigen gelten die vorherigen Ausführungen, gegebenenfalls mit geringfügigen Abweichungen, auch für virtuelle General- und Vertreterversammlungen.

3.1.1 Beschlussfassung über den Durchführungsweg und die Einberufung

Die Mustersatzungen sehen vor, dass Vorstand und Aufsichtsrat gemeinsam über die Durchführung der General-/Vertreterversammlung ohne physische Präsenz der Mitglieder beraten und diese in getrennter Abstimmung beschließen (§ 23 Abs. 1 Buchst. f) MS). Folglich haben Vorstand und Aufsichtsrat in gemeinsamer Sitzung zu beschließen, ob eine virtuelle General-/Vertreterversammlung durchgeführt werden soll. Das „Wie" der Durchführung, den Durchführungsweg (siehe Abschnitt 2.2), kann der Vorstand allein bestimmen und beschließen. Bei der Entscheidung des Vorstands, die im Übrigen dokumentiert werden sollte, sollten u. a. folgende Fragen Berücksichtigung finden:

- Welche Rechtsrisiken können durch technische Störungen entstehen? (Anmerkung: Der Anfechtungsausschluss nach § 3 Abs. 1 Satz 4 COVMG entfällt zum 1. September 2022.)
- Wie ist die Mitgliederstruktur der Genossenschaft?

- Wird besonderer Wert auf den Versammlungscharakter gelegt?
- Wie groß ist das Budget?

▶ TIPP

Während der Ablauf der Versammlung zwischen Veranstalter und Technik einer detaillierten Planung unterliegt, wird eine Überlegung gelegentlich vernachlässigt: Welche Bilder der Versammlung kommen beim Mitglied auf dem Bildschirm an? Oftmals ist dies immer der gleiche Bildausschnitt des jeweiligen Redners, ergänzt durch Folien. Dies wirkt ermüdend auf den Zuschauer. Belebend wirken Kameraschwenks durch eine möglichst vertraute Örtlichkeit, z. B die Schalterhalle, und zu den anwesenden Personen (Vorstände, Aufsichtsräte oder Gäste). Auch ein Wechsel des Bildformats, von der Totalen bis zum Kopfbild, bietet sich an. Hierzu bedarf es entsprechender technischer Ausstattung, z. B. mehrerer Kameras mit Schwenk- und Zoomfunktion, gegebenenfalls auch eines Kameramanns.

Den Hinweis auf kamera- und bildgerechte Kleidung (z. B. keine Streifen) sollte man auch den Gastrednern zukommen lassen.

3.1.2 Einberufung

Grundsätzlich gelten für die Einberufung einer virtuellen General-/Vertreterversammlung keine besonderen Anforderungen, sodass hier auf Kapitel II Abschnitt 1–7 verwiesen werden kann. Neben dem unverzichtbaren generellen Hinweis in der Einladung, in welcher Durchführungsform (§ 36a Abs. 1 Satz 1 i. V. m. Abs. 2, Abs. 3 bzw. Abs. 5 MS, siehe Abschnitt 2.2) die General-/Vertreterversammlung durchgeführt wird, ergeben sich Besonderheiten im Hinblick auf die Teilnahmemöglichkeiten. Aus diesem Grund sieht die Mustersatzung in § 36a Abs. 1 Satz 2 u. 3 vor, dass den Mitgliedern/Vertretern zusammen mit der Einberufung sämtliche Informationen mitzuteilen sind, die für eine uneingeschränkte Teilnahme an der virtuellen General-/Vertreterversammlung erforderlich sind. Im Anschluss nennt die Mustersatzung Regelbeispiele: etwa Zugangsmöglichkeiten zu Informationen oder Hinweise zu der Frage, auf welche Weise das Rede-, Antrags-, Auskunfts- und Stimmrecht ausgeübt werden kann bzw. wie und bis wann die schriftliche oder elektronische Stimmabgabe zu erfolgen hat. Hiermit ist eine detaillierte Erläuterung des Abstimmungsprozedere gemeint. Sofern eine Zusammenarbeit mit einem technischen Anbieter erfolgt, verfügt dieser über die an dieser Stelle geforderten Informationen.

Zum Nachweis der wirksamen Bevollmächtigung im Rahmen einer virtuellen General-/Vertreterversammlung vgl. Abschnitt 3.1.3.

Eine vorherige Abstimmung der Einladung mit dem zuständigen Prüfungsverband kann hilfreich sein.

3.1.3 Zurverfügungstellung von Versammlungsunterlagen

In Bezug auf die auszulegenden Unterlagen ergeben sich ebenfalls keine bedeutenden Unterschiede. Hinzuweisen ist auf Folgendes:

Grundsätzlich besagt § 48 Abs. 3 Satz 1 GenG, dass der Jahresabschluss, der Lagebericht sowie der Bericht des Aufsichtsrats mindestens eine Woche vor der Versammlung in dem Geschäftsraum der Genossenschaft oder an einer anderen durch den Vorstand bekannt zu machenden geeigneten Stelle zur Einsichtnahme der Mitglieder ausgelegt, auf der Internetseite der Genossenschaft zugänglich gemacht oder ihnen sonst zur Kenntnis gebracht werden soll. Die alleinige Auslegung in den Geschäftsräumen der Genossenschaft oder an einer anderen durch den Vorstand bekannt zu machenden geeigneten Stelle ist bei vollvirtuellen oder On-Demand-Versammlungen kritisch zu sehen. Soweit eine Versammlung ohne physische Präsenz durchgeführt wird, sollten die hierzu erforderlichen Unterlagen auch ohne physische Präsenz einsehbar sein (siehe hierzu auch: DGRV, Mindestanforderungen, 2020, Ziff. 2.1.3).

Auch bei einer virtuellen General-/Vertreterversammlung ist die Ausübung von Stimmvollmachten zulässig (§ 36a Abs. 4 MS). Als Besonderheit bestimmt § 36a Abs. 4 MS abweichend von § 26 Abs. 5 Satz 1 MS, dass die Bevollmächtigung dem Vorstand mindestens eine Woche vor dem Tag der Generalversammlung in schriftlicher Form (§ 126 BGB) nachgewiesen werden muss. Mit der Einberufung sollte auf die abweichende Handhabung hingewiesen werden.

3.2 Durchführungsphase

3.2.1 Teilnahmerecht

Ähnlich der Eingangskontrolle (vgl. Kapitel III Abschnitt 1) muss der Zugang („Tür" und „Schlüssel") zur virtuellen General-/Vertreterversammlung ausgestaltet sein. Es muss sichergestellt sein, dass nur Mitglieder/ Vertreter den Schlüssel – hierbei dürfte es sich in der Regel um personalisierte Zugangsdaten handeln – erhalten und während der virtuellen Versammlung den virtuellen Versammlungsraum jederzeit verlassen und betreten können (vgl. DGRV, Mindestanforderungen, 2020, Ziff. 2.2.2). Sofern es zur Abstimmung von Nicht-Mitgliedern unter Umgehung der eingerichteten Sicherheitseinrichtungen kommen sollte, ist dies ein Anfechtungsgrund, wenn das Abstimmungsverhalten der Nicht-Mitglieder/ Nicht-Vertreter Einfluss auf das Abstimmungsergebnis hat.

3.2.2 Eröffnung und Begrüßung

Da die Durchführung einer virtuellen Versammlung vom bekannten Präsenzformat abweicht, empfiehlt es sich, den Ablauf der virtuellen Versammlung, insbesondere die Ausübung der Kommunikations- und Abstimmungsmöglichkeiten, den Mitgliedern unter dem Tagesordnungspunkt „Eröffnung und Begrüßung" vorab kurz zu erläutern. Sofern mit einem technischen Anbieter zusammengearbeitet wird, sollte dieser in der Vorbereitungsphase hierzu miteinbezogen werden. Gleiches gilt für die Möglichkeit, die Rechte als Versammlungsleiter auszuüben (siehe hierzu Kapitel III Abschnitt 6; zur Aufzeichnung der Versammlung vgl. Kapitel III Abschnitt 2.3).

▸ TIPP

Für wenig kameraerprobte Redner ist der erwünschte Blickkontakt mit dem Objektiv der Kamera gelegentlich schwierig. Dies gilt umso mehr, wenn eine kleine Kamera auf einem Stativ vorhanden ist. Das Auge des Redners kann das Objektiv leicht verfehlen, wenn er vom Manuskript oder Kontrollbildschirm aufblickt. Hier hilft eine neutrale Bildwand hinter der Kamera, die den Hintergrund abdeckt. Besser noch wäre ein Kameramann, der als Ansprechpartner wahrgenommen wird.

3.2.3 Stimmrecht/Wahlen

Nach § 33 Abs. 1 MS erfolgen Abstimmungen und Wahlen grundsätzlich offen. Es empfiehlt sich, dass bei einer größeren Anzahl von Mitgliedern/Vertretern der Vorstand oder der Aufsichtsrat von seinem Recht nach § 33 Abs. 1 MS Gebrauch macht und eine geheime Abstimmung/Wahl verlangt. Dies ermöglicht den Einsatz einer technischen Unterstützung, z. B. einer BSI-zertifizierten Wahlsoftware.

Bei Wahlen zum Aufsichtsrat sollte von der Möglichkeit nach § 24 Abs. 2 Alternative B MS Gebrauch gemacht werden, nach der Wahlvorschläge mindestens eine Woche vor dem Tag der General-/Vertreterversammlung in Textform bei der Genossenschaft eingegangen sein müssen (vgl. Kapitel III Abschnitt 4.6).

Die „Mindestanforderungen an virtuelle General-/Vertreterversammlungen" des DGRV, Ziff. 2.2.3, sehen zudem vor:

- Die virtuellen Teilnehmer müssen die Möglichkeit haben, über jeden einzelnen Kandidaten abzustimmen (§ 24 Abs. 2 S. 1 der Mustersatzungen).
- Soweit eine Stimmrechtsvollmacht in einer Generalversammlung ausgeübt wird, darf das Stimmrecht nur im Umfang der erteilten Vollmacht ausgeübt werden.
- Das Ergebnis der Abstimmung/Wahl ist durch den Versammlungsleiter festzustellen. Sofern dies nicht in unmittelbarem Zusammenhang nach der Stimmabgabe möglich ist, müssen die Beschlüsse den Mitgliedern/Vertretern gesondert verkündet werden.

Für die geheime Abstimmung/Wahl ergeben sich zusätzlich folgende Prämissen:

- Bei einer geheimen Abstimmung/Wahl ist sicherzustellen, dass eine Zusammenführung der Identität des abstimmenden Mitglieds/Vertreters mit seiner abgegebenen Stimme nicht hergestellt werden kann.
- Eine eindeutige und zuverlässige Identifikation und Authentifizierung der Mitglieder/Vertreter muss sicherstellen, dass nur registrierte Mitglieder/Vertreter eine Stimme abgeben können.

- Stimmdatensätze dürfen weder bei der Übertragung noch in der virtuellen Urne unbemerkt verändert, gelöscht bzw. auf andere Art und Weise manipuliert werden.
- Eine Berechnung von Zwischenergebnissen muss ausgeschlossen sein.

Weitere Hinweise zum Abstimmungsvorgang bei hybriden Versammlungen:

Bei hybriden Versammlungen ist die Synchronisierung des Abstimmungsvorgangs zwischen der Präsenzversammlung und den virtuellen Teilnehmern herausfordernder. Vor dem Hintergrund der Gleichheit der Wahl und zur Vermeidung von Anfechtungen sollte in einer hybriden Versammlung die Durchführung der Wahl möglichst identisch ablaufen, z. B. sollte in der Präsenzversammlung nicht offen und im virtuellen Teil geheim abgestimmt werden. Gleiches gilt für die Bekanntgabe der Abstimmungsergebnisse. Vor diesem Hintergrund empfiehlt es sich, auch in der Präsenzversammlung geheim abzustimmen (vgl. zuvor Abs. 2 Abschnitt 3.2.3). Die Pause, die durch die Stimmauszählung und Aufbereitung des Ergebnisses entsteht, sollte entsprechend der geheimen Abstimmung mit Stimmkarten nicht länger als 10 bis 15 Minuten dauern (vgl. den Tipp in Kapitel II Abschnitt 9.4).

Beide Abstimmungsformen sollten im Vorfeld der Versammlung nebeneinander ausreichend getestet und geprüft werden, sodass jedes Mitglied oder jeder Vertreter sein Stimmrecht nur einmal ausüben bzw. bei Wahlen für jeden Kandidaten nur einmal abstimmen kann (also nicht: zum Präsenztermin erscheinen und durch Handzeichen abstimmen und noch einmal online dadurch, dass jemand anderes mit den Zugangsdaten des Vertreters an der virtuellen Versammlung teilnimmt und ebenfalls abstimmt).

3.2.4 Rederecht

Auch in der virtuellen General-Vertreterversammlung hat jedes Mitglied / jeder Vertreter das Recht auf ungestörte Rede zur Verhandlung und Entscheidung anstehender Tagesordnungspunkte. Dem Recht kann auf unterschiedliche Art und Weise Rechnung getragen werden.

Durch technische Ausgestaltung kann eine direkte Interaktion der Mitglieder/Vertreter untereinander bzw. mit den Organen ermöglicht werden (siehe Abschnitt 2.2 zur vollvirtuellen Versammlung). Zum anderen könnte das Rederecht in einer dem Abstimmungsvorgang vorgelagerten Diskussionsphase (z. B. in Mitgliederforum; andere technische Lösungen sind denkbar) stattfinden (siehe ebenfalls Abschnitt 2.2).

Für beide Wege sind Regeln zur Kommunikation, wie sie auch in der Präsenzsitzung gelten, unverzichtbar (vgl. Kapitel III Abschnitt 2.5).

3.2.5 Auskunftsrecht

Jedes Mitglied / jeder Vertreter hat ein Auskunftsrecht in der (virtuellen) General-/Vertreterversammlung (vgl. § 34 Abs. 1 Satz 1 MS). Auskünfte können in der virtuellen General-/Vertreterversammlung grundsätzlich auch in Textform erfolgen, wenn Mitglieder/Vertreter so schneller und zuverlässiger unterrichtet werden können (vgl. zuvor Abschnitt 3.1.3).

Es dürfte jedoch unzulässig sein, Auskunftsersuchen ausschließlich in Textform zu verlangen, da der sogenannte Mündlichkeitsgrundsatz auch in der virtuellen General-/Vertreterversammlung unverändert gilt (vgl. Umkehrschluss aus § 34 Abs. 2 Buchst. f) MS). Im Unterschied zur AG gibt es für Genossenschaften keine mit § 1 Abs. 2 Satz 1 Nr. 3 COVMG vergleichbare Regelung.

3.3 Nachbereitungsphase

Der Vorstand hat im Fall der virtuellen Versammlung (§ 36a Abs. 1 S. 1 MS, Abschnitt 2.2) zusätzlich zu den Anforderungen aus § 35 Abs. 1–3 MS dafür zu sorgen, dass der Niederschrift ein Verzeichnis der Mitglieder, die an der Beschlussfassung mitgewirkt haben, beigefügt ist. In dem Verzeichnis ist die Art der Stimmabgabe zu vermerken (§ 35 Abs. 5 MS). Bei virtuellen Versammlungen ohne Satzungsrundlage im Jahr 2020/21 gilt dies über § 3 Abs. 1 Satz 2 und 3 COVMG. Bei Art der Stimmabgabe ist zumindest eine Unterscheidung zwischen „schriftlich" oder „elektronisch" angeraten, sofern nicht nähere Beschreibungen gewählt werden. Da weder Gesetz noch Satzung hierzu genauere Vorgaben machen, dürften Genossenschaften in der Formulierung frei sein, sofern sie eindeutig und nicht irreführend sind.

3.4 Checkliste

Die nachfolgende Checkliste (in Anlehnung an DGRV, Mindestanforderungen, 2020, II. d) listet Mindestanforderungen auf, die an eine technische Lösung zur Abhaltung von virtuellen General-/Vertreterversammlungen gestellt werden.

√ Die ordnungsgemäße Auswahl des Anbieters/der technischen Lösung sollte im Wege einer gemeinsamen Beschlussfassung von Vorstand und Aufsichtsrat über die Einführung der virtuellen General-/Vertreterversammlung in einem Protokoll dokumentiert sein (vgl. Abschnitt 3.1.1).

√ Es ist dafür Sorge zu tragen, dass nur Berechtigte (Vorstand, Aufsichtsrat, Mitglieder/Vertreter, bevollmächtige Mitglieder, Vertreter des Prüfungsverbands / der Verbände und gegebenenfalls sonstige Gäste ohne Stimmrecht) an der Versammlung teilnehmen können und eine eindeutige und zuverlässige Identifikation und Authentifizierung der Mitglieder/Vertreter sichergestellt ist, damit nur registrierte Mitglieder/Vertreter eine Stimme abgeben können (vgl. Abschnitt 3.2.1).

√ Jeder Tagesordnungspunkt muss unter den Mitgliedern/Vertretern mündlich oder mittels elektronischer Hilfsmittel diskutiert werden können (vgl. Abschnitt 3.2.4).

√ Mitglieder/Vertreter müssen Fragen, Auskunftsersuchen oder Anträge an die Genossenschaft richten können (vgl. Abschnitt 3.2.5).

√ Bei einer geheimen Wahl/Abstimmung ist sicherzustellen, dass eine Zusammenführung der Identität des abstimmenden Mitglieds/Vertreters mit seiner abgegebenen Stimme nicht hergestellt werden kann (vgl. Abschnitt 3.2.3).

√ Jedes Mitglied/Jeder Vertreter darf nur einmal eine Stimme abgeben bzw. bei Wahlen höchstens so viele Stimmen, wie Mandate zu vergeben sind (vgl. Abschnitt 3.2.3).

√ Stimmdatensätze dürfen weder bei der Übertragung noch in der virtuellen Urne unbemerkt verändert, gelöscht bzw. auf andere Art und Weise manipuliert werden (vgl. Abschnitt 3.2.3).

- √ Eine Berechnung von Zwischenergebnissen muss ausgeschlossen sein (vgl. Abschnitt 3.2.3).
- √ Die Technik muss es erlauben, dass der Niederschrift gemäß § 47 GenG / § 35 MS ein Verzeichnis der Mitglieder, die an der Beschlussfassung mitgewirkt haben, beigefügt und dass zu jedem Mitglied, das an der Stimmabgabe mitgewirkt hat, dessen Art der Stimmabgabe vermerkt werden kann (vgl. Abschnitt 3.3).

Anhang

1a. Gesetz betreffend die Erwerbs- und Wirtschaftsgenossenschaften (Genossenschaftsgesetz – GenG) – Auszug

Genossenschaftsgesetz in der Fassung der Bekanntmachung vom 16. Oktober 2006 (BGBl. I S. 2230), das zuletzt durch das Gesetz vom 07.08.2021 (BGBl. S. 3311) m. W. v. 12.08.2021 geändert worden ist.

§ 43 Generalversammlung; Stimmrecht der Mitglieder

(1) Die Mitglieder üben ihre Rechte in den Angelegenheiten der Genossenschaft in der Generalversammlung aus, soweit das Gesetz nichts anderes bestimmt.

(2) Die Generalversammlung beschließt mit der Mehrheit der abgegebenen Stimmen (einfache Stimmenmehrheit), soweit nicht Gesetz oder Satzung eine größere Mehrheit oder weitere Erfordernisse bestimmen. Für Wahlen kann die Satzung eine abweichende Regelung treffen.

(3) Jedes Mitglied hat eine Stimme. Die Satzung kann die Gewährung von Mehrstimmrechten vorsehen. Die Voraussetzungen für die Gewährung von Mehrstimmrechten müssen in der Satzung mit folgender Maßgabe bestimmt werden:

1. Mehrstimmrechte sollen nur Mitgliedern gewährt werden, die den Geschäftsbetrieb besonders fördern. Keinem Mitglied können mehr als drei Stimmen gewährt werden. Bei Beschlüssen, die nach dem Gesetz zwingend einer Mehrheit von drei Vierteln der abgegebenen Stimmen oder einer größeren Mehrheit bedürfen, sowie bei Beschlüssen über die Aufhebung oder Einschränkung der Bestimmungen der Satzung über Mehrstimmrechte hat ein Mitglied, auch wenn ihm ein Mehrstimmrecht gewährt ist, nur eine Stimme.
2. Auf Genossenschaften, bei denen mehr als drei Viertel der Mitglieder als Unternehmer im Sinne des § 14 des Bürgerlichen Gesetzbuchs Mitglied sind, ist Nummer 1 nicht anzuwenden. Bei diesen Genossenschaften können Mehrstimmrechte vom einzelnen Mitglied höchstens bis zu einem Zehntel der in der Generalversammlung anwesenden Stimmen ausgeübt werden; das Nähere hat die Satzung zu regeln.
3. Auf Genossenschaften, deren Mitglieder ausschließlich oder überwiegend eingetragene Genossenschaften sind, sind die Nummern 1 und 2 nicht anzuwenden. Die Satzung dieser Genossenschaften kann das Stimmrecht der

Mitglieder nach der Höhe ihrer Geschäftsguthaben oder einem anderen Maßstab abstufen.

Zur Aufhebung oder Änderung der Bestimmungen der Satzung über Mehrstimmrechte bedarf es nicht der Zustimmung der betroffenen Mitglieder.

(4) Das Mitglied soll sein Stimmrecht persönlich ausüben. Das Stimmrecht geschäftsunfähiger oder in der Geschäftsfähigkeit beschränkter natürlicher Personen sowie das Stimmrecht von juristischen Personen wird durch ihre gesetzlichen Vertreter, das Stimmrecht von Personenhandelsgesellschaften durch zur Vertretung ermächtigte Gesellschafter ausgeübt.

(5) Das Mitglied oder sein gesetzlicher Vertreter können Stimmvollmacht erteilen. Für die Vollmacht ist die schriftliche Form erforderlich. Ein Bevollmächtigter kann nicht mehr als zwei Mitglieder vertreten. Die Satzung kann persönliche Voraussetzungen für Bevollmächtigte aufstellen, insbesondere die Bevollmächtigung von Personen ausschließen, die sich geschäftsmäßig zur Ausübung des Stimmrechts erbieten.

(6) Niemand kann für sich oder für einen anderen das Stimmrecht ausüben, wenn darüber Beschluss gefasst wird, ob er oder das vertretene Mitglied zu entlasten oder von einer Verbindlichkeit zu befreien ist oder ob die Genossenschaft gegen ihn oder das vertretene Mitglied einen Anspruch geltend machen soll.

(7) Die Satzung kann zulassen, dass Beschlüsse der Mitglieder schriftlich oder in elektronischer Form gefasst werden; das Nähere hat die Satzung zu regeln. Ferner kann die Satzung vorsehen, dass in bestimmten Fällen Mitglieder des Aufsichtsrats im Wege der Bild- und Tonübertragung an der Generalversammlung teilnehmen können und dass die Generalversammlung in Bild und Ton übertragen werden darf.

§ 43a Vertreterversammlung

(1) Bei Genossenschaften mit mehr als 1.500 Mitgliedern kann die Satzung bestimmen, dass die Generalversammlung aus Vertretern der Mitglieder (Vertreterversammlung) besteht. Die Satzung kann auch bestimmen, dass bestimmte Beschlüsse der Generalversammlung vorbehalten bleiben. Der für die Feststellung der Mitgliederzahl maßgebliche Zeitpunkt ist für jedes Geschäftsjahr jeweils das Ende des vorausgegangenen Geschäftsjahres.

(2) Als Vertreter kann jede natürliche, unbeschränkt geschäftsfähige Person, die Mitglied der Genossenschaft ist und nicht dem Vorstand oder Aufsichtsrat angehört, gewählt werden. Ist ein Mitglied der Genossenschaft eine juristische

Person oder eine Personengesellschaft, kann jeweils eine natürliche Person, die zu deren Vertretung befugt ist, als Vertreter gewählt werden.

(3) Die Vertreterversammlung besteht aus mindestens fünfzig Vertretern, die von den Mitgliedern der Genossenschaft gewählt werden. Die Vertreter können nicht durch Bevollmächtigte vertreten werden. Mehrstimmrechte können ihnen nicht eingeräumt werden.

(4) Die Vertreter werden in allgemeiner, unmittelbarer, gleicher und geheimer Wahl gewählt; Mehrstimmrechte bleiben unberührt. Für die Vertretung von Mitgliedern bei der Wahl gilt § 43 Abs. 4 und 5 entsprechend. Kein Vertreter kann für längere Zeit als bis zur Beendigung der Vertreterversammlung gewählt werden, die über die Entlastung der Mitglieder des Vorstands und des Aufsichtsrats für das vierte Geschäftsjahr nach dem Beginn der Amtszeit beschließt. Das Geschäftsjahr, in dem die Amtszeit beginnt, wird nicht mitgerechnet. Die Satzung muss bestimmen,

1. auf wie viele Mitglieder ein Vertreter entfällt;
2. die Amtszeit der Vertreter.

Eine Zahl von 150 Mitgliedern ist in jedem Fall ausreichend, um einen Wahlvorschlag einreichen zu können. 7Nähere Bestimmungen über das Wahlverfahren einschließlich der Feststellung des Wahlergebnisses können in einer Wahlordnung getroffen werden, die vom Vorstand und Aufsichtsrat auf Grund übereinstimmender Beschlüsse erlassen wird. 8Sie bedarf der Zustimmung der Generalversammlung.

(5) Fällt ein Vertreter vor Ablauf der Amtszeit weg, muss ein Ersatzvertreter an seine Stelle treten. Seine Amtszeit erlischt spätestens mit Ablauf der Amtszeit des weggefallenen Vertreters. Auf die Wahl des Ersatzvertreters sind die für den Vertreter geltenden Vorschriften anzuwenden.

(6) Eine Liste mit den Namen sowie den Anschriften, Telefonnummern oder E-Mail-Adressen der gewählten Vertreter und Ersatzvertreter ist zur Einsichtnahme für die Mitglieder mindestens zwei Wochen lang in den Geschäftsräumen der Genossenschaft und ihren Niederlassungen auszulegen oder bis zum Ende der Amtszeit der Vertreter auf der Internetseite der Genossenschaft zugänglich zu machen. Die Auslegung oder die Zugänglichkeit im Internet ist in einem öffentlichen Blatt bekannt zu machen. Die Frist für die Auslegung oder Zugänglichmachung beginnt mit der Bekanntmachung. Jedes Mitglied kann jederzeit eine Abschrift der Liste der Vertreter und Ersatzvertreter verlangen; hierauf ist in der Bekanntmachung nach Satz 2 hinzuweisen.

(7) Die Generalversammlung ist zur Beschlussfassung über die Abschaffung der Vertreterversammlung unverzüglich einzuberufen, wenn dies von mindestens einem Zehntel der Mitglieder oder dem in der Satzung hierfür bestimmten geringeren Teil in Textform beantragt wird. § 45 Abs. 3 gilt entsprechend.

§ 44 Einberufung der Generalversammlung

(1) Die Generalversammlung wird durch den Vorstand einberufen, soweit nicht nach der Satzung oder diesem Gesetz auch andere Personen dazu befugt sind.

(2) Eine Generalversammlung ist außer in den in der Satzung oder diesem Gesetz ausdrücklich bestimmten Fällen einzuberufen, wenn dies im Interesse der Genossenschaft erforderlich erscheint.

§ 45 Einberufung auf Verlangen einer Minderheit

(1) Die Generalversammlung muss unverzüglich einberufen werden, wenn mindestens ein Zehntel der Mitglieder oder der in der Satzung hierfür bezeichnete geringere Teil in Textform unter Anführung des Zwecks und der Gründe die Einberufung verlangt. Mitglieder, auf deren Verlangen eine Vertreterversammlung einberufen wird, können an dieser Versammlung mit Rede- und Antragsrecht teilnehmen. Die Satzung kann Bestimmungen darüber treffen, dass das Rede- und Antragsrecht in der Vertreterversammlung nur von einem oder mehreren von den teilnehmenden Mitgliedern aus ihrem Kreis gewählten Bevollmächtigten ausgeübt werden kann.

(2) In gleicher Weise sind die Mitglieder berechtigt zu verlangen, dass Gegenstände zur Beschlussfassung einer Generalversammlung angekündigt werden. Mitglieder, auf deren Verlangen Gegenstände zur Beschlussfassung einer Vertreterversammlung angekündigt werden, können an dieser Versammlung mit Rede- und Antragsrecht hinsichtlich dieser Gegenstände teilnehmen. Abs. 1 Satz 3 ist anzuwenden.

(3) Wird dem Verlangen nicht entsprochen, kann das Gericht die Mitglieder, welche das Verlangen gestellt haben, zur Einberufung der Generalversammlung oder zur Ankündigung des Gegenstandes ermächtigen. Mit der Einberufung oder Ankündigung ist die gerichtliche Ermächtigung bekannt zu machen.

§ 46 Form und Frist der Einberufung

(1) Die Generalversammlung muss in der durch die Satzung bestimmten Weise mit einer Frist von mindestens zwei Wochen einberufen werden. Bei der Einberufung ist die Tagesordnung bekannt zu machen. Die Tagesordnung einer Vertreterversammlung ist allen Mitgliedern durch Veröffentlichung in den Genossenschaftsblättern oder im Internet unter der Adresse der Genossenschaft oder durch unmittelbare Benachrichtigung in Textform bekannt zu machen.

(2) Über Gegenstände, deren Verhandlung nicht in der durch die Satzung oder nach § 45 Abs. 3 vorgesehenen Weise mindestens eine Woche vor der Generalversammlung angekündigt ist, können Beschlüsse nicht gefasst werden. Dies gilt nicht, wenn sämtliche Mitglieder erschienen sind oder es sich um Beschlüsse über die Leitung der Versammlung oder um Anträge auf Einberufung einer außerordentlichen Generalversammlung handelt.

(3) Zur Stellung von Anträgen und zu Verhandlungen ohne Beschlussfassung bedarf es der Ankündigung nicht.

§ 47 Niederschrift

(1) Über die Beschlüsse der Generalversammlung ist eine Niederschrift anzufertigen. Sie soll den Ort und den Tag der Versammlung, den Namen des Vorsitzenden sowie Art und Ergebnis der Abstimmung und die Feststellung des Vorsitzenden über die Beschlussfassung enthalten.

(2) Die Niederschrift ist vom Vorsitzenden und mindestens einem anwesenden Mitglied des Vorstands zu unterschreiben. Ihr sind die Belege über die Einberufung als Anlagen beizufügen.

(3) Sieht die Satzung die Zulassung investierender Mitglieder oder die Gewährung von Mehrstimmrechten vor oder wird eine Änderung der Satzung beschlossen, die einen der in § 16 Abs. 2 Satz 1 Nr. 2 bis 5, 9 bis 11 oder Abs. 3 aufgeführten Gegenstände oder eine wesentliche Änderung des Gegenstandes des Unternehmens betrifft, oder wird die Fortsetzung der Genossenschaft nach § 117 beschlossen, ist der Niederschrift außerdem ein Verzeichnis der erschienenen oder vertretenen Mitglieder und der vertretenden Personen beizufügen. 2Bei jedem erschienenen oder vertretenen Mitglied ist dessen Stimmenzahl zu vermerken.

(4) Jedes Mitglied kann jederzeit Einsicht in die Niederschrift nehmen. Ferner ist jedem Mitglied auf Verlangen eine Abschrift der Niederschrift einer Vertreterversammlung unverzüglich zur Verfügung zu stellen. Die Niederschrift ist von der Genossenschaft aufzubewahren.

§ 48 Zuständigkeit der Generalversammlung

(1) Die Generalversammlung stellt den Jahresabschluss fest. Sie beschließt über die Verwendung des Jahresüberschusses oder die Deckung eines Jahresfehlbetrags sowie über die Entlastung des Vorstands und des Aufsichtsrats. Die Generalversammlung hat in den ersten sechs Monaten des Geschäftsjahrs stattzufinden.

(2) Auf den Jahresabschluss sind bei der Feststellung die für seine Aufstellung geltenden Vorschriften anzuwenden. Wird der Jahresabschluss bei der Feststellung geändert und ist die Prüfung nach § 53 bereits abgeschlossen, so werden vor der erneuten Prüfung gefasste Beschlüsse über die Feststellung des Jahresabschlusses und über die Ergebnisverwendung erst wirksam, wenn auf Grund einer erneuten Prüfung ein hinsichtlich der Änderung uneingeschränkter Bestätigungsvermerk erteilt worden ist.

(3) Der Jahresabschluss, der Lagebericht sowie der Bericht des Aufsichtsrats sollen mindestens eine Woche vor der Versammlung in dem Geschäftsraum der Genossenschaft oder an einer anderen durch den Vorstand bekannt zu machenden geeigneten Stelle zur Einsichtnahme der Mitglieder ausgelegt, auf der Internetseite der Genossenschaft zugänglich gemacht oder ihnen sonst zur Kenntnis gebracht werden. Jedes Mitglied ist berechtigt, auf seine Kosten eine Abschrift des Jahresabschlusses, des Lageberichts und des Berichts des Aufsichtsrats zu verlangen.

(4) Die Generalversammlung beschließt über die Offenlegung eines Einzelabschlusses nach § 339 Abs. 2 in Verbindung mit § 325 Abs. 2a des Handelsgesetzbuchs. Der Beschluss kann für das nächstfolgende Geschäftsjahr im Voraus gefasst werden. Die Satzung kann die in den Sätzen 1 und 2 genannten Entscheidungen dem Aufsichtsrat übertragen. Ein vom Vorstand auf Grund eines Beschlusses nach den Sätzen 1 bis 3 aufgestellter Abschluss darf erst nach seiner Billigung durch den Aufsichtsrat offen gelegt werden.

§ 49 Beschränkungen für Kredite

Die Generalversammlung hat die Beschränkungen festzusetzen, die bei Gewährung von Kredit an denselben Schuldner eingehalten werden sollen.

§ 50 Bestimmung der Einzahlungen auf den Geschäftsanteil

Soweit die Satzung die Mitglieder zu Einzahlungen auf den Geschäftsanteil verpflichtet, ohne dieselben nach Betrag und Zeit festzusetzen, unterliegt ihre Festsetzung der Beschlussfassung durch die Generalversammlung.

§ 51 Anfechtung von Beschlüssen der Generalversammlung

(1) Ein Beschluss der Generalversammlung kann wegen Verletzung des Gesetzes oder der Satzung im Wege der Klage angefochten werden. Die Klage muss binnen einem Monat erhoben werden.

(2) Zur Anfechtung befugt ist jedes in der Generalversammlung erschienene Mitglied, sofern es gegen den Beschluss Widerspruch zum Protokoll erklärt hat, und jedes nicht erschienene Mitglied, sofern es zu der Generalversammlung unberechtigterweise nicht zugelassen worden ist oder sofern es die Anfechtung darauf gründet, dass die Einberufung der Versammlung oder die Ankündigung des Gegenstandes der Beschlussfassung nicht ordnungsgemäß erfolgt sei. Ferner sind der Vorstand und der Aufsichtsrat zur Anfechtung befugt, ebenso jedes Mitglied des Vorstands und des Aufsichtsrats, wenn es durch die Ausführung des Beschlusses eine strafbare Handlung oder eine Ordnungswidrigkeit begehen oder wenn es ersatzpflichtig werden würde.

(3) Die Klage ist gegen die Genossenschaft zu richten. Die Genossenschaft wird durch den Vorstand, sofern dieser nicht selbst klagt, und durch den Aufsichtsrat, sofern dieser nicht selbst klagt, vertreten; § 39 Abs. 1 Satz 2 ist entsprechend anzuwenden. Zuständig für die Klage ist ausschließlich das Landgericht, in dessen Bezirke die Genossenschaft ihren Sitz hat. Die mündliche Verhandlung erfolgt nicht vor Ablauf der im ersten Abs. bezeichneten Frist. Mehrere Anfechtungsprozesse sind zur gleichzeitigen Verhandlung und Entscheidung zu verbinden.

(4) Die Erhebung der Klage sowie der Termin zur mündlichen Verhandlung sind unverzüglich vom Vorstand in den für die Bekanntmachung der Genossenschaft bestimmten Blättern zu veröffentlichen.

(5) Soweit der Beschluss durch Urteil rechtskräftig für nichtig erklärt ist, wirkt dieses Urteil auch gegenüber den Mitgliedern der Genossenschaft, die nicht Partei des Rechtsstreits waren. Ist der Beschluss in das Genossenschaftsregister eingetragen, hat der Vorstand dem Registergericht das Urteil einzureichen und dessen Eintragung zu beantragen. Eine gerichtliche Bekanntmachung der Eintragung erfolgt nur, wenn der eingetragene Beschluss veröffentlicht worden war.

1b. Verordnung über Inkraftsetzung und zur Ausführung des § 43a des Gesetzes betreffend die Erwerbs- und Wirtschaftsgenossenschaften vom 24. Oktober 1922 (RGBl. I S. 807) – (Auszug)

(1) Ob die Generalversammlung als Vertreterversammlung gebildet werden muss oder gebildet werden kann (§ 43a), richtet sich für jedes Geschäftsjahr nach der Mitgliederzahl am Schlusse des vorangegangenen Geschäftsjahrs.

(2) Die Vorschriften des Gesetzes und des Statuts über die Generalversammlung finden auf die Vertreterversammlung entsprechende Anwendung; insbesondere tritt, soweit das Gesetz oder das Statut für die Beschlüsse der Generalversammlung eine bestimmte Mehrheit der Genossen oder der erschienenen Genossen vorschreiben, an ihre Stelle die Mehrheit der Vertreter oder der erschienenen Vertreter.

2a. Satzung für Kreditgenossenschaften mit Generalversammlung[1] – Fassung 06.20 (Auszug)

§ 26 Ausübung der Mitgliedsrechte

(1) Die Mitglieder üben ihre Rechte in den Angelegenheiten der Genossenschaft in der Generalversammlung aus.

(2) Jedes Mitglied hat eine Stimme.

(3) Geschäftsunfähige, beschränkt geschäftsfähige Personen sowie juristische Personen üben ihr Stimmrecht durch den gesetzlichen Vertreter, Personengesellschaften durch ihre zur Vertretung ermächtigten Gesellschafter aus.

(4) Mitglieder, deren gesetzliche Vertreter oder zur Vertretung ermächtigte Gesellschafter, können sich durch Bevollmächtigte vertreten lassen. Mehrere Erben eines verstorbenen Mitglieds (§ 7) können das Stimmrecht nur durch einen gemeinschaftlichen Bevollmächtigten ausüben. Ein Bevollmächtigter kann nicht mehr als zwei Mitglieder vertreten. Bevollmächtigte können nur Mitglieder der Genossenschaft, Ehegatten oder eingetragene Lebenspartner, Eltern, Kinder oder Geschwister eines Mitglieds sein oder müssen zum Vollmachtgeber in einem Gesellschafts- oder Anstellungsverhältnis stehen. Personen, an die die Mitteilung über den Ausschluss abgesandt ist (§ 9 Abs. 5), sowie Personen, die sich geschäftsmäßig zur Ausübung des Stimmrechts erbieten, können nicht bevollmächtigt werden.

(5) Stimmberechtigte gesetzliche bzw. ermächtigte Vertreter oder Bevollmächtigte müssen ihre Vertretungsbefugnis auf Verlangen des Versammlungsleiters schriftlich nachweisen. Die Regelung in § 36a Abs. 4 bleibt unberührt.

(6) Niemand kann für sich oder einen anderen das Stimmrecht ausüben, wenn darüber Beschluss gefasst wird, ob er oder das vertretene Mitglied zu entlasten oder von einer Verbindlichkeit zu befreien ist, oder ob die Genossenschaft gegen ihn oder das vertretene Mitglied einen Anspruch geltend machen soll. Er ist jedoch vor der Beschlussfassung zu hören.

§ 27 Frist und Tagungsort

(1) Die ordentliche Generalversammlung hat innerhalb der ersten sechs Monate nach Ablauf des Geschäftsjahres stattzufinden.

---

1 Die komplette Satzung ist bei der DG Nexolution, Wiesbaden, erhältlich (Art. Nr. 101 030).

(2) Außerordentliche Generalversammlungen können nach Bedarf einberufen werden.

(3) Die Generalversammlung findet am Sitz der Genossenschaft statt, sofern nicht Vorstand und Aufsichtsrat gemäß § 23 Abs. 1 Buchst. f einen anderen Tagungsort oder deren ausschließlich schriftliche und/oder elektronische Durchführung festlegen.

§ 28 Einberufung und Tagesordnung

(1) Die Generalversammlung wird durch den

Alternative A

Vorstand

Alternative B

Aufsichtsrat

einberufen. Der Aufsichtsrat ist zur Einberufung verpflichtet, wenn hierfür ein gesetzlicher oder satzungsmäßiger Grund vorliegt oder wenn dies im Interesse der Genossenschaft erforderlich ist, namentlich auf Verlangen des Prüfungsverbandes.

(2) Die Mitglieder der Genossenschaft können in Textform unter Anführung des Zwecks und der Gründe die Einberufung einer außerordentlichen Generalversammlung verlangen. Hierzu bedarf es mindestens des zehnten Teils der Mitglieder, höchstens jedoch ...... 40 Zeichen ...... Mitglieder.

(3) Die Generalversammlung wird durch unmittelbare Benachrichtigung sämtlicher Mitglieder in Textform oder durch Bekanntmachung in der papierhaften Ausgabe des Blattes[1] ...... 40 Zeichen ...... einberufen unter Einhaltung einer Frist von mindestens zwei Wochen, die zwischen dem Tag des Zugangs (Absatz 7) bzw. der Veröffentlichung der Einberufung und dem Tag der Generalversammlung liegen muss. Bei der Einberufung ist die Tagesordnung bekannt zu machen. Die §§ 36a bis 36c bleiben unberührt.

(4) Die Tagesordnung wird von demjenigen festgesetzt, der die Generalversammlung einberuft. Mitglieder der Genossenschaft können in Textform unter Anführung des Zwecks und der Gründe verlangen, dass Gegenstände zur Beschlussfassung in der Generalversammlung angekündigt werden; hierzu bedarf es mindestens des zehnten Teils der Mitglieder, höchstens jedoch ...... 40 Zeichen ...... Mitglieder.

(5) Über Gegenstände, deren Verhandlung nicht so rechtzeitig angekündigt ist, dass mindestens eine Woche zwischen dem Zugang der Ankündigung (Absatz 7) und dem Tag der Generalversammlung liegt, können Beschlüsse nicht gefasst werden; hiervon sind jedoch Beschlüsse über den Ablauf der Versammlung sowie über Anträge auf Berufung einer außerordentlichen Generalversammlung ausgenommen.

(6) Zu Anträgen und Verhandlungen ohne Beschlussfassung bedarf es keiner Ankündigung.

(7) In den Fällen der Absätze 3 und 5 gelten die Mitteilungen als zugegangen, wenn sie zwei Werktage vor Beginn der Frist abgesendet worden sind.

§ 29 Versammlungsleitung

Den Vorsitz in der Generalversammlung führt der Vorsitzende des Aufsichtsrats oder sein Stellvertreter (Versammlungsleiter). Durch Beschluss der Generalversammlung kann der Vorsitz einem Mitglied des Vorstands, des Aufsichtsrats, einem anderen Mitglied der Genossenschaft oder einem Vertreter des Prüfungsverbandes übertragen werden. Der Versammlungsleiter ernennt einen Schriftführer und erforderlichenfalls Stimmzähler.

§ 30 Gegenstände der Beschlussfassung

Die Generalversammlung beschließt über die im Genossenschaftsgesetz und in dieser Satzung bezeichneten Angelegenheiten, insbesondere über

a) Änderung der Satzung;

b) Umfang der Bekanntgabe des Prüfungsberichts des Prüfungsverbandes;

c) Feststellung des Jahresabschlusses, Verwendung des Jahresüberschusses oder Deckung des Jahresfehlbetrages;

d) Entlastung des Vorstands und des Aufsichtsrats;

e) Wahl der Mitglieder des Aufsichtsrats sowie Festsetzung einer Vergütung im Sinne von § 22 Abs. 7;

Alternative A

f) Widerruf der Bestellung von Mitgliedern des Vorstands und des Aufsichtsrats sowie außerordentliche Kündigung der Dienstverträge der Vorstandsmitglieder;

Alternative B

f) Widerruf der Bestellung von Mitgliedern des Aufsichtsrats;

Alternative A

g) Ausschluss von Vorstands- und Aufsichtsratsmitgliedern aus der Genossenschaft;

Alternative B

g) Ausschluss von Aufsichtsratsmitgliedern aus der Genossenschaft;

h) Wahl eines Bevollmächtigten zur Führung von Prozessen gegen Aufsichtsratsmitglieder wegen ihrer Organstellung;

Alternative A

i) Führung von Prozessen gegen im Amt befindliche und ausgeschiedene Vorstands- und Aufsichtsratsmitglieder wegen ihrer Organstellung;

Alternative B

i) Führung von Prozessen gegen im Amt befindliche und ausgeschiedene Aufsichtsratsmitglieder wegen ihrer Organstellung;

j) Festsetzung der Beschränkungen bei Kreditgewährung gemäß § 49 des Genossenschaftsgesetzes;

k) Austritt aus genossenschaftlichen Verbänden;

l) Verschmelzung, Spaltung oder Formwechsel der Genossenschaft nach den Vorschriften des Umwandlungsgesetzes;

m) Aufnahme, Übertragung oder Aufgabe eines wesentlichen Geschäftsbereichs;

n) Auflösung der Genossenschaft;

o) Fortsetzung der Genossenschaft nach beschlossener Auflösung;

p) Einführung der Vertreterversammlung, Zustimmung zur Wahlordnung und Wahlen zum Wahlausschuss.

§ 31 Mehrheitserfordernisse

(1) Die Beschlüsse der Generalversammlung bedürfen der einfachen Mehrheit der gültig abgegebenen Stimmen, soweit nicht das Gesetz oder diese Satzung eine größere Mehrheit vorschreibt.

(2) Eine Mehrheit von drei Vierteln der gültig abgegebenen Stimmen ist insbesondere in folgenden Fällen erforderlich:

a) Änderung der Satzung;

Alternative A

b) Widerruf der Bestellung von Mitgliedern des Vorstands mit Ausnahme der in § 40 des Genossenschaftsgesetzes geregelten Fälle sowie von Mitgliedern des Aufsichtsrats;

Alternative B

b) Widerruf der Bestellung von Mitgliedern des Aufsichtsrats;

Alternative A

c) Ausschluss von Vorstands- und Aufsichtsratsmitgliedern aus der Genossenschaft;

Alternative B

c) Ausschluss von Aufsichtsratsmitgliedern aus der Genossenschaft;

d) Austritt aus genossenschaftlichen Verbänden;

e) Verschmelzung und Spaltung der Genossenschaft nach den Vorschriften des Umwandlungsgesetzes;

f) Auflösung der Genossenschaft;

g) Fortsetzung der Genossenschaft nach beschlossener Auflösung;

h) Aufhebung der Einschränkung des Anspruchs auf Auszahlung des Auseinandersetzungsguthabens.

(3) Ein Beschluss über die Änderung der Rechtsform bedarf der Mehrheit von neun Zehnteln der gültig abgegebenen Stimmen. Bei der Beschlussfassung über die Auflösung sowie die Änderung der Rechtsform müssen über die gesetzlichen Vorschriften hinaus zwei Drittel aller Mitglieder in einer nur zu diesem Zweck einberufenen Versammlung anwesend sein. Wenn diese Mitgliederzahl in der Versammlung, die über die Auflösung oder über die Änderung der Rechtsform beschließt, nicht erreicht ist, kann jede weitere Versammlung ohne Rücksicht auf die Zahl der erschienenen Mitglieder innerhalb desselben Geschäftsjahres über die Auflösung oder die Änderung der Rechtsform beschließen.

(4) Vor Beschlussfassung über die Verschmelzung, Spaltung oder Formwechsel nach den Vorschriften des Umwandlungsgesetzes, Auflösung oder Fortsetzung

der aufgelösten Genossenschaft ist der Prüfungsverband zu hören. Ein Gutachten des Prüfungsverbandes ist vom Vorstand rechtzeitig zu beantragen und in der Generalversammlung zu verlesen.

(5) Die Absätze 3 und 5 können nur unter den in Absatz 3 genannten Voraussetzungen geändert werden.

§ 32 Entlastung

(1) Niemand kann für sich oder einen anderen das Stimmrecht ausüben, wenn darüber Beschluss gefasst wird, ob er oder das vertretene Mitglied zu entlasten ist.

(2) Über die Entlastung von Vorstand und Aufsichtsrat ist getrennt abzustimmen; hierbei haben weder die Mitglieder des Vorstands noch des Aufsichtsrats ein Stimmrecht.

§ 33 Abstimmungen und Wahlen

(1) Abstimmungen und Wahlen müssen geheim erfolgen, wenn der Vorstand, der Aufsichtsrat oder mindestens der vierte Teil der bei der Beschlussfassung hierüber gültig abgegebenen Stimmen es verlangt.

(2) Bei der Feststellung des Stimmenverhältnisses werden nur die gültig abgegebenen Stimmen gezählt; Stimmenthaltungen und ungültige Stimmen werden nicht berücksichtigt. Bei Stimmengleichheit gilt ein Antrag als abgelehnt; bei Wahlen entscheidet in diesen Fällen das Los. Für jeden zu wählenden Kandidaten kann jeweils nur eine Stimme abgegeben werden.

(3) Wird eine Wahl geheim durchgeführt, so hat jeder Wahlberechtigte so viele Stimmen, wie Mandate zu vergeben sind. Der Wahlberechtigte bezeichnet auf dem Stimmzettel die vorgeschlagenen Kandidaten, denen er seine Stimme geben will. Gewählt sind die Kandidaten, die die meisten Stimmen erhalten.

(4) Wird eine Wahl offen durchgeführt, so ist für jedes zu vergebende Mandat ein besonderer Wahlgang erforderlich. Gewählt ist, wer mehr als die Hälfte der abgegebenen gültigen Stimmen erhalten hat. Erhält kein Kandidat im ersten Wahlgang die erforderliche Mehrheit, so wird eine Stichwahl zwischen jeweils den beiden Kandidaten durchgeführt, die die meisten Stimmen erhalten haben. In diesem Fall ist der Kandidat gewählt, der die meisten Stimmen erhält. Sind nicht mehr Kandidaten vorgeschlagen, als Mandate neu zu besetzen sind, so kann gemeinsam (en bloc) abgestimmt werden, sofern dem nicht widersprochen wird.

(5) Der Gewählte hat spätestens unverzüglich nach der Wahl der Genossenschaft gegenüber zu erklären, ob er die Wahl annimmt.

§ 34 Auskunftsrecht

(1) Jedem Mitglied ist auf Verlangen in der Generalversammlung Auskunft über Angelegenheiten der Genossenschaft zu geben, soweit es zur sachgemäßen Beurteilung des Gegenstands der Tagesordnung erforderlich ist. Die Auskunft erteilt der Vorstand oder der Aufsichtsrat.

(2) Die Auskunft darf verweigert werden, soweit

a) die Erteilung der Auskunft nach vernünftiger kaufmännischer Beurteilung geeignet ist, der Genossenschaft einen nicht unerheblichen Nachteil zuzufügen;

b) die Fragen steuerliche Wertansätze oder die Höhe einzelner Steuern betreffen;

c) die Erteilung der Auskunft strafbar wäre oder eine gesetzliche, satzungsmäßige oder vertragliche Geheimhaltungspflicht verletzt würde;

d) das Auskunftsverlangen die persönlichen oder geschäftlichen Verhältnisse eines Dritten betrifft;

e) es sich um arbeitsvertragliche Vereinbarungen mit Vorstandsmitgliedern oder Mitarbeitern der Genossenschaft handelt;

f) die Verlesung von Schriftstücken zu einer unzumutbaren Verlängerung der Generalversammlung führen würde.

§ 35 Versammlungsniederschrift

(1) Beschlüsse der Generalversammlung sind zu Beweiszwecken ordnungsgemäß zu protokollieren.

(2) Die Niederschrift soll spätestens innerhalb von zwei Wochen nach dem Schluss der Generalversammlung erfolgen. Dabei sollen Ort und Tag oder Zeitraum der Versammlung, Name des Versammlungsleiters sowie Art und Ergebnis der Abstimmungen und die Feststellungen des Versammlungsleiters über die Beschlussfassung angegeben werden. Die Niederschrift muss von dem Versammlungsleiter, dem Schriftführer und mindestens einem anwesenden Vorstandsmitglied, unterschrieben werden; ihr sind die Belege über die Einberufung als Anlagen beizufügen.

(3) Der Niederschrift ist in den Fällen des § 47 Abs. 3 des Genossenschaftsgesetzes ein Verzeichnis der erschienenen oder vertretenen Mitglieder und der Vertreter von Mitgliedern beizufügen. Bei jedem erschienenen oder vertretenen Mitglied ist dessen Stimmenzahl zu vermerken.

(4) Die Niederschrift ist mit den dazugehörenden Anlagen aufzubewahren. Die Einsichtnahme ist jedem Mitglied der Genossenschaft zu gestatten.

(5) Zusätzlich ist der Niederschrift im Fall der §§ 36a, 36b der Satzung ein Verzeichnis über die an der Beschlussfassung mitwirkenden Mitglieder beizufügen und darin die Art der Stimmabgabe zu vermerken.

§ 36 Teilnahme der Verbände

Vertreter des Prüfungsverbandes und der genossenschaftlichen Spitzenverbände sind berechtigt, an jeder Generalversammlung teilzunehmen und sich jederzeit zu äußern.

§ 36a Schriftliche oder elektronische Durchführung der Generalversammlung (virtuelle Generalversammlung), elektronische Teilnahme an einer Präsenzversammlung

(1) Die Generalversammlung kann auch ohne physische Präsenz der Mitglieder abgehalten werden (virtuelle Generalversammlung). In diesem Fall sind den Mitgliedern zusammen mit der Einberufung sämtliche Informationen mitzuteilen, die zur uneingeschränkten Teilnahme an der Generalversammlung benötigt werden. Dazu gehören insbesondere Informationen über evtl. Zugangsdaten sowie darüber hinaus, auf welche Weise das Rede-, Antrags-, Auskunfts- und Stimmrecht ausgeübt werden kann und wie und bis wann die schriftliche oder elektronische Stimmabgabe zu erfolgen hat.

(2) Die Teilnahme an der virtuellen Generalversammlung kann dergestalt erfolgen, dass die technische Ausgestaltung eine Zwei-Wege-Kommunikation der Mitglieder mit den Organen und untereinander in der Generalversammlung ermöglicht.

(3) Die Teilnahme an der virtuellen Generalversammlung kann auch dergestalt erfolgen, dass die Zwei-Wege-Kommunikation der Mitglieder mit den Organen und untereinander in einer dem Abstimmungsvorgang vorgelagerten Diskussionsphase ermöglicht wird. Der Zeitraum zwischen dem Beginn der Diskussionsphase und dem Abschluss der Abstimmungsphase stellt in diesem Fall die Generalversammlung dar. Ist eine Frist zu berechnen, ist in diesem Fall hinsichtlich des Tags der Generalversammlung auf den Beginn der Diskussionsphase und

hinsichtlich des Schlusses der Generalversammlung auf das Ende der Abstimmungsphase abzustellen.

(4) Die Ausübung von Stimmvollmachten (§ 26 Abs. 4) in einer virtuellen Generalversammlung ist zulässig, wenn die Vollmacht dem Vorstand mindestens eine Woche vor dem Tag der Generalversammlung in schriftlicher Form nachgewiesen wird.

(5) Die Mitglieder können an der Generalversammlung auch ohne Anwesenheit in einer Präsenzversammlung teilnehmen und ihre Rechte im Wege elektronischer Kommunikation ausüben (elektronische Teilnahme an einer Präsenzversammlung), wenn der Vorstand dies mit Zustimmung des Aufsichtsrats festlegt. Im Übrigen gelten die vorstehenden Absätze.

§ 36b Schriftliche oder elektronische Mitwirkung an der Beschlussfassung einer nur als Präsenzveranstaltung durchgeführten Generalversammlung

(1) Ist gestattet worden, an der Beschlussfassung einer nur als Präsenzveranstaltung durchgeführten Generalversammlung schriftlich oder im Wege elektronischer Kommunikation mitzuwirken, ist zusammen mit der Einberufung mitzuteilen, wie und bis wann die schriftliche oder elektronische Stimmabgabe zu erfolgen hat.

(2) § 36a Abs. 4 gilt entsprechend.

§ 36c Übertragung der Generalversammlung in Bild und Ton

Die Übertragung der Generalversammlung in Bild und Ton ist zulässig. Die Entscheidung darüber, ob und auf welche Weise die Generalversammlung in Bild und Ton übertragen wird, obliegt dem Vorstand mit Zustimmung des Aufsichtsrats. Die Art und Weise der Übertragung ist mit der Einberufung bekannt zu machen.

2b. Satzung für Kreditgenossenschaften mit Vertreterversammlung[1] – Fassung 06.20 (Auszug)

§ 26 Ausübung der Mitgliedsrechte

(1) Die Mitglieder üben ihre Rechte in den Angelegenheiten der Genossenschaft in der Generalversammlung aus.

(2) Jedes Mitglied hat eine Stimme.

(3) Geschäftsunfähige, beschränkt geschäftsfähige Personen sowie juristische Personen üben ihr Stimmrecht durch den gesetzlichen Vertreter, Personengesellschaften durch ihre zur Vertretung ermächtigten Gesellschafter aus.

(4) Mitglieder, deren gesetzliche Vertreter oder zur Vertretung ermächtigte Gesellschafter, können sich durch Bevollmächtigte vertreten lassen. Mehrere Erben eines verstorbenen Mitglieds (§ 7) können das Stimmrecht nur durch einen gemeinschaftlichen Bevollmächtigten ausüben. Ein Bevollmächtigter kann nicht mehr als zwei Mitglieder vertreten. Bevollmächtigte können nur Mitglieder der Genossenschaft, Ehegatten oder eingetragene Lebenspartner, Eltern, Kinder oder Geschwister eines Mitglieds sein oder müssen zum Vollmachtgeber in einem Gesellschafts- oder Anstellungsverhältnis stehen. Personen, an die die Mitteilung über den Ausschluss abgesandt ist (§ 9 Abs. 5), sowie Personen, die sich geschäftsmäßig zur Ausübung des Stimmrechts erbieten, können nicht bevollmächtigt werden.

(5) Stimmberechtigte gesetzliche bzw. ermächtigte Vertreter oder Bevollmächtigte müssen ihre Vertretungsbefugnis auf Verlangen des Versammlungsleiters schriftlich nachweisen. Die Regelung in § 36a Abs. 4 bleibt unberührt.

(6) Niemand kann für sich oder einen anderen das Stimmrecht ausüben, wenn darüber Beschluss gefasst wird, ob er oder das vertretene Mitglied zu entlasten oder von einer Verbindlichkeit zu befreien ist, oder ob die Genossenschaft gegen ihn oder das vertretene Mitglied einen Anspruch geltend machen soll. Er ist jedoch vor der Beschlussfassung zu hören.

§ 27 Frist und Tagungsort

(1) Die ordentliche Generalversammlung hat innerhalb der ersten sechs Monate nach Ablauf des Geschäftsjahres stattzufinden.

---

1 Die komplette Satzung ist bei der DG Nexolution, Wiesbaden, erhältlich (Art. Nr. 101 330)

(2) Außerordentliche Generalversammlungen können nach Bedarf einberufen werden.

(3) Die Generalversammlung findet am Sitz der Genossenschaft statt, sofern nicht Vorstand und Aufsichtsrat gemäß § 23 Abs. 1 Buchst. f einen anderen Tagungsort oder deren ausschließlich schriftliche und/oder elektronische Durchführung festlegen.

§ 28 Einberufung und Tagesordnung

(1) Die Generalversammlung wird durch den

Alternative A

Vorstand

Alternative B

Aufsichtsrat

einberufen. Der Aufsichtsrat ist zur Einberufung verpflichtet, wenn hierfür ein gesetzlicher oder satzungsmäßiger Grund vorliegt oder wenn dies im Interesse der Genossenschaft erforderlich ist, namentlich auf Verlangen des Prüfungsverbandes.

(2) Die Mitglieder der Genossenschaft können in Textform unter Anführung des Zwecks und der Gründe die Einberufung einer außerordentlichen Generalversammlung verlangen. Hierzu bedarf es mindestens des zehnten Teils der Mitglieder, höchstens jedoch ...... 40 Zeichen ...... Mitglieder.

(3) Die Generalversammlung wird durch unmittelbare Benachrichtigung sämtlicher Mitglieder in Textform oder durch Bekanntmachung in der papierhaften Ausgabe des Blattes ...... 40 Zeichen ...... einberufen unter Einhaltung einer Frist von mindestens zwei Wochen, die zwischen dem Tag des Zugangs (Absatz 7) bzw. der Veröffentlichung der Einberufung und dem Tag der Generalversammlung liegen muss. Bei der Einberufung ist die Tagesordnung bekannt zu machen. Die §§ 36a bis 36c bleiben unberührt.

(4) Die Tagesordnung wird von demjenigen festgesetzt, der die Generalversammlung einberuft. Die Mitglieder der Genossenschaft können in Textform unter Anführung des Zwecks und der Gründe verlangen, dass Gegenstände zur Beschlussfassung in der Generalversammlung angekündigt werden; hierzu bedarf es mindestens des zehnten Teils der Mitglieder, höchstens jedoch ...... 40 Zeichen ...... Mitglieder.

(5) Über Gegenstände, deren Verhandlung nicht so rechtzeitig angekündigt ist, dass mindestens eine Woche zwischen dem Zugang der Ankündigung (Absatz 7) und dem Tag der Generalversammlung liegt, können Beschlüsse nicht gefasst werden; hiervon sind jedoch Beschlüsse über den Ablauf der Versammlung sowie über Anträge auf Berufung einer außerordentlichen Generalversammlung ausgenommen.

(6) Zu Anträgen und Verhandlungen ohne Beschlussfassung bedarf es keiner Ankündigung.

(7) In den Fällen der Absätze 3 und 5 gelten die Mitteilungen als zugegangen, wenn sie zwei Werktage vor Beginn der Frist abgesendet worden sind.

§ 29 Versammlungsleitung

Den Vorsitz in der Generalversammlung führt der Vorsitzende des Aufsichtsrats oder sein Stellvertreter (Versammlungsleiter). Durch Beschluss der Generalversammlung kann der Vorsitz einem Mitglied des Vorstands, des Aufsichtsrats, einem anderen Mitglied der Genossenschaft oder einem Vertreter des Prüfungsverbandes übertragen werden. Der Versammlungsleiter ernennt einen Schriftführer und erforderlichenfalls Stimmzähler.

§ 30 Gegenstände der Beschlussfassung

Die Generalversammlung beschließt über die im Genossenschaftsgesetz und in dieser Satzung bezeichneten Angelegenheiten, insbesondere über

a) Änderung der Satzung;

b) Umfang der Bekanntgabe des Prüfungsberichts des Prüfungsverbandes;

c) Feststellung des Jahresabschlusses, Verwendung des Jahresüberschusses oder Deckung des Jahresfehlbetrages;

d) Entlastung des Vorstands und des Aufsichtsrats;

e) Wahl der Mitglieder des Aufsichtsrats sowie Festsetzung einer Vergütung im Sinne von § 22 Abs. 7;

Alternative A

f) Widerruf der Bestellung von Mitgliedern des Vorstands und des Aufsichtsrats sowie außerordentliche Kündigung der Dienstverträge der Vorstandsmitglieder;

Alternative B

f) Widerruf der Bestellung von Mitgliedern des Aufsichtsrats;

Alternative A

g) Ausschluss von Vorstands- und Aufsichtsratsmitgliedern aus der Genossenschaft;

Alternative B

g) Ausschluss von Aufsichtsratsmitgliedern aus der Genossenschaft;

h) Wahl eines Bevollmächtigten zur Führung von Prozessen gegen Aufsichtsratsmitglieder wegen ihrer Organstellung;

Alternative A

i) Führung von Prozessen gegen im Amt befindliche und ausgeschiedene Vorstands- und Aufsichtsratsmitglieder wegen ihrer Organstellung;

Alternative B

i) Führung von Prozessen gegen im Amt befindliche und ausgeschiedene Aufsichtsratsmitglieder wegen ihrer Organstellung;

j) Festsetzung der Beschränkungen bei Kreditgewährung gemäß § 49 des Genossenschaftsgesetzes;

k) Austritt aus genossenschaftlichen Verbänden;

l) Verschmelzung, Spaltung oder Formwechsel der Genossenschaft nach den Vorschriften des Umwandlungsgesetzes;

m) Aufnahme, Übertragung oder Aufgabe eines wesentlichen Geschäftsbereichs;

n) Auflösung der Genossenschaft;

o) Fortsetzung der Genossenschaft nach beschlossener Auflösung;

p) Einführung der Vertreterversammlung, Zustimmung zur Wahlordnung und Wahlen zum Wahlausschuss.

§ 31 Mehrheitserfordernisse

(1) Die Beschlüsse der Generalversammlung bedürfen der einfachen Mehrheit der gültig abgegebenen Stimmen, soweit nicht das Gesetz oder diese Satzung eine größere Mehrheit vorschreibt.

(2) Eine Mehrheit von drei Vierteln der gültig abgegebenen Stimmen ist insbesondere in folgenden Fällen erforderlich:

a) Änderung der Satzung;

Alternative A

b) Widerruf der Bestellung von Mitgliedern des Vorstands mit Ausnahme der in § 40 des Genossenschaftsgesetzes geregelten Fälle sowie von Mitgliedern des Aufsichtsrats;

Alternative B

b) Widerruf der Bestellung von Mitgliedern des Aufsichtsrats;

Alternative A

c) Ausschluss von Vorstands- und Aufsichtsratsmitgliedern aus der Genossenschaft;

Alternative B

c) Ausschluss von Aufsichtsratsmitgliedern aus der Genossenschaft;

d) Austritt aus genossenschaftlichen Verbänden;

e) Verschmelzung und Spaltung der Genossenschaft nach den Vorschriften des Umwandlungsgesetzes;

f) Auflösung der Genossenschaft;

g) Fortsetzung der Genossenschaft nach beschlossener Auflösung;

h) Aufhebung der Einschränkung des Anspruchs auf Auszahlung des Auseinandersetzungsguthabens.

(3) Ein Beschluss über die Änderung der Rechtsform bedarf der Mehrheit von neun Zehnteln der gültig abgegebenen Stimmen. Bei der Beschlussfassung über die Auflösung sowie die Änderung der Rechtsform müssen über die gesetzlichen Vorschriften hinaus zwei Drittel aller Mitglieder in einer nur zu diesem Zweck einberufenen Versammlung anwesend sein. Wenn diese Mitgliederzahl in der Versammlung, die über die Auflösung oder über die Änderung der Rechtsform beschließt, nicht erreicht ist, kann jede weitere Versammlung ohne Rücksicht auf die Zahl der erschienenen Mitglieder innerhalb desselben Geschäftsjahres über die Auflösung oder die Änderung der Rechtsform beschließen.

(4) Vor Beschlussfassung über die Verschmelzung, Spaltung oder Formwechsel nach den Vorschriften des Umwandlungsgesetzes, Auflösung oder Fortsetzung

der aufgelösten Genossenschaft ist der Prüfungsverband zu hören. Ein Gutachten des Prüfungsverbandes ist vom Vorstand rechtzeitig zu beantragen und in der Generalversammlung zu verlesen.

(5) Die Absätze 3 und 5 können nur unter den in Absatz 3 genannten Voraussetzungen geändert werden.

§ 32 Entlastung

(1) Niemand kann für sich oder einen anderen das Stimmrecht ausüben, wenn darüber Beschluss gefasst wird, ob er oder das vertretene Mitglied zu entlasten ist.

(2) Über die Entlastung von Vorstand und Aufsichtsrat ist getrennt abzustimmen; hierbei haben weder die Mitglieder des Vorstands noch des Aufsichtsrats ein Stimmrecht.

§ 33 Abstimmungen und Wahlen

(1) Abstimmungen und Wahlen müssen geheim erfolgen, wenn der Vorstand, der Aufsichtsrat oder mindestens der vierte Teil der bei der Beschlussfassung hierüber gültig abgegebenen Stimmen es verlangt.

(2) Bei der Feststellung des Stimmenverhältnisses werden nur die gültig abgegebenen Stimmen gezählt; Stimmenthaltungen und ungültige Stimmen werden nicht berücksichtigt. Bei Stimmengleichheit gilt ein Antrag als abgelehnt; bei Wahlen entscheidet in diesen Fällen das Los. Für jeden zu wählenden Kandidaten kann jeweils nur eine Stimme abgegeben werden.

(3) Wird eine Wahl geheim durchgeführt, so hat jeder Wahlberechtigte so viele Stimmen, wie Mandate zu vergeben sind. Der Wahlberechtigte bezeichnet auf dem Stimmzettel die vorgeschlagenen Kandidaten, denen er seine Stimme geben will. Gewählt sind die Kandidaten, die die meisten Stimmen erhalten.

(4) Wird eine Wahl offen durchgeführt, so ist für jedes zu vergebende Mandat ein besonderer Wahlgang erforderlich. Gewählt ist, wer mehr als die Hälfte der abgegebenen gültigen Stimmen erhalten hat. Erhält kein Kandidat im ersten Wahlgang die erforderliche Mehrheit, so wird eine Stichwahl zwischen jeweils den beiden Kandidaten durchgeführt, die die meisten Stimmen erhalten haben. In diesem Fall ist der Kandidat gewählt, der die meisten Stimmen erhält. Sind nicht mehr Kandidaten vorgeschlagen, als Mandate neu zu besetzen sind, so kann gemeinsam (en bloc) abgestimmt werden, sofern dem nicht widersprochen wird.

(5) Der Gewählte hat spätestens unverzüglich nach der Wahl der Genossenschaft gegenüber zu erklären, ob er die Wahl annimmt.

§ 34 Auskunftsrecht

(1) Jedem Mitglied ist auf Verlangen in der Generalversammlung Auskunft über Angelegenheiten der Genossenschaft zu geben, soweit es zur sachgemäßen Beurteilung des Gegenstands der Tagesordnung erforderlich ist. Die Auskunft erteilt der Vorstand oder der Aufsichtsrat.

(2) Die Auskunft darf verweigert werden, soweit

a) die Erteilung der Auskunft nach vernünftiger kaufmännischer Beurteilung geeignet ist, der Genossenschaft einen nicht unerheblichen Nachteil zuzufügen;

b) die Fragen steuerliche Wertansätze oder die Höhe einzelner Steuern betreffen;

c) die Erteilung der Auskunft strafbar wäre oder eine gesetzliche, satzungsmäßige oder vertragliche Geheimhaltungspflicht verletzt würde;

d) das Auskunftsverlangen die persönlichen oder geschäftlichen Verhältnisse eines Dritten betrifft;

e) es sich um arbeitsvertragliche Vereinbarungen mit Vorstandsmitgliedern oder Mitarbeitern der Genossenschaft handelt;

f) die Verlesung von Schriftstücken zu einer unzumutbaren Verlängerung der Generalversammlung führen würde.

§ 35 Versammlungsniederschrift

(1) Beschlüsse der Generalversammlung sind zu Beweiszwecken ordnungsgemäß zu protokollieren.

(2) Die Niederschrift soll spätestens innerhalb von zwei Wochen nach dem Schluss der Generalversammlung erfolgen. Dabei sollen Ort und Tag oder Zeitraum der Versammlung, Name des Versammlungsleiters sowie Art und Ergebnis der Abstimmungen und die Feststellungen des Versammlungsleiters über die Beschlussfassung angegeben werden. Die Niederschrift muss von dem Versammlungsleiter, dem Schriftführer und mindestens einem anwesenden Vorstandsmitglied unterschrieben werden; ihr sind die Belege über die Einberufung als Anlagen beizufügen.

(3) Der Niederschrift ist in den Fällen des § 47 Abs. 3 des Genossenschaftsgesetzes ein Verzeichnis der erschienenen oder vertretenen Mitglieder und der Vertreter von Mitgliedern beizufügen. Bei jedem erschienenen oder vertretenen Mitglied ist dessen Stimmenzahl zu vermerken.

(4) Die Niederschrift ist mit den dazugehörenden Anlagen aufzubewahren. Die Einsichtnahme ist jedem Mitglied der Genossenschaft zu gestatten.

(5) Zusätzlich ist der Niederschrift im Fall der §§ 36a, 36b der Satzung ein Verzeichnis über die an der Beschlussfassung mitwirkenden Mitglieder beizufügen und darin die Art der Stimmabgabe zu vermerken.

§ 36 Teilnahme der Verbände

Vertreter des Prüfungsverbandes und der genossenschaftlichen Spitzenverbände sind berechtigt, an jeder Generalversammlung teilzunehmen und sich jederzeit zu äußern.

§ 36a Schriftliche oder elektronische Durchführung der Generalversammlung (virtuelle Generalversammlung), elektronische Teilnahme an einer Präsenzversammlung

(1) Die Generalversammlung kann auch ohne physische Präsenz der Mitglieder abgehalten werden (virtuelle Generalversammlung). In diesem Fall sind den Mitgliedern zusammen mit der Einberufung sämtliche Informationen mitzuteilen, die zur uneingeschränkten Teilnahme an der Generalversammlung benötigt werden. Dazu gehören insbesondere Informationen über evtl. Zugangsdaten sowie darüber hinaus, auf welche Weise das Rede-, Antrags-, Auskunfts- und Stimmrecht ausgeübt werden kann und wie und bis wann die schriftliche oder elektronische Stimmabgabe zu erfolgen hat.

(2) Die Teilnahme an der virtuellen Generalversammlung kann dergestalt erfolgen, dass die technische Ausgestaltung eine Zwei-Wege-Kommunikation der Mitglieder mit den Organen und untereinander in der Generalversammlung ermöglicht.

(3) Die Teilnahme an der virtuellen Generalversammlung kann auch dergestalt erfolgen, dass die Zwei-Wege-Kommunikation der Mitglieder mit den Organen und untereinander in einer dem Abstimmungsvorgang vorgelagerten Diskussionsphase ermöglicht wird. Der Zeitraum zwischen dem Beginn der Diskussionsphase und dem Abschluss der Abstimmungsphase stellt in diesem Fall die Generalversammlung dar. Ist eine Frist zu berechnen, ist in diesem Fall hinsichtlich des Tags der Generalversammlung auf den Beginn der Diskussionsphase und

hinsichtlich des Schlusses der Generalversammlung auf das Ende der Abstimmungsphase abzustellen.

(4) Die Ausübung von Stimmvollmachten (§ 26 Abs. 4) in einer virtuellen Generalversammlung ist zulässig, wenn die Vollmacht dem Vorstand mindestens eine Woche vor dem Tag der Generalversammlung in schriftlicher Form nachgewiesen wird.

(5) Die Mitglieder können an der Generalversammlung auch ohne Anwesenheit in einer Präsenzversammlung teilnehmen und ihre Rechte im Wege elektronischer Kommunikation ausüben (elektronische Teilnahme an einer Präsenzversammlung), wenn der Vorstand dies mit Zustimmung des Aufsichtsrats festlegt. Im Übrigen gelten die vorstehenden Absätze.

§ 36b Schriftliche oder elektronische Mitwirkung an der Beschlussfassung einer nur als Präsenzveranstaltung durchgeführten Generalversammlung

(1) Ist gestattet worden, an der Beschlussfassung einer nur als Präsenzveranstaltung durchgeführten Generalversammlung schriftlich oder im Wege elektronischer Kommunikation mitzuwirken, ist zusammen mit der Einberufung mitzuteilen, wie und bis wann die schriftliche oder elektronische Stimmabgabe zu erfolgen hat.

(2) § 36a Abs. 4 gilt entsprechend.

§ 36c Übertragung der Generalversammlung in Bild und Ton

Die Übertragung der Generalversammlung in Bild und Ton ist zulässig. Die Entscheidung darüber, ob und auf welche Weise die Generalversammlung in Bild und Ton übertragen wird, obliegt dem Vorstand mit Zustimmung des Aufsichtsrats. Die Art und Weise der Übertragung ist mit der Einberufung bekannt zu machen.

3. Satzung für gewerbliche Waren- und Dienstleistungsgenossenschaften[1] – Fassung 03.21 (Auszug)

§ 26 Ausübung der Mitgliedsrechte

(1) Die Mitglieder üben ihre Rechte in den Angelegenheiten der Genossenschaft in der Generalversammlung aus. Sie sollen ihre Rechte persönlich ausüben.[2]

(2) Jedes Mitglied hat eine Stimme.

Option 1 Mehrstimmrecht für Unternehmer eG:

Darüber hinaus gewährt jeder weitere voll eingezahlte Pflichtanteil eine weitere Stimme (Mehrstimmrecht). Hierfür ist der Stand am Ende des vorangegangenen Geschäftsjahres maßgeblich.

Mehrstimmrechte können vom einzelnen Mitglied nur bis zu höchstens einem Zehntel der in der Generalversammlung jeweils anwesenden Stimmen ausgeübt werden.[3]

Option 2 für eG mit investierenden Mitgliedern:

Die gültig abgegebenen Stimmen investierender Mitglieder dürfen nicht mehr als 10% der gültig abgegebenen Stimmen der förderfähigen Mitglieder ausmachen.[4] Das Verhältnis der Ja- und Nein-Stimmen der investierenden Mitglieder ist beizubehalten.

(3) Geschäftsunfähige, beschränkt geschäftsfähige sowie juristische Personen und Personengesellschaften üben ihr Stimmrecht durch den gesetzlichen Vertreter bzw. zur Vertretung ermächtigte Gesellschafter aus.

(4) Mitglieder, deren gesetzliche Vertreter oder zur Vertretung ermächtigte Gesellschafter können sich durch Bevollmächtigte vertreten lassen (§ 43 Abs. 5 Genossenschaftsgesetz). Mehrere Erben eines verstorbenen Mitglieds (§ 7) können das Stimmrecht nur durch einen gemeinschaftlichen Bevollmächtigten ausüben. Ein Bevollmächtigter kann nicht mehr als zwei Mitglieder vertreten. Bevollmächtigte können nur Mitglieder der Genossenschaft, Ehegatten oder Le-

1 Die komplette Satzung ist bei der DG Nexolution, Wiesbaden, erhältlich (Art. Nr. 102 018).

2 Zur Beschlussfassung durch elektronische Form vgl. § 43 Abs. 7 GenG.

3 Die Satzung kann weitere Begrenzungen der Mehrstimmenrechte vornehmen. Die Satzung kann den investierenden Mitgliedern das Stimmrecht auch gänzlich entziehen.

4 Weitere Einzelheiten zu den Stimmrechten der investierenden Mitglieder bedürfen der individuellen Beratung.

benspartner, Eltern, Kinder oder Geschwister eines Mitglieds sein oder müssen zum Vollmachtgeber in einem Gesellschafts- oder Anstellungsverhältnis stehen. (Optional bei investierenden Mitgliedern, wenn deren Stimmrecht nicht ausgeschlossen ist: Investierende Mitglieder können nur von anderen investierenden Mitgliedern bevollmächtigt werden.) Personen, an die die Mitteilung über den Ausschluss abgesandt ist (§ 9 Abs. 5), sowie Personen, die sich geschäftsmäßig zur Ausübung des Stimmrechts erbieten, können nicht bevollmächtigt werden.

(5) Stimmberechtigte gesetzliche bzw. ermächtigte Vertreter oder Bevollmächtigte müssen ihre Vertretungsbefugnis auf Verlangen des Versammlungsleiters schriftlich nachweisen. Die Regelung in § 36a Abs. 4 bleibt unberührt.

(6) Niemand kann für sich oder einen anderen das Stimmrecht ausüben, wenn darüber Beschluss gefasst wird, ob er oder das vertretene Mitglied zu entlasten oder von einer Verbindlichkeit zu befreien ist, oder ob die Genossenschaft gegen ihn oder das vertretene Mitglied einen Anspruch geltend machen soll. Er ist jedoch vor der Beschlussfassung zu hören.

§ 27 Frist und Tagungsort

(1) Die ordentliche Generalversammlung hat innerhalb der ersten sechs Monate nach Ablauf des Geschäftsjahres stattzufinden.

(2) Außerordentliche Generalversammlungen können nach Bedarf einberufen werden.

(3) Die Generalversammlung findet am Sitz der Genossenschaft statt, soweit nicht Vorstand und Aufsichtsrat einen anderen Tagungsort oder deren ausschließlich schriftliche und/oder elektronische Durchführung festlegen.

§ 28 Einberufung und Tagesordnung

(1) Die Generalversammlung wird durch den Aufsichtsrat, vertreten durch dessen Vorsitzenden, einberufen. Die Rechte des Vorstands gemäß § 44 Abs. 1 GenG bleiben unberührt.

(2) Die Mitglieder der Genossenschaft können in Textform unter Angabe des Zwecks und der Gründe die Einberufung einer Generalversammlung verlangen. Hierzu bedarf es mindestens des zehnten Teils der Mitglieder.

(3) Die Generalversammlung wird durch unmittelbare Benachrichtigung sämtlicher Mitglieder in Textform[1] oder durch Bekanntmachung in der papierhaften Ausgabe der ...unter Einhaltung einer Frist von mindestens zwei Wochen, die

1 Vgl. §§ 126 ff. BGB.

zwischen dem Tag des Zugangs (Abs. 7) und dem Tag der Generalversammlung liegen muss, einberufen. Bei der Einberufung ist die Tagesordnung bekannt zu machen. Die §§ 36a bis 36c bleiben unberührt.

(4) Die Tagesordnung wird von dem Organ festgesetzt, das die Generalversammlung einberuft. Mitglieder der Genossenschaft können in Textform unter Angabe des Zwecks und der Gründe verlangen, dass Gegenstände zur Beschlussfassung in der Generalversammlung angekündigt werden. Hierzu bedarf es mindestens des zehnten Teils der Mitglieder.

(5) Über die Gegenstände, deren Verhandlung nicht mindestens eine Woche vor der Generalversammlung angekündigt ist, können Beschlüsse nicht gefasst werden; hiervon sind jedoch Beschlüsse über den Ablauf der Versammlung sowie über Anträge auf Berufung einer außerordentlichen Generalversammlung ausgenommen.

(6) Zu Anträgen und Verhandlungen ohne Beschlussfassung bedarf es der Ankündigung nicht.

(7) In den Fällen der Absätze 3 und 5 gelten die entsprechenden Mitteilungen als zugegangen, wenn sie zwei Tage vor Beginn der Frist abgesendet worden sind.

§ 29 Versammlungsleitung

Den Vorsitz in der Generalversammlung führt der Vorsitzende des Aufsichtsrats oder sein Stellvertreter. Sofern die Generalversammlung durch den Vorstand einberufen worden ist, führt ein Mitglied des Vorstands den Vorsitz. Durch Beschluss kann der Vorsitz einem anderen Mitglied der Genossenschaft oder einem Vertreter des gesetzlichen Prüfungsverbandes übertragen werden. Der Vorsitzende der Generalversammlung ernennt einen Schriftführer und die erforderlichen Stimmenzähler.

§ 30 Gegenstände der Beschlussfassung

Der Beschlussfassung der Generalversammlung unterliegen neben den in dieser Satzung bezeichneten sonstigen Angelegenheiten insbesondere

a) Änderung der Satzung;[1]

---

1 Nunmehr auch:
Einführung oder Erhöhung eines Mindestkapitals
Einschränkung des Anspruchs des Mitglieds auf Auszahlung des Auseinandersetzungsguthabens
Einführung der Möglichkeit, investierende Mitglieder zuzulassen Einführung oder Erweiterung einer Verpflichtung der Mitglieder zur Zahlung laufender Beiträge für Leistungen, welche die Genossenschaft den Mitgliedern erbringt. [Regelung noch umstritten]

b) Auflösung der Genossenschaft;

c) Fortsetzung der Genossenschaft nach beschlossener Auflösung;

d) Verschmelzung, Spaltung und Formwechsel der Genossenschaft nach den Vorschriften des Umwandlungsgesetzes;

e) Austritt aus genossenschaftlichen Verbänden und Vereinigungen;

f) Widerruf der Bestellung von Mitgliedern des Aufsichtsrats;

g) Feststellung des Jahresabschlusses, Verwendung des Jahresüberschusses oder Deckung des Jahresfehlbetrages sowie der Umfang der Bekanntgabe des Prüfungsberichts;

h) Entlastung des Vorstands und des Aufsichtsrats;

i) Wahl der Mitglieder des Aufsichtsrats und Festsetzung ihrer Vergütungen;

j) Ausschluss von Vorstands- und Aufsichtsratsmitgliedern aus der Genossenschaft;

k) Wahl von Bevollmächtigten zur Führung von Prozessen gegen Aufsichtsratsmitglieder wegen ihrer Organstellung;

l) Festsetzung der Beschränkungen bei Kreditgewährung gemäß § 49 des Genossenschaftsgesetzes;

m) Festsetzung eines Eintrittsgeldes.

n) Festsetzung laufender Beiträge gemäß § 12 Buchstabe g)

§ 31 Mehrheitserfordernisse

(1) Die Beschlüsse der Generalversammlung bedürfen der einfachen Mehrheit der abgegebenen Stimmen, soweit nicht das Gesetz oder diese Satzung eine größere Mehrheit vorschreibt.

(2) Eine Mehrheit von drei Vierteln der abgegebenen Stimmen ist in den in § 30 Buchstabe a) – f), j) und n) genannten Fällen erforderlich.

(3) Vor der Beschlussfassung über die Verschmelzung, die Spaltung oder den Formwechsel nach den Vorschriften des Umwandlungsgesetzes, sowie vor der Beschlussfassung über die Fortsetzung der aufgelösten Genossenschaft ist der Prüfungsverband zu hören. Ein Gutachten des Prüfungsverbandes ist vom Vorstand rechtzeitig zu beantragen und in der Generalversammlung zu verlesen.

§ 32 Entlastung

Über die Entlastung von Vorstand und Aufsichtsrat ist getrennt abzustimmen; hierbei haben weder die Mitglieder des Vorstands noch des Aufsichtsrats ein Stimmrecht.

§ 33 Abstimmung und Wahlen

(1) Abstimmungen und Wahlen erfolgen in der Generalversammlung offen. Abstimmungen oder Wahlen müssen geheim durchgeführt werden, wenn der Vorstand, der Aufsichtsrat oder die Mehrheit der bei einer Beschlussfassung hierüber gültig abgegebenen Stimmen es verlangt.

(2) Bei Stimmengleichheit gilt ein Antrag als abgelehnt; bei Wahlen entscheidet in diesem Fall das Los.

(3) Bei der Feststellung des Stimmenverhältnisses werden nur die abgegebenen Stimmen gezählt; Stimmenthaltungen und ungültige Stimmen werden dabei nicht berücksichtigt.

(4) Wird eine Wahl offen durchgeführt, so ist für jedes zu vergebende Mandat ein besonderer Wahlgang erforderlich. Gewählt ist, wer die meisten Stimmen erhalten hat. Sind nicht mehr Kandidaten vorgeschlagen, als Mandate zu besetzen sind, so kann gemeinsam (en bloc) abgestimmt werden, sofern dem nicht widersprochen wird.

(5) Wird eine Wahl geheim durchgeführt, so hat jeder Wahlberechtigte so viele Stimmen, wie Mandate zu vergeben sind. Der Wahlberechtigte bezeichnet auf dem Stimmzettel die Bewerber, denen er seine Stimme geben will; auf einen Bewerber kann dabei nur eine Stimme entfallen. Gewählt sind die Bewerber, die die meisten Stimmen erhalten.

(6) Der Gewählte hat spätestens unverzüglich nach der Wahl gegenüber der Genossenschaft zu erklären, ob er die Wahl annimmt.

Option:

(7) Hat die Genossenschaft Mehrstimmrechte vergeben, ist bei jeder Beschlussfassung die Zahl der anwesenden Stimmen festzustellen.

§ 34 Auskunftsrecht

(1) Jedem Mitglied ist auf Verlangen in der Generalversammlung Auskunft über Angelegenheiten der Genossenschaft zu geben, soweit das zur sachgemäßen

Beurteilung des Gegenstands der Tagesordnung erforderlich ist. Die Auskunft erteilt der Vorstand oder der Aufsichtsrat.

(2) Die Auskunft darf verweigert werden, soweit

a) die Erteilung der Auskunft nach vernünftiger kaufmännischer Beurteilung geeignet ist, der Genossenschaft einen nicht unerheblichen Nachteil zuzufügen;

b) sich die Frage auf die Einkaufsbedingungen der Genossenschaft und deren Kalkulationsgrundlagen bezieht;

c) die Frage steuerliche Wertansätze betrifft;

d) die Erteilung der Auskunft strafbar wäre oder eine gesetzliche, satzungsmäßige oder vertragliche Geheimhaltungspflicht verletzt würde;

e) das Auskunftsverlangen die persönlichen oder geschäftlichen Verhältnisse eines Dritten betrifft;

f) es sich um arbeitsvertragliche Vereinbarungen mit Vorstandsmitgliedern oder Mitarbeitern der Genossenschaft handelt.

§ 35 Protokoll

(1) Die Beschlüsse der Generalversammlung sind zu Beweiszwecken zu protokollieren. Die Protokolle sind fortlaufend zu nummerieren. Die Protokollierung ist nicht Voraussetzung für die Rechtswirksamkeit der Beschlüsse.

(2) Die Protokollierung muss spätestens innerhalb von zwei Wochen nach dem Schluss der Generalversammlung erfolgen. Dabei sollen Ort und Tag oder Zeitraum der Versammlung, Name des Versammlungsleiters sowie Art und Ergebnis der Abstimmungen und die Feststellung des Versammlungsleiters über die Beschlussfassung angegeben werden. Das Protokoll muss von dem Vorsitzenden der Generalversammlung, dem Schriftführer und mindestens einem anwesenden Vorstandsmitglied unterschrieben werden. Dem Protokoll sind die Belege über die Einberufung als Anlagen beizufügen.

(3) Dem Protokoll ist in den Fällen des § 47 Abs. 3 GenG ein Verzeichnis der erschienenen oder vertretenen Mitglieder und der Vertreter der Mitglieder beizufügen. Bei jedem erschienenen oder vertretenen Mitglied ist dessen Stimmenzahl zu vermerken.

(4) Das Protokoll ist mit den dazugehörenden Anlagen aufzubewahren. Die Einsichtnahme in das Protokoll ist jedem Mitglied der Genossenschaft zu gestatten.

(5) Zusätzlich ist der Niederschrift im Fall der §§ 36a, 36b der Satzung ein Verzeichnis über die an der Beschlussfassung mitwirkenden Mitglieder beizufügen und darin die Art der Stimmabgabe zu vermerken.

§ 36 Teilnahmerecht der Verbände

Vertreter des Prüfungsverbandes können an jeder Generalversammlung beratend teilnehmen.

§ 36a Schriftliche oder elektronische Durchführung der Generalversammlung (virtuelle Generalversammlung), elektronische Teilnahme an einer Präsenzversammlung

(1) Die Generalversammlung kann auch ohne physische Präsenz der Mitglieder abgehalten werden (virtuelle Generalversammlung). In diesem Fall sind den Mitgliedern zusammen mit der Einberufung sämtliche Informationen mitzuteilen, die zur uneingeschränkten Teilnahme an der Generalversammlung benötigt werden. Dazu gehören insbesondere Informationen über evtl. Zugangsdaten sowie darüber hinaus, auf welche Weise das Rede-, Antrags-, Auskunfts- und Stimmrecht ausgeübt werden kann und wie und bis wann die schriftliche oder elektronische Stimmabgabe zu erfolgen hat.

(2) Die Teilnahme an der virtuellen Generalversammlung kann dergestalt erfolgen, dass die technische Ausgestaltung eine Zwei-Wege-Kommunikation der Mitglieder mit den Organen und untereinander in der Generalversammlung ermöglicht.

(3) Die Teilnahme an der virtuellen Generalversammlung kann auch dergestalt erfolgen, dass die Zwei-Wege-Kommunikation der Mitglieder mit den Organen und untereinander in einer dem Abstimmungsvorgang vorgelagerten Diskussionsphase ermöglicht wird. Der Zeitraum zwischen dem Beginn der Diskussionsphase und dem Abschluss der Abstimmungsphase stellt in diesem Fall die Generalversammlung dar. Ist eine Frist zu berechnen, ist in diesem Fall hinsichtlich des Tags der Generalversammlung auf den Beginn der Diskussionsphase und hinsichtlich des Schlusses der Generalversammlung auf das Ende der Abstimmungsphase abzustellen.

(4) Die Ausübung von Stimmvollmachten (§ 26 Abs. 4) in einer virtuellen Generalversammlung ist zulässig, wenn die Vollmacht dem Vorstand mindestens eine Woche vor dem Tag der Generalversammlung in schriftlicher Form nachgewiesen wird.

(5) Die Mitglieder können an der Generalversammlung auch ohne Anwesenheit in einer Präsenzversammlung teilnehmen und ihre Rechte im Wege elektronischer Kommunikation ausüben (elektronische Teilnahme an einer Präsenzversammlung), wenn der Vorstand dies mit Zustimmung des Aufsichtsrats festlegt. Im Übrigen gelten die vorstehenden Absätze.

§ 36b Schriftliche oder elektronische Mitwirkung an der Beschlussfassung einer nur als Präsenzversammlung durchgeführten Generalversammlung

(1) Ist gestattet worden, an der Beschlussfassung einer nur als Präsenzversammlung durchgeführten Generalversammlung schriftlich oder im Wege elektronischer Kommunikation mitzuwirken, ist zusammen mit der Einberufung mitzuteilen, wie und bis wann die schriftliche oder elektronische Stimmabgabe zu erfolgen hat.

(2) § 36a Abs. 4 gilt entsprechend.

§ 36c Übertragung der Generalversammlung in Bild und Ton

Die Übertragung der Generalversammlung in Bild und Ton ist zulässig. Die Entscheidung darüber, ob und auf welche Weise die Generalversammlung in Bild und Ton übertragen wird, obliegt dem Vorstand mit Zustimmung des Aufsichtsrats. Die Art und Weise der Übertragung ist mit der Einberufung bekannt zu machen.

4a. Muster-Wahlordnung zur Vertreterversammlung (Listenwahl) – Fassung 11.20[1]

§ 1 Wahlturnus, Zahl der Vertreter

(1) Gemäß § 26c Abs. 1 Satz 1 der Satzung findet die Wahl zur Vertreterversammlung alle vier Jahre statt. Für je volle Mitglieder ist ein Vertreter zu wählen; maßgeblich ist der Mitgliederstand am letzten Tag des der Wahl vorhergegangenen Geschäftsjahres. Gemäß § 26c Abs. 1 Satz 4 der Satzung sind zusätzlich – unter Festlegung der Reihenfolge ihres Nachrückens – mindestens fünf Ersatzvertreter zu wählen; der Wahlausschuss legt die konkrete Zahl der Ersatzvertreter fest.

(2) Eine vorzeitige Neuwahl zur Vertreterversammlung findet statt, wenn die Zahl der Vertreter unter Berücksichtigung nachgerückter Ersatzvertreter unter die gesetzliche Mindestzahl von 50 sinkt.

§ 2 Wahlausschuss

(1) Vorbereitung und Durchführung der Wahl sowie alle damit zusammenhängenden Entscheidungen obliegen einem Wahlausschuss. Der Wahlausschuss soll vor jeder Neuwahl zur Vertreterversammlung gebildet werden; er bleibt jedoch im Amt, bis ein neuer Wahlausschuss gebildet ist.

(2) Der Wahlausschuss besteht aus Mitgliedern des Vorstands, aus Mitgliedern des Aufsichtsrats und aus Mitgliedern der Genossenschaft. Die Mitglieder des Vorstands für den Wahlausschuss werden vom Vorstand, die des Aufsichtsrats vom Aufsichtsrat benannt. Die Mitglieder der Genossenschaft für den Wahlausschuss werden von der Vertreterversammlung gewählt; sie müssen die Voraussetzungen des §26b der Satzung erfüllen. Die Zahl der in den Ausschuss zu wählenden Genossenschaftsmitglieder muss die Zahl der von Vorstand und Aufsichtsrat benannten Mitglieder übersteigen. Scheiden Mitglieder vorzeitig aus dem Wahlausschuss aus, so besteht der Wahlausschuss für den Rest seiner Amtszeit aus den verbleibenden Mitgliedern; eine Ergänzungswahl ist nur erforderlich, wenn die Zahl der Mitglieder des Wahlausschusses unter drei sinkt.

(3) Der Wahlausschuss wählt aus seiner Mitte einen Vorsitzenden und dessen Stellvertreter.

---

1 Der nachstehende Text ist bei der DG Nexolution, Wiesbaden, erhältlich (Art. Nr. 101 500).

(4) Der Wahlausschuss ist beschlussfähig, wenn mehr als die Hälfte seiner Mitglieder anwesend ist. Er fasst seine Beschlüsse mit Mehrheit der gültig abgegebenen Stimmen. § 25 Abs. 3 der Satzung findet entsprechende Anwendung.

(5) Die Wahrnehmung der in § 7 Abs. 1 und § 9 Abs. 3 genannten Aufgaben kann der Wahlausschuss einzelnen oder mehreren seiner Mitglieder übertragen.

§ 3 Wahllisten

(1) Der Wahlausschuss stellt eine Liste der Kandidaten (Vertreter und Ersatzvertreter) für die Vertreterversammlung auf (Wahlliste). Weitere Listen können von den Mitgliedern der Genossenschaft an den Wahlausschuss eingereicht werden; dafür bedarf es mindestens der Unterschrift von 150Mitgliedern. In jeder Wahlliste sind die Kandidaten in erkennbarer Reihenfolge unter fortlaufender Nummer und unter Angabe von Namen sowie den Anschriften, Telefonnummern oder E-Mail-Adressen aufzuführen. Eine Liste kann nur berücksichtigt werden, wenn sie die Voraussetzungen erfüllt. In Zweifelsfällen entscheidet der Wahlausschuss.

(2) Ein Mitglied kann nur auf einer Liste kandidieren.

(3) Die Kandidaten sollen von ihrer beabsichtigten Aufstellung rechtzeitig benachrichtigt werden. Die Benachrichtigung der Kandidaten kann im Auftrag des Wahlausschusses durch den Vorstand erfolgen.

§ 4 Auslegung der Wahlliste

Die vom Wahlausschuss aufgestellte Wahlliste ist in den Geschäftsräumen der Genossenschaft oder an einer anderen bekannt zu machenden Stelle für die Dauer von vier Wochen für alle Mitglieder zur Einsicht auszulegen. Dies ist vom Vorsitzenden des Wahlausschusses oder seinem Stellvertreter in der durch § 46 der Satzung bestimmten Form bekannt zu machen unter Hinweis darauf, dass weitere Listen innerhalb von zwei Wochen nach Bekanntmachung eingereicht werden können; vorher eingereichte Listen können nicht berücksichtigt werden. Werden weitere Listen eingereicht, so sind diese Listen anschließend an die Liste des Wahlausschusses zu nummerieren und zusammen mit dieser für die Restdauer der Frist nach Satz 1 auszulegen. Das Auslegen weiterer Listen ist nicht bekannt zu machen.

§ 5 Ort und Zeit der Wahl

Der Wahlausschuss hat Ort und Zeit sowie die Art der Stimmabgabe (im Wahlraum, durch Briefwahl oder durch Online-Vertreterwahl) zu bestimmen; eine Kombination mehrerer Arten der Stimmabgabe ist möglich. Der Vorsitzende des

Wahlausschusses oder sein Stellvertreter hat dies in der durch §46 der Satzung bestimmten Form bekannt zu machen.

§ 6 Stimmabgabe

(1) Die Wahl findet geheim, mittels papierhaftem oder elektronischem Stimmzettel statt.

(2) Steht nur eine Liste zur Wahl, so wird in der Weise abgestimmt, dass jeder Wähler seine Stimme durch „Ja" oder „Nein" auf dem Stimmzettel abgibt. Anders beschriebene Stimmzettel sind ungültig.

(3) Sind mehrere Listen eingereicht, so bezeichnet jeder Wähler auf dem Stimmzettel die Nummer der Liste, der er seine Stimme geben will; anders beschriebene Stimmzettel sind ungültig.

§ 6a Schriftliche Stimmabgabe (Briefwahl)

(1) Hat der Wahlausschuss die Briefwahl bestimmt, gelten für die Briefwahl die Absätze 2 bis 5.

(2) Jedes Mitglied kann seine Stimme durch Briefwahl abgeben. Dem Mitglied wird auf sein Verlangen, im Fall der ausschließlichen Briefwahl unaufgefordert,

a) der Stimmzettel und ein Wahlumschlag,

b) eine vorgedruckte, von dem Mitglied unter Angabe von Name und Anschrift abzugebende Erklärung, in der gegenüber dem Wahlausschuss zu versichern ist, dass der Stimmzettel persönlich gekennzeichnet wurde, sowie

c) ein größerer Freiumschlag (Wahlbrief), der die Anschrift des Wahlausschusses sowie den Vermerk „Schriftliche Stimmabgabe" trägt, ausgehändigt oder übersendet. Der Wahlausschuss veranlasst, dass die Aushändigung oder Übersendung in der Wählerliste vermerkt wird.

(3) Die schriftliche Stimmabgabe erfolgt in der Weise, dass das Mitglied

a) den Stimmzettel unbeobachtet persönlich kennzeichnet, faltet und in den zugehörigen Wahlumschlag verschließt;

b) die vorgedruckte Erklärung unter Angabe des Ortes und des Datums unterschreibt und

c) den Wahlbrief so rechtzeitig an den Wahlausschuss absendet oder übergibt, dass er innerhalb der vom Wahlausschuss nach § 5 bestimmten Zeit vorliegt. Im Übrigen gilt § 6.

(4) Unmittelbar nach Abschluss der Stimmabgaben öffnet ein Mitglied des Wahlausschusses in Anwesenheit von mindestens zwei weiteren Mitgliedern des Wahlausschusses die bis zu diesem Zeitpunkt eingegangenen Wahlbriefe und entnimmt die Wahlumschläge sowie die vorgedruckten Erklärungen. Ist die schriftliche Stimmabgabe ordnungsgemäß erfolgt, vermerkt der Wahlausschuss die Stimmabgabe in der Wählerliste und legt die Wahlumschläge ungeöffnet in die Wahlurne. Im Übrigen gilt § 7.

(5) Verspätet eingehende Wahlbriefe nimmt der Wahlausschuss mit einem Vermerk über den Zeitpunkt des Zugangs ungeöffnet zu den Wahlunterlagen.

(6) Sämtliche Wahlbriefe sind für die Amtszeit der durch die betreffende Wahl gewählten Vertreter aufzubewahren.

§ 6b Elektronisches Wahlverfahren (Online-Vertreterwahl)

(1) Hat der Wahlausschuss die Online-Vertreterwahl bestimmt, gelten für die Online-Vertreterwahl die folgenden Regelungen.

(2) Jedes Mitglied kann seine Stimme in elektronischer Form durch Übermittlung eines elektronischen Stimmzettels abgeben. Hierzu werden dem Mitglied auf sein Verlangen, im Fall der ausschließlichen Online-Vertreterwahl unaufgefordert, die erforderlichen Wahlunterlagen (Wahlschreiben mit Verfahrensbeschreibung der Online-Vertreterwahl und Hinweise auf die zur Authentifizierung erforderlichen Informationen) übermittelt. Der Wahlausschuss veranlasst, dass die Übermittlung in der Wählerliste vermerkt wird.

(3) Die elektronische Stimmabgabe ist nur nach vorheriger Anmeldung und Authentifizierung des Mitglieds am Online-Wahlprodukt möglich. Dies erfolgt gemäß der Verfahrensbeschreibung der Online-Vertreterwahl nach Abs. 2.

(4) Bis zur endgültigen Stimmabgabe kann die Eingabe korrigiert werden. Eine Übermittlung des elektronischen Stimmzettels ist erst nach Bestätigung der Eingabe durch das Mitglied möglich (endgültige Stimmabgabe). Die erfolgreiche Übermittlung (Speicherung des elektronischen Stimmzettels in der elektronischen Urne) wird dem Mitglied auf dem zur Durchführung der Wahl genutzten Endgerät angezeigt. Mit der Anzeige gilt die Stimmabgabe als vollzogen. Im Übrigen gilt § 6.

(5) Unmittelbar nach Abschluss der Stimmabgaben veranlasst der Wahlausschuss die Auszählung der elektronisch abgegebenen Stimmen. Das Auszählungsergebnis wird durch einen vom Vorsitzenden des Wahlausschusses und einem weiteren Mitglied des Wahlausschusses unterzeichneten Ausdruck des Wahlergebnisses durch den Wahlausschuss festgestellt. Der Auszählungsprozess

muss reproduzierbar sein, insbesondere um die Ordnungsmäßigkeit der Auszählung nachprüfen zu können. Im Übrigen gilt § 7 entsprechend.

§ 6c Anforderungen an die Online-Vertreterwahl/das Online-Wahlprodukt

(1) Die Wahlgrundsätze gemäß § 43a Abs. 4 Satz 1 GenG müssen durch die Online-Vertreterwahl jederzeit eingehalten werden. Insbesondere muss sichergestellt sein,

a) dass jedes Mitglied sein Stimmrecht nur einmal ausüben kann;

b) dass die Speicherung der endgültigen Stimmabgabe in der elektronischen Urne anonymisiert und so erfolgt, dass eine Nachvollziehbarkeit der Reihenfolge des Stimmeingangs ausgeschlossen ist;

c) dass keine Speicherung des elektronischen Stimmzettels auf dem zur Eingabe benutzten Endgerät erfolgt bzw. sonstige Rückschlüsse auf das Abstimmverhalten möglich sind und

d) dass eine Veränderung des elektronischen Stimmzettels nach der Übermittlung ausgeschlossen ist.

Weitere Einzelheiten kann der Wahlausschuss festlegen.

(2) Das zur Durchführung der elektronischen Wahl eingesetzte Online-Wahlprodukt muss dem jeweiligen Stand der Technik genügen, insbesondere den entsprechenden Anforderungen des Bundesamtes für Sicherheit in der Informationstechnik. Das Online-Wahlprodukt muss insbesondere durch geeignete technische Maßnahmen gewährleisten,

a) dass im Falle des Ausfalls oder der Störung eingesetzter Technik keine Stimmdaten unwiederbringlich verloren gehen;

b) dass das Übertragungsverfahren der Stimmdaten vor Ausspäh- und Entschlüsselungsversuchen geschützt ist;

c) dass die Übertragungswege zur Überprüfung der Stimmberechtigung des Mitglieds sowie zur Registrierung der Stimmabgabe im Wählerverzeichnis und die Stimmabgabe in die elektronische Urne so gestaltet sind, dass zu keiner Zeit eine Zuordnung der Stimmdaten zum Mitglied möglich ist;

d) dass die Übermittlung der Stimmdaten Ende-zu-Ende verschlüsselt erfolgt und

e) dass bei der Übermittlung und Verarbeitung der Stimmdaten gewährleistet ist, dass bei der Registrierung der Stimmabgabe im Wählerverzeichnis kein Zugriff auf den Inhalt der Stimmdaten möglich ist.

(3) Der Wahlausschuss überzeugt sich davon, dass die wesentlichen Anforderungen an die Online-Vertreterwahl/das Online-Wahlprodukt eingehalten werden. Der Dienstleister, der der Genossenschaft das Online-Wahlprodukt zur Verfügung gestellt hat, hat dem Wahlausschuss nach Durchführung der Wahl ein Protokoll auszuhändigen, in dem der Dienstleister bestätigt, dass das Wahlverfahren technisch ordnungsgemäß erfolgte und den Anforderungen des Bundesamtes für Sicherheit in der Informationstechnik genügte.

§ 6d Störung der Online-Vertreterwahl

(1) Störungen der Online-Vertreterwahl werden wie folgt behandelt:

a) Störungen, die ohne Gefahr eines vorzeitigen Bekanntwerdens oder Löschens der Stimmdaten behoben werden können und bei denen eine Stimmmanipulation ausgeschlossen ist, können durch den Wahlausschuss ohne Unterbrechung der Wahl behoben werden.

b) Störungen, bei denen die nach Buchst. a) beschriebenen Gefahren nicht ausgeschlossen werden können, führen zur Unterbrechung der Wahl. Können die beschriebenen Gefahren im Anschluss behoben werden, kann die Wahl fortgesetzt werden. Ist dies mit vertretbarem Zeitaufwand nicht möglich, wird die Vertreterwahl insgesamt durch den Wahlausschuss endgültig abgebrochen.

(2) Störungen und Maßnahmen sind durch den Wahlausschuss in der Niederschrift gemäß § 8 Abs. 4 zu vermerken.

§ 7 Durchführung der Wahl

(1) Die Wahl findet unter Aufsicht des Wahlausschusses statt. Eine Delegation auf Mitarbeiter und/oder Mitglieder der Genossenschaft (Wahlhelfer) ist zulässig.

(2) Sofern für die gewählte Art der Stimmabgabe in den vorstehenden Normen nichts anderes normiert ist, sind für die Wahl vom Vorsitzenden des Wahlausschusses oder dessen Stellvertreter zu verschließende Urnen zu verwenden. Unmittelbar nach Abschluss der Stimmabgaben werden die Urnen von einem Mitglied des Wahlausschusses in Anwesenheit von mindestens zwei weiteren Mitgliedern des Wahlausschusses geöffnet und von diesen die Stimmzählung gemeinsam vorgenommen.

(3) Jedes Mitglied darf sein Wahlrecht nur einmal und grundsätzlich nur persönlich ausüben, unbeschadet der Vertretungsregelungen in § 26d der Satzung.

§ 8 Feststellung des Wahlergebnisses

(1) Die nach § 7 Abs. 2 Satz 2 tätigen Mitglieder des Wahlausschusses haben das Ergebnis der Vertreterwahl festzustellen.

(2) Stand nur eine Liste zur Wahl, ist sie gewählt, wenn sie die Mehrheit der gültig abgegebenen Stimmen erhalten hat. Wird diese Mehrheit nicht erreicht, so findet eine neue Wahl statt; auch für diese gelten die Vorschriften dieser Wahlordnung.

(3) Standen mehrere Listen zur Wahl, gilt der Grundsatz der Verhältniswahl (d'Hondt'sches System); wenn die niedrigste in Betracht kommende Höchstzahl auf mehrere Vorschlagslisten entfällt, so entscheidet das vom Vorsitzenden des Wahlausschusses oder dessen Stellvertreter gezogene Los darüber, welcher Vorschlagsliste dieser Sitz zufällt. § 25 Abs. 2 BetrVG findet entsprechende Anwendung.

(4) Über die Tätigkeit des Wahlausschusses sowie über die Durchführung und das Ergebnis der Wahl ist eine Niederschrift anzufertigen, die von dem Vorsitzenden des Wahlausschusses oder dessen Stellvertreter zu unterzeichnen ist. Die Niederschrift ist zu den Akten der Genossenschaft zu nehmen. Abschriften sind allen Mitgliedern des Wahlausschusses von seinem Vorsitzenden oder dessen Stellvertreter zu übersenden.

§ 9 Annahme der Wahl

(1) Nach Feststellung des Wahlergebnisses sind die gewählten Vertreter und Ersatzvertreter unverzüglich von ihrer Wahl in Textform zu benachrichtigen. Dies geschieht durch den Vorsitzenden des Wahlausschusses oder dessen Stellvertreter; die Benachrichtigung kann auch im Auftrag des Wahlausschusses durch den Vorstand erfolgen.

(2) Lehnt ein Gewählter innerhalb der ihm bei der Mitteilung seiner Wahl zu setzenden Frist von zwei Wochen die Wahl nicht ab, so gilt diese als von ihm angenommen.

(3) Der Wahlausschuss hat festzustellen,

a) wer die Wahl als Vertreter und Ersatzvertreter angenommen hat,

b) ob und wann eine neue Vertreterversammlung gemäß § 26f der Satzung zustande gekommen ist.

(4) Über diese Feststellungen ist eine Niederschrift anzufertigen; es gilt § 8 Abs. 4.

§ 10 Bekanntmachung der gewählten Vertreter

Eine Liste mit den Namen sowie den Anschriften, Telefonnummern oder E-Mail-Adressen der gewählten Vertreter und der gewählten Ersatzvertreter ist zur Einsichtnahme für die Mitglieder mindestens zwei Wochen lang in den Geschäftsräumen der Genossenschaft und ihren Niederlassungen auszulegen oder bis zum Ende der Amtszeit der Vertreter im nichtöffentlichen Mitgliederbereich auf der Internetseite der Genossenschaft zugänglich zu machen. Dies ist in der durch § 46 der Satzung bestimmten Form bekannt zu machen, nachdem der Wahlausschuss die Feststellungen nach § 9 Abs. 3 getroffen hat. Die Frist für die Auslegung oder Zugänglichmachung beginnt mit der Bekanntmachung. In der Bekanntmachung ist darauf hinzuweisen, dass jedes Mitglied jederzeit eine Abschrift der Liste der Vertreter und Ersatzvertreter verlangen kann.

§ 11 Auslegung der Wahlordnung, Bereitstellung im Internet

Die Wahlordnung ist im Wahlzeitraum in dem Wahllokal auszulegen, bei Durchführung der Briefwahl oder der Online-Vertreterwahl ist die Wahlordnung auf der Internetseite der Genossenschaft zur Einsichtnahme bereitzustellen. Die Mitglieder haben jederzeit Anspruch auf Einsichtnahme oder Aushändigung der Wahlordnung.

§ 12 Verschmelzung

(1) Nach einer Verschmelzung findet für den Bereich der übertragenden Genossenschaft eine Ergänzungswahl zur Vertreterversammlung der übernehmenden Genossenschaft statt.

(2) Die Vorbereitung und Durchführung der Wahl sowie alle damit zusammenhängenden Entscheidungen obliegen dem Wahlausschuss der übernehmenden Genossenschaft nach deren Wahlordnung. Abweichend von § 1 Abs. 1 Satz 2 Halbsatz 2 ist der Mitgliederbestand der übertragenden Genossenschaft am Stichtag der Schlussbilanz maßgeblich.

(3) Gewählt werden können nur Mitglieder der übertragenden Genossenschaft.

(4) Wahlberechtigt sind nur die Mitglieder der übertragenden Genossenschaft.

§ 13 Wahlanfechtung

Jedes wahlberechtigte Mitglied kann innerhalb einer Frist von sieben Tagen nach Ablauf der Auslegefrist (§ 10) bei dem Wahlausschuss die Wahl schriftlich anfechten, wenn gegen zwingende Bestimmungen des Genossenschaftsgesetzes, der Satzung oder der Wahlordnung verstoßen worden ist. Die Wahlanfechtung ist nicht begründet, wenn durch den gerügten Verstoß das Wahlergebnis nicht beeinflusst wird. Über die Anfechtung entscheidet der Wahlausschuss. Er gibt dem Anfechtenden seine Entscheidung schriftlich bekannt. § 51 GenG bleibt unberührt.

§ 14 Inkrafttreten der Wahlordnung

Die Änderung der Wahlordnung bedarf gemäß § 43a Abs. 4 GenG der Beschlussfassung der Generalversammlung/Vertreterversammlung, die Änderung tritt mit der Beschlussfassung in Kraft, soweit der Beschluss nicht einen späteren Zeitpunkt bestimmt.

4b. Erläuterungen – Wahlordnung zur Vertreterversammlung (Listenwahl) – Fassung 12.19[1]

Vorbemerkung

Diese Erläuterungen sollen eine Arbeitshilfe sein für die Einführung der neuen Wahlordnung (Listenwahl) und für die Mitglieder des Wahlausschusses bei der Vorbereitung und Durchführung künftiger Wahlen zur Vertreterversammlung (Listenwahl).

Die nachfolgenden Erläuterungen beziehen sich auf die Regelungen der überarbeiteten Wahlordnung zur Listenwahl (Stand: Dezember 2019). Die Überarbeitung ist aus Anlass von Änderungen des Genossenschaftsgesetzes (BGBl. I 2017, S. 2434) und Anregungen aus der Praxis vorgenommen worden. So ist nun beispielsweise die optionale Ausgestaltung der Online-Vertreterwahl in der Wahlordnung berücksichtigt; außerdem sind sprachliche Unklarheiten beseitigt worden.

Soweit auf Normen der Mustersatzung verwiesen wird, handelt es sich um Normen der Mustersatzung für Volksbanken und Raiffeisenbanken mit Vertreterversammlung (vgl. hierzu BVR-Rundschreiben vom 23.11.2017).

Erläuterungen

Zu § 1:

a) **Abs. 1 Satz 2 erster Halbsatz** sieht vor, dass für eine festzulegende Mitgliederzahl je ein Vertreter zu wählen ist. Das Wort „volle" soll dabei verdeutlichen, dass die individuell festgelegte Mitgliederzahl überschritten sein muss, damit ein weiterer Vertreter aufzustellen ist. Dabei muss zugleich sichergestellt sein, dass die Vertreterversammlung gemäß § 43a Abs. 3 GenG aus mindestens 50 Vertretern besteht.

   Abs. 1 Satz 2 letzter Halbsatz ist an die Regelung in § 26c Abs. 1 Satz 2 der Mustersatzung angepasst. Maßgeblich für die Berechnung der Anzahl der zu wählenden Vertreter und Ersatzvertreter ist hiernach der Mitgliederbestand am letzten Tag des der Wahl vorhergegangenen Geschäftsjahres. Damit sind auch die Mitglieder zu berücksichtigen, die bereits am ersten

1 Der nachstehende Text ist bei der DG Nexolution, Wiesbaden, erhältlich (Art. Nr. 101 550).

Tag des neuen Geschäftsjahres ausscheiden. Hiermit wird ein Gleichlauf mit § 26c Abs. 1 Satz 3 der Mustersatzung bewirkt.

Abs. 1 Satz 3 berücksichtigt die Gesetzeslage, wonach gemäß § 43a Abs. 5 Satz 1 GenG bei Wegfall eines Vertreters vor dessen Amtszeitablauf ein Ersatzvertreter seine Stelle einnimmt. Abs. 1 Satz 3 sieht daher vor, dass der Wahlausschuss zumindest eine Anzahl so vieler Ersatzvertreter zur Wahl vorschlagen sollte, wie erfahrungsgemäß für den Fall des Nachrückens bis zur nächsten Vertreterwahl notwendig sein werden. Die Regelung berücksichtigt zudem § 26c Abs. 1 Satz 4 der Mustersatzung, wonach mindestens fünf Ersatzvertreter von den Mitgliedern zu wählen sind.

b) Entsprechend dem Zweck des „Ersatzvertreters" wird durch Abs. 2 verdeutlicht, dass eine vorzeitige Neuwahl nur erforderlich ist, wenn weniger als 50 Vertreter vorhanden sind. Dies gilt auch für den Fall, dass weniger als 50 Vertreter die Wahl gemäß § 9 annehmen.

Zu § 2:

a) **Abs. 1** sieht vor, dass stets ein Wahlausschuss existieren muss, der vor jeder Vertreterwahl neu gewählt werden soll. Sollte einmal die Wahl eines Wahlausschusses unterlassen worden oder unwirksam sein, wäre der alte Wahlausschuss noch im Amt und damit noch in der Lage, die anstehende Vertreterwahl durchzuführen.

b) **Abs. 2 Satz 1** enthält Freifelder, in die die Anzahl der Mitglieder des Vorstands und des Aufsichtsrats im Wahlausschuss eingetragen werden kann. Es müssen nicht alle Vorstands- und Aufsichtsratsmitglieder Mitglieder des Wahlausschusses werden. Hierdurch soll im Interesse der Arbeitserleichterung die Bildung von zahlenmäßig zu großen Wahlausschüssen vermieden werden, zumal in jedem Fall sichergestellt werden muss, dass die einfachen Mitglieder die Mehrheit im Wahlausschuss haben. Sollen im Einzelfall alle Organmitglieder Mitglieder des Wahlausschusses sein, ist in Abs. 2 Satz 1 jeweils das Wort „den" anstelle der Freifelder einzufügen.

   Scheiden Mitglieder aus dem Wahlausschuss vorzeitig aus, so bleibt dieser rechtlich funktionsfähig, solange mindestens drei Wahlausschussmitglieder vorhanden sind. Dies gilt auch dann, wenn die Mitglieder des Wahlausschusses, die nicht dem Vorstand oder Aufsichtsrat angehören, durch das Ausscheiden eines Mitglieds nicht mehr die Mehrheit im Wahlausschuss haben.

c) **Abs. 5** enthält in Anlehnung an die bisherige Praxis die Ermächtigung, in bestimmten Fällen Aufgaben des Wahlausschusses auf einzelne seiner Mitglieder zu delegieren. So kann der Wahlausschuss die Beaufsichtigung der Durchführung der Wahl einzelnen oder mehreren seiner Mitglieder übertragen. Gleiches gilt für die Feststellung des Wahlergebnisses. Eine weitere Sitzung des Wahlausschusses ist damit nicht notwendig.

Zu § 3:

a) Diese Vorschrift ist von besonderer Bedeutung für die Frage der sachgerechten Zusammensetzung der Vertreterversammlung. Der Wahlausschuss sollte die verschiedenen Interessengruppen bei der Aufstellung seiner Liste entsprechend berücksichtigen. Hierdurch wird das Aufstellen weiterer Listen von Mitgliedergruppen vermieden werden können, die sich sonst in der Liste des Wahlausschusses nicht angemessen repräsentiert sähen.

b) Mit der Formulierung in Abs. 1 Satz 1 wird verdeutlicht, dass auch die Ersatzvertreter auf einer einheitlichen Liste aufzuführen sind. **Abs. 1 Satz 2 erster Halbsatz** sieht vor, dass weitere Wahllisten nur an den Wahlausschuss eingereicht werden können.

c) **Abs. 1 Satz 2 zweiter Halbsatz** setzt § 43a Abs. 4 Satz 6 GenG um, der eine Zustimmung von 150 Mitgliedern für ausreichend erachtet, um einen Wahlvorschlag einzureichen (vgl. auch § 11 Buchstabe e der Mustersatzung). Dies geht auf die Erwägung zurück, dass Wahlvorschläge aus den Reihen der Mitglieder nicht durch unverhältnismäßig hohe Zulässigkeitsanforderungen unmöglich gemacht werden dürfen (hierzu auch KG Berlin, Urteil vom 17. Februar 2011, Az.: 19 U 79/10). Nähere Erläuterungen zu der Frage, wie ein Wahlvorschlag beschaffen zu sein hat, lassen sich weder dem Gesetz noch der Gesetzbegründung zu § 43a Abs. 4 Satz 6 GenG entnehmen. Aus diesem Grund sind in Abs. 1 Satz 3 Mindestvoraussetzungen für Wahllisten näher erläutert. Die Anzahl der Unterschriften unter einer weiteren Wahlliste sowie die Einhaltung der sonstigen Voraussetzungen sind vom Wahlausschuss zu prüfen. Unvollständige Listen sind durch eine Entscheidung nach § 3 Abs. 1 Satz 5 zurückzuweisen.

d) Durch **Abs. 2** werden Schwierigkeiten vermieden, die auftreten können, wenn ein Mitglied auf mehreren Listen kandidiert. Die zusätzliche Kandidatur auf einer weiteren Liste im Sinne des § 3 Abs. 1 Satz 2 ist unwirksam. Umfasst eine Liste nicht die nach § 3 Abs. 1 Satz 3 erforderliche Anzahl von Vertretern und Ersatzvertretern, hat der Wahlausschuss die Liste zurückzuweisen.

e) **Abs. 3 Satz 2** eröffnet insbesondere die Möglichkeit, den Vorstand mit der Benachrichtigung zu beauftragen.

Zu § 4:

In § 4 Satz 1 ist eine Auslagefrist von vier Wochen vorgesehen, da die in Satz 2 erwähnten weiteren Listen ebenfalls mind. zwei Wochen gemeinsam mit der Liste des Wahlausschusses ausliegen sollen. Gemäß § 4 Satz 2 ist die Auslage der vom Wahlausschuss aufgestellten Wahlliste in den Geschäftsräumen der Genossenschaft vom Vorsitzenden des Wahlausschusses oder seinem Stellvertreter in der satzungsmäßig bestimmten Form (vgl. hierzu die Bekanntmachungsvorgaben in § 46 Abs. 1 und Abs. 3 der Mustersatzung) bekannt zu machen. § 4 bezweckt in den Sätzen 2, 3 und 4 die Klarstellung, welche Listen in welchem Zeitraum in welcher Form auszulegen bzw. bekannt zu machen sind.

Zu § 5:

Durch den Wahlausschuss ist zu bestimmen, wann und an welchen Orten die Wahl stattfinden soll. Diese Entscheidung ist in der satzungsmäßig bestimmten Form (vgl. hierzu die Bekanntmachungsvorgaben in § 46 Abs. 1 und Abs. 3 der Mustersatzung) bekannt zu machen. Gegenstand des Beschlusses und der Bekanntmachung ist auch die Art der Stimmabgabe (Stimmabgabe im Wahlraum, Stimmabgabe per Briefwahl, Stimmabgabe im elektronischen Wahlverfahren). Entscheidet sich der Wahlausschuss dazu, mehrere dieser Arten zu kombinieren, ist dies in der Bekanntmachung mitzuteilen.

Zu § 6:

a) **Abs. 1** ermöglicht die Stimmabgabe auf zwei verschiedene Weisen, nämlich mittels papierhaften oder elektronischen Stimmzettels. Für die Wahl sind Stimmzettel vorzubereiten, auf denen die gültigen Listen in der Reihenfolge ihres Eingangs aufzuführen sind; bei nur einer Liste ist auf den Stimmzetteln „Ja" und „Nein" mit jeweils einem Kästchen zum Ankreuzen vorzusehen. Diese Gestaltung der Stimmzettel gilt durch entsprechende Verweise auf § 6 für sämtliche Arten der Stimmabgabe im Sinne des § 5.

b) Außerdem ist im Hinblick auf das gesetzliche Gebot der „geheimen Wahl" sicherzustellen, dass der Wähler den Stimmzettel erhält und ihn unbeobachtet ausfüllen kann.

Zu § 6a:

Durch § 6a ist eine optionale Ausgestaltung der schriftlichen Stimmabgabe (Briefwahl) möglich. Der Wahlausschuss muss diese als alleinige Art der Stimmabgabe oder in Kombination mit einer anderen Art der Stimmabgabe nach § 5 Satz 1 bestimmen und sie zum Gegenstand der Bekanntmachung machen.

a) **Abs. 2 Satz 2** sieht vor, dass das Mitglied die Briefwahl formlos beantragen kann, wenn mehrere Arten der Stimmabgabe vorgesehen sind. Eines Antrags bedarf es nicht, wenn ausschließlich die Briefwahl vom Wahlausschuss bestimmt und bekannt gemacht wurde. In diesem Fall müssen dem Mitglied ohne gesonderten Antrag die Briefwahlunterlagen zugesandt werden. Die dem Mitglied zu überreichenden Unterlagen werden in Abs. 2 Satz 2 genannt. In Abs. 2 Satz 3 ist geregelt, dass die Aushändigung oder Übersendung der Wahlunterlagen auf Veranlassung (Delegation möglich) in der Wahlliste vermerkt wird. Dieser Vermerk soll verhindern, dass ein Mitglied mehrfach abstimmen kann.

b) In **Abs. 3 Satz 1** ist die Stimmabgabe beschrieben.

c) In **Abs. 4 bis Abs. 6** ist der weitere Verfahrensablauf geregelt. Der Vermerk auf den verspätet eingehenden Wahlbriefen dient der Trennung von den übrigen Wahlbriefen, die wegen des rechtzeitigen Eingangs ausgezählt werden müssen. Vom Inhalt des verspäteten Wahlbriefs darf keine Kenntnis genommen werden. Die Aufbewahrung sämtlicher Wahlunterlagen dient der Dokumentation der Wahlabläufe sowie des Wahlergebnisses für den Fall, dass ein Mitglied die Wahl gerichtlich anficht oder gerichtlich für unwirksam erklären will. In diesem Fall wäre von der Genossenschaft unter Umständen darzulegen, dass die Wahl ordnungsgemäß verlaufen ist und das festgestellte Ergebnis dem Auszählungsergebnis entspricht.

Zu § 6b:

a) Mit § 6b ist nunmehr in der Wahlordnung eine Möglichkeit zur Durchführung der Wahl in einem elektronischen Wahlverfahren (Online-Vertreterwahl) vorgesehen. Die Online-Vertreterwahl kann vom Wahlausschuss als alleinige Art der Stimmabgabe oder in Kombination mit anderen Arten der Stimmabgabe bestimmt werden. Dem Mitglied sind die hierfür erforderlichen Unterlagen nach **Abs. 2 Satz 2** auf Aufforderung oder, wenn nur die Online-Vertreterwahl bestimmt worden ist, unaufgefordert zu übergeben oder zu übersenden. Der Inhalt der Wahlunterlagen wird in **Abs. 2 Satz 2** wiedergegeben. Die Verfahrensbeschreibung umfasst hierbei die zum Ablauf der Abstimmung erforderlichen Informationen. Der Ablauf der Abstimmung beim elektronischen Wahlverfahren ist vom Anbieter des jeweiligen Online-Wahlprodukts abhängig. § 6c sieht hierfür Mindestanforderungen vor. Die Übermittlung der Wahlunterlagen an ein Mitglied ist in der Wählerliste zu vermerken, um eine doppelte Stimmabgabe zu vermeiden. Die Übermittlung und der Vermerk können vom Wahlausschuss delegiert werden.

b) **Abs. 3** und **Abs. 4** beschreiben das Wahlverfahren der Online-Vertreterwahl. Dem Mitglied muss im Rahmen des Wahlvorgangs deutlich gemacht werden, wann es die Stimme nicht mehr korrigieren kann und somit durch Bestätigung seiner Auswahl endgültig abstimmt. Die Übermittlung seiner Auswahl in den Speicher (elektronische Wahlurne) ist dem Mitglied anzuzeigen, damit dieses die Angabe noch einmal prüfen kann. Im Zeitpunkt der Anzeige auf dem jeweiligen Endgerät gilt die Wahl als vollzogen. Die Gestaltung des elektronischen Wahlzettels hat entsprechend der Vorgaben aus § 6 zu erfolgen.

c) **Abs. 5** regelt die Auszählung der abgegebenen Stimmen bei der Online-Vertreterwahl. Die Auszählung kann auch durch Dritte (Veranlassung) im Auftrag des Wahlausschusses erfolgen. Das Ergebnis muss in ausgedruckter Form vorliegen und unterschrieben werden. Nach Unterschrift ist das Dokument zu den Wahlunterlagen zu nehmen. Die Reproduzierbarkeit des Wahlablaufs entspricht der Regelung zur Aufbewahrung der Briefwahlunterlagen zu Dokumentations- und Nachweiszwecken (§ 6a Abs. 6) im Falle eines gerichtlichen Vorgehens gegen die Wahl.

Zu § 6c:

a) **Abs. 1** und **Abs. 2** verlangen, dass das verwendete Wahlprodukt die Einhaltung der Wahlrechtsgrundsätze des § 43a Abs. 4 Satz 1 GenG gewährleistet. Der Einhaltung dieser Grundsätze dienen auch die Anforderungen an das Wahlprodukt, die in den Absätzen 1 und 2 formuliert werden. Hierzu gehört insbesondere, dass weder der Dienstleister noch die Genossenschaft oder sonstige Dritte von der konkreten Stimmabgabe des Mitglieds Kenntnis erlangen dürfen. Zudem muss nach endgültiger Stimmabgabe die Stimme unverändert gespeichert werden, so dass keine Beeinflussung des Wahlergebnisses durch nachträgliche Veränderungen der Stimmabgabe möglich sind.

b) **Abs. 3** sieht eine Überprüfung des Wahlprodukts durch den Wahlausschuss vor. Hierbei ist keine detaillierte Prüfung aller technischen Details erforderlich, jedoch muss sich der Wahlausschuss versichern, dass die Wahlgrundsätze nach § 43a Abs. 4 Satz 1 GenG sowie die in den Absätzen 1 und 2 formulierten Anforderungen an das Wahlprodukt eingehalten werden. Über die störungsfreie und ordnungsgemäße Funktion des Wahlprodukts muss der jeweilige Anbieter nach Abschluss der Wahl eine entsprechende Bestätigung ausstellen. Diese Bestätigung umfasst auch die Angabe, dass die Anforderungen des Bundesamtes für Sicherheit in der Informationstechnik (BSI) eingehalten wurden. Der Anbieter kann auch weitere Zertifizierungen hinsichtlich der Sicherheit des eingesetzten Wahlproduktes mitteilen. Diese Zertifizierungen entbinden jedoch nicht von der Einhaltung der Anforderungen des BSI und können nur eine weitere Bestätigung darstellen.

Zu § 6d:

Abs. 1 sieht das Vorgehen im Falle von Störungen im Ablauf der Online-Vertreterwahl vor. Hierbei wird nach Art der aufgetretenen Störung differenziert. Die Differenzierung erfolgt dabei nach der Gefahr, dass es zu einer Beeinflussung der Wahl kommt. Kommt es zu einer Störung der Abstimmung, bei der eine Beeinflussung der Wahl bzw. des Abstimmungsergebnisses ausgeschlossen ist (z.B. kurzfristige Abschaltung zu Wartungszwecken), wird die Online-Vertreterwahl fortgesetzt (Abs. 1 Buchstabea.). Sobald aufgrund eines Vorkommnisses jedoch die Gefahr besteht, dass die bereits abgegebenen Stimmen verändert worden sind bzw. künftige Stimmabgaben nachvollziehbar oder manipulierbar sind, ist die Wahl zunächst zu unterbrechen. Steht fest, dass die Gefahren nicht behoben werden können, ist die Wahl abzubrechen. Erst Recht gilt dies, wenn eine Stimmveränderung oder sonstige Einflussnahme auf das Wahlergebnis festgestellt wurde und damit die Gefahr weiterer Manipulationen besteht. Eine gesonderte Information über die Unterbrechung der Wahl ist nicht erforderlich, sofern das Online-Wahlprodukt eine entsprechende Fehlermitteilung vorsieht, sodass Mitglieder, die im Unterbrechungszeitraum wählen möchten, ausreichend informiert sind.

Zu § 7:

a) **Abs. 1** ist in Verbindung mit § 2 Abs. 5 zu sehen; eine Delegierung ist mithin möglich. Es ist auch denkbar, dass der gesamte Wahlausschuss für die Beaufsichtigung zuständig ist und zugleich der Vorstand beauftragt wird, mit den einzelnen Mitgliedern des Wahlausschusses entsprechende Orts- und Zeitabsprachen zu treffen. Zur Aufsicht über die Wahl kann der Wahlausschuss nach **Satz 2** weitere Mitglieder oder auch Mitarbeiter der Genossenschaft beauftragen. Dies gilt insbesondere für die Aufsicht über die Wahl in den einzelnen Niederlassungen und Filialen der Genossenschaft. Die Möglichkeit zur Delegation entbindet den Wahlausschuss jedoch nicht von der Pflicht zur sorgsamen Auswahl der eingesetzten Wahlhelfer und von der Überwachung ihrer Tätigkeit.

b) In **Abs. 2 Satz 1** ist geregelt, dass die Urnen vor Beginn der Wahl vom Vorsitzenden des Wahlausschusses oder dessen Stellvertreter zu verschließen sind. Es ist sicherzustellen, dass die unbefugte Entnahme bzw. das unbefugte Einwerfen von Stimmzetteln ausgeschlossen bleibt. In **Abs. 2 Satz 2** ist klargestellt worden, dass die Öffnung der Wahlurne und die Stimmauszählung durch ein Mitglied des Wahlausschusses in Anwesenheit von zwei weiteren Mitgliedern des Wahlausschusses erfolgen muss. Der bisher vorhandene Zusatz, dass dies in öffentlicher Sitzung geschehen muss, wurde gestrichen. Das einzelne Mitglied hat bereits aufgrund seiner Mitgliedschaft das Recht zur Kontrolle des Wahlvorgangs und damit insbesondere das Recht zur Anwesenheit bei der Auszählung. Einer gesonderten Anordnung der Öffentlichkeit bedarf es daher nicht.

c) **Abs. 3 Satz 1** erinnert daran, dass eine doppelte Stimmabgabe in Anlehnung an § 14 Abs. 4 BWahlG nicht zulässig ist und die Stimmabgabe grundsätzlich persönlich erfolgen soll, vgl. §§ 43a Abs. 4 Satz 2, 43 Abs. 4 Satz 1 GenG. Die Regelung in §§ 43a Abs. 4 Satz 3, 43 Abs. 5 Satz 1 GenG bleibt unberührt. **Abs. 4 Satz 2** weist daraufhin, dass im Fall der Stimmabgabe in verschiedenen Formen, z. B. elektronisch und vor Ort, diese so aufeinander abgestimmt werden, dass eine doppelte Stimmabgabe nicht möglich ist. Hierzu dient u.a. das Erfordernis, die Übersendung der Wahlunterlagen im Falle der Briefwahl oder der Online-Vertreterwahl in den Wahllisten zu vermerken. Im Einzelfall sind weitere Maßnahmen zur Vermeidung einer doppelten Stimmabgabe festzulegen. Bei Durchführung der Wahl ist darauf zu achten, dass die Voraussetzungen des § 26d der Satzung hinsichtlich der Bevollmächtigungen überprüfbar sein müssen.

Zu § 8:

Durch die Regelung des **Abs. 1** erübrigt sich die bisher erforderliche zweite Sitzung des Wahlausschusses.

Standen mehrere Listen zur Wahl, gilt entsprechend der Entscheidung des BGH vom 22.3.1982 der Grundsatz der Verhältniswahl **(d'Hondt'sches System)**: Die Feststellung der Sitzverteilung nach dem d'Hondt'schen Verfahren erfolgt aufgrund von sogenannten „Höchstzahlen", die durch Teilung der auf die einzelnen Vorschlagslisten entfallenden Stimmen ermittelt werden: Die Listen und die zugehörigen Stimmenergebnisse werden nebeneinander geschrieben. Die jeweilige Stimmenzahl wird sodann bei jeder Liste durch 1, dann durch 2, 3, 4 usw. geteilt. Die Teilung erfolgt insgesamt so oft, bis die zu wählenden Vertreter ermittelt sind und feststeht, wie viele auf die einzelnen Listen entfallen. Die durch die Teilung erhaltenen Ergebnisse („Teilzahlen" = Quotient) werden unter der jeweiligen Liste in einer Reihe untereinander geschrieben.

Die Zuteilung der nach der Verhältniswahl gewählten Vertreter erfolgt nun in der Weise, dass die sich ergebenen Teilzahlen aller Listen fortlaufend nach ihrer Größe nummeriert werden. Die größte Teilzahl (Höchstzahl) erhält somit die Nummer 1 (im nachfolgenden Beispiel: 310), die zweitgrößte Teilzahl (im nachfolgenden Beispiel: 220) Nummer 2 usw., bis die Zahl der zu wählenden Vertreter durch diese Nummern erreicht ist.

Beispiel: Zu wählen sind neun Vertreter (lediglich als Rechenbeispiel gedacht). Eingereicht werden zwei Listen. Auf Liste I entfallen 310, auf Liste II 220 Stimmen.

310 : 1 = Teilzahl 310	(1 = 1 Vertreter)	220 : 1 = Teilzahl 220	(2 = 1 Vertreter)
310 : 2 = Teilzahl 155	(3 = 1 Vertreter)	220 : 2 = Teilzahl 110	(4 = 1 Vertreter)
310 : 3 = Teilzahl 103,3	(5 = 1 Vertreter)	220 : 3 = Teilzahl 73,3	(7 = 1 Vertreter)
310 : 4 = Teilzahl 77,5	(6 = 1 Vertreter)	220 : 4 = Teilzahl 55	(9 = 1 Vertreter)
310 : 5 = Teilzahl 62	(8 = 1 Vertreter)	220 : 5 = Teilzahl 44	
310 : 6 = Teilzahl 51,7		220 : 6 = Teilzahl 36,7	
	5 Vertreter		4 Vertreter

Es entfallen also auf Liste I fünf und auf Liste II vier Vertreter. Durch den Verweis auf § 25 Abs. 2 BetrVG wird eine Lösung für den Fall geschaffen, dass mehrere Listen zur Wahl stehen. § 25 Abs. 2 BetrVG vom 25. September 2001 in der Fassung vom 18. Dezember 2018 lautet wie folgt:

„[1] Die Ersatzmitglieder werden unter Berücksichtigung des § 15 Abs. 2 der Reihe nach aus den nichtgewählten Arbeitnehmern derjenigen Vorschlagslisten entnommen, denen die zu ersetzenden Mitglieder angehören. 2 Ist eine Vorschlagsliste erschöpft, so ist das Ersatzmitglied derjenigen Vorschlagsliste zu entnehmen, auf die nach den Grundsätzen der Verhältniswahl der nächste Sitz entfallen würde. 3 Ist das ausgeschiedene oder verhinderte Mitglied nach den Grundsätzen der Mehrheitswahl gewählt, so bestimmt sich die Reihenfolge der Ersatzmitglieder unter Berücksichtigung des § 15 Abs. 2 nach der Höhe der erreichten Stimmenzahlen."

Damit werden zunächst die nicht gewählten Vertreter der Reihe nach zu Ersatzvertretern. Ist die Vorschlagsliste erschöpft, erfolgt eine verhältnismäßige Berücksichtigung der auf den jeweiligen Listen befindlichen Ersatzvertreter.

Zu § 9:

a) Durch **Abs. 1 Satz 2 letzter Halbsatz** wird zusätzlich die Möglichkeit geschaffen, dass der Vorstand die Benachrichtigung übernehmen kann, nicht jedoch übernehmen muss.

   Lehnt z. B. ein Vertreter die Wahl ab, so ist sein Ersatzvertreter zu benachrichtigen und um Annahme der Wahl zu bitten. Lehnt auch dieser die Annahme der Wahl ab, so besteht die Vertreterversammlung aus einer Person weniger. Eine vorzeitige Neuwahl erfolgt erst, wenn die Voraussetzungen des § 1 Abs. 2 eingetreten sind.

b) **Abs. 3** ist in Verbindung mit § 2 Abs. 5 zu sehen. Durch die Delegierung der Feststellungen des Wahlausschusses kann eine sonst erforderliche dritte Sitzung des Wahlausschusses entfallen.

Zu § 10:

Nach Ansicht des Gesetzgebers ist die Rechtsposition der Mitglieder bei Bestehen einer Vertreterversammlung zwangsläufig eingeschränkt. Daher sind in § 43a Abs. 6 GenG Bestimmungen eingefügt worden, die es den Mitgliedern erleichtern sollen, auf die Vertreter und damit mittelbar auf die Beschlüsse der Vertreterversammlung Einfluss nehmen zu können. Damit jedes Mitglied also zunächst die Namen, die Anschriften, Telefonnummern oder E-Mail-Adressen der gewählten Vertreter und Ersatzvertreter in Erfahrung bringen kann, ist in § 43a Abs. 6 GenG (vgl. auch § 26e Abs. 4 der Mustersatzung) und in § 10 der Musterwahlordnung (Listenwahl) berücksichtigt worden, dass Namen, die Anschriften, Telefonnummern oder E-Mail-Adressen der Vertreter mindestens zwei Wochen in den Geschäftsräumen der Genossenschaft und ihren Niederlassungen auszulegen oder bis zum Ende der Amtszeit der Vertreter im nichtöffentlichen Mitgliederbereich auf der Internetseite der Genossenschaft zugänglich zu machen sind, dass dies in der durch § 46 bestimmten Form bekannt zu machen ist und dass in der Bekanntmachung darauf hinzuweisen ist, dass jedes Mitglied jederzeit eine – erforderlichenfalls aktualisierte – Abschrift der Liste der Vertreter und Ersatzvertreter verlangen kann. Die Ergänzung in Satz 2 bewirkt eine Klarstellung dahingehend, dass die Pflicht zur Bekanntmachung der „gewählten Vertreter" erst besteht, wenn der Wahlausschuss seinen Feststellungen nachgekommen ist.

Zu § 11:

Die Wahlordnung ist in den Räumlichkeiten der Genossenschaft auszulegen. Die Regelung sieht nunmehr aber auch vor, die Wahlordnung im Internet zu veröffentlichen, wenn auch oder ausschließlich die Briefwahl oder die Online-Vertreterwahl stattfindet.

Zu § 12:

a) Die besondere Regelung für den Fall der Verschmelzung entspricht den Bedürfnissen der Praxis und dient der rechtlichen Klarstellung. Insbesondere wird geregelt, wer die Wahl organisiert, sowie wer das aktive und das passive Wahlrecht hat.

b) Eine Ergänzungswahl zur Vertreterversammlung erfolgt nach Wirksamwerden der Verschmelzung, also nach Eintragung im Genossenschaftsregister. An dieser Zuwahl nehmen nur die Mitglieder der ehemaligen übertragenden

Genossenschaft teil. Die Ergänzung eines Satz 2 in Abs. 2 bewirkt eine Klarstellung nach welcher Zahl der Mitglieder sich die Vertreteranzahl bei einer Ergänzungswahl im Rahmen einer Verschmelzung ergibt. Die Vorschrift ist klarer gefasst worden.

c) § 12 gilt jedoch nur, wenn die übernehmende Genossenschaft bereits eine Vertreterversammlung und damit eine Wahlordnung hat. Das Aufstellen einer Wahlordnung im Zusammenhang mit der Fusion wird hingegen nur dann erforderlich, sofern die übernehmende Genossenschaft noch keine Vertreterversammlung hat und sich die beteiligten Genossenschaften im Rahmen der Fusion darauf einigen, eine Vertreterversammlung durch Satzungsänderungen bzw. -ergänzungen einzuführen.

Zu § 13:

Die Regelung eines genossenschaftsinternen Wahlanfechtungsverfahrens soll der Rechtsklarheit dienen; damit können unter Umständen auch Auseinandersetzungen vor den Gerichten vermieden werden. Satz 5 bewirkt eine Klarstellung, dass dem Mitglied weiterhin die Möglichkeit der Anfechtung nach § 51 GenG eingeräumt wird. Das Mitglied kann daher unabhängig von der Durchführung eines internen Anfechtungsverfahrens weiterhin Klage erheben.

Zu § 14:

Diese Regelung beschreibt die Abstimmung in der Vertreter-/Generalversammlung als Voraussetzung für das Inkrafttreten der geänderten Wahlordnung. Der Zeitpunkt des Inkrafttretens ist der Zeitpunkt der Beschlussfassung im Sinne der Feststellung des Abstimmungsergebnisses, sofern kein späterer Zeitpunkt im Beschluss festgesetzt wurde.

5. Wahlordnung zur Vertreterversammlung (Bezirkswahl) – Fassung 1.20[1]

§ 1 Wahlturnus, Zahl der Vertreter

(1) Gemäß § 26c Abs. 1 Satz 1 der Satzung findet die Wahl zur Vertreterversammlung alle vier Jahre statt. Für je volle   Mitglieder eines Wahlbezirks ist ein Vertreter zu wählen; maßgeblich ist der Mitgliederbestand am letzten Tag des der Wahl vorhergegangenen Geschäftsjahres. Gemäß § 26c Abs. 1 Satz 4 der Satzung sind zusätzlich – unter Festlegung der Reihenfolge ihres Nachrückens – insgesamt mindestens fünf Ersatzvertreter zu wählen; der Wahlausschuss legt die konkrete Zahl der Ersatzvertreter für jeden Wahlbezirk fest.

(2) Eine vorzeitige Neuwahl zur Vertreterversammlung findet statt, wenn die Zahl der Vertreter unter Berücksichtigung nachgerückter Ersatzvertreter unter die gesetzliche Mindestzahl von 50 sinkt.

§ 2 Wahlausschuss

(1) Vorbereitung und Durchführung der Wahl sowie alle damit zusammenhängenden Entscheidungen obliegen einem Wahlausschuss. Der Wahlausschuss soll vor jeder Neuwahl zur Vertreterversammlung gebildet werden; er bleibt jedoch im Amt, bis ein neuer Wahlausschuss gebildet ist.

(2) Der Wahlausschuss besteht aus   Mitgliedern des Vorstands, aus ...... Mitgliedern des Aufsichtsrats und aus ...... Mitgliedern der Genossenschaft. Die Mitglieder des Vorstands für den Wahlausschuss werden vom Vorstand, die des Aufsichtsrats vom Aufsichtsrat benannt. Die Mitglieder der Genossenschaft für den Wahlausschuss werden von der Generalversammlung/Vertreterversammlung gewählt; sie müssen die Voraussetzungen des § 26b der Satzung erfüllen. Die Zahl der in den Ausschuss zu wählenden Genossenschaftsmitglieder muss die Zahl der vom Vorstand und Aufsichtsrat benannten Mitglieder übersteigen. Scheiden Mitglieder vorzeitig aus dem Wahlausschuss aus, so besteht der Wahlausschuss für den Rest seiner Amtszeit aus den verbleibenden Mitgliedern; eine Ergänzungswahl ist nur erforderlich, wenn die Zahl der Mitglieder des Wahlausschusses unter drei sinkt.

(3) Der Wahlausschuss wählt aus seiner Mitte einen Vorsitzenden und dessen Stellvertreter.

1 Der nachstehende Text ist bei der DG Nexolution, Wiesbaden, erhätlich (Art. Nr. 101 520).

(4) Der Wahlausschuss ist beschlussfähig, wenn mehr als die Hälfte seiner Mitglieder anwesend ist. Er fasst seine Beschlüsse mit Mehrheit der gültig abgegebenen Stimmen. § 25 Abs. 3 der Satzung findet entsprechende Anwendung.

(5) Die Wahrnehmung der in § 10 und § 11 Abs. 3 genannten Aufgaben kann der Wahlausschuss einzelnen oder mehreren seiner Mitglieder übertragen.

§ 3 Wahlbezirke

(1) Der Wahlausschuss teilt das Gebiet in Wahlbezirke ein und setzt die Grenzen der Wahlbezirke fest. Er kann von der Einteilung in Wahlbezirke Abstand nehmen.

(2) In jedem Wahlbezirk findet eine Versammlung zur Durchführung der Vertreterwahl statt (Wahlversammlung). Wird auf die Einteilung in Wahlbezirke verzichtet, so wird nur eine Wahlversammlung durchgeführt.

(3) Jedes Mitglied stimmt in der für seinen Wohnsitz durchgeführten Wahlversammlung ab. In Zweifelsfällen entscheidet der Wahlausschuss, zu welchem Wahlbezirk ein Mitglied gehört.

§ 4 Wahllisten

(1) Der Wahlausschuss kann für jeden Wahlbezirk eine Liste der Kandidaten aus dem Kreis der im Wahlbezirk ansässigen Mitglieder (Wahlliste) aufstellen. Diese Liste soll mindestens so viele Vertreter und Ersatzvertreter enthalten, wie in dem Wahlbezirk zu wählen sind. In der Liste sind die Kandidaten unter Angabe von Namen, Anschrift, Telefonnummer oder E-Mail-Adresse zu benennen. Die Wahlliste ist zur Einsicht der Mitglieder in den Geschäftsräumen der Genossenschaft sowie in den Geschäftsstellen des Bezirks für die Dauer von zwei Wochen ab Bekanntmachung gemäß Abs. 2 auszulegen.

(2) Die Auslegung der Wahlliste ist vom Wahlausschuss in der durch § 46 der Satzung bestimmten Form vor der Wahlversammlung bekannt zu machen unter Hinweis darauf, dass während der Auslegungsfrist (§ 4 Abs. 1) weitere im Wahlbezirk ansässige Mitglieder zur Wahl in die Vertreterversammlung schriftlich vorgeschlagen werden können.

(3) Für die Einreichung eines Vorschlags gemäß Abs. 2, 2. Halbsatz bedarf es der Unterstützung von mindestens 10 % der Mitglieder, höchstens jedoch 150 Mitglieder, die im Wahlbezirk ansässig sind. Die Unterstützung ist dem Wahlausschuss fristgerecht in Schriftform vorzulegen. Einer erneuten Bekanntmachung bedarf es nicht.

(4) Ein Mitglied kann nur auf einer Liste kandidieren.

(5) Die Kandidaten sollen von ihrer beabsichtigten Aufstellung rechtzeitig benachrichtigt werden. Die Benachrichtigung der Kandidaten kann im Auftrag des Wahlausschusses durch den Vorstand erfolgen.

(6) Sofern ausschließlich die Stimmabgabe in der Wahlversammlung bestimmt wurde (§ 5), können unmittelbar in der Wahlversammlung im Wahlbezirk ansässige Mitglieder zur Aufnahme auf eine Wahlliste vorgeschlagen werden.

§ 5 Ort und Zeit der Wahl, Art der Stimmabgabe

Der Wahlausschuss hat Ort und Zeit sowie die Art der Stimmabgabe (in der Wahlversammlung, durch Briefwahl oder durch Online-Vertreterwahl) zu bestimmen; eine Kombination mehrerer Arten der Stimmabgabe ist möglich. Der Vorsitzende des Wahlausschusses oder sein Stellvertreter hat dies in der durch § 46 der Satzung bestimmten Form bekannt zu machen.

§ 6 Stimmabgabe

(1) Die Wahl findet geheim mittels papierhaftem oder elektronischem Stimmzettel statt.

(2) Jedes Mitglied kann nur für auf den Wahllisten genannte Kandidaten stimmen. Dabei hat es höchstens so viele Stimmen, wie Mandate im Wahlbezirk zu vergeben sind.

(3) Steht nur ein Kandidat zur Wahl, wird in der Weise abgestimmt, dass jedes Mitglied seine Stimme durch „Ja" oder „Nein" auf dem Stimmzettel abgibt. Anders beschriebene Stimmzettel sind ungültig.

§ 7 Wahlversammlung

(1) Hat der Wahlausschuss die Abstimmung in einer Wahlversammlung angeordnet, so lädt er unter Einhaltung einer Frist von zwei Wochen jedes in dem Bezirk ansässige Mitglied in Textform ein. Die Einladung kann auch durch Veröffentlichung in der durch § 46 der Satzung bestimmten Form erfolgen. Dies kann mit der Bekanntmachung nach § 4 Abs. 2 erfolgen.

(2) In der Wahlversammlung führt ein Mitglied des Wahlausschusses den Vorsitz. Die Vorschriften der Satzung zur Vertreterversammlung finden entsprechende Anwendung.

(3) Für die Wahl gilt § 33 der Satzung entsprechend.

(4) Die in der Wahlversammlung ausgefüllten Stimmzettel sind nach Abschluss der Stimmabgabe für die Amtszeit der durch die betreffende Wahl gewählten Vertreter aufzubewahren.

§ 8 Schriftliche Stimmabgabe (Briefwahl)

(1) Hat der Wahlausschuss die Briefwahl bestimmt, gelten hierfür die folgenden Absätze 2 bis 5 sowie ergänzend für die Aufstellung der Wahllisten sowie die Stimmabgabe § 4 und § 6.

(2) Jedes Mitglied kann seine Stimme durch Briefwahl abgeben. Dem Mitglied wird auf sein Verlangen, im Fall der ausschließlichen Briefwahl unaufgefordert,

a) der Stimmzettel und ein Wahlumschlag,

b) eine vorgedruckte, von dem Mitglied unter Angabe von Name und Anschrift abzugebende Erklärung, in der gegenüber dem Wahlausschuss zu versichern ist, dass der Stimmzettel persönlich gekennzeichnet wurde, sowie

c) ein größerer mit dem Wahlbezirk gekennzeichneter Freiumschlag (Wahlbrief), der mit der Anschrift des Wahlausschusses versehen ist, ausgehändigt oder übersendet. Der Wahlausschuss veranlasst, dass die Aushändigung oder Übersendung in der Wählerliste vermerkt wird.

(3) Die schriftliche Stimmabgabe erfolgt in der Weise, dass das Mitglied

a) den Stimmzettel unbeobachtet persönlich kennzeichnet, faltet und in den zugehörigen Wahlumschlag verschließt;

b) die vorgedruckte Erklärung unter Angabe des Ortes und des Datums unterschreibt und

c) den Wahlbrief so rechtzeitig an den Wahlausschuss absendet oder übergibt, dass er spätestens am Tag der im Wahlbezirk des Mitglieds durchgeführten Wahlversammlung, bei Durchführung der Wahl ohne Wahlversammlungen innerhalb der vom Wahlausschuss nach § 5 bestimmten Zeit, vorliegt.

(4) Nach Abschluss der Stimmabgaben öffnet ein Mitglied des Wahlausschusses in Anwesenheit von mindestens zwei weiteren Mitgliedern des Wahlausschusses die bis zu diesem Zeitpunkt eingegangenen Wahlbriefe und entnimmt die Wahlumschläge sowie die vorgedruckten Erklärungen. Die Anzahl der eingegangenen Wahlbriefe ist für jeden Wahlbezirk in der Niederschrift gemäß § 10 Abs. 2 gesondert festzuhalten. Ist die schriftliche Stimmabgabe ordnungsgemäß erfolgt, vermerkt der Wahlausschuss die Stimmabgabe in der Wählerliste. Die Anzahl der gültigen und ungültigen Stimmzettel wird in der Niederschrift vermerkt. Im Übrigen gelten die §§ 7 Abs. 4, 9 und 10 entsprechend.

(5) Verspätet eingehende Wahlbriefe nimmt der Wahlausschuss mit einem Vermerk über den Zeitpunkt des Zugangs ungeöffnet zu den Wahlunterlagen und vermerkt die Anzahl der Wahlbriefe für jeden Wahlbezirk.

§ 8a Elektronisches Wahlverfahren (Online-Vertreterwahl)

(1) Hat der Wahlausschuss die Online-Vertreterwahl bestimmt, gelten für die Online-Vertreterwahl die folgenden Regelungen sowie ergänzend die Regelungen zur Aufstellung der Wahllisten sowie zur Stimmabgabe in § 4 und § 6.

(2) Jedes Mitglied kann seine Stimme in elektronischer Form durch Übermittlung eines elektronischen Stimmzettels abgeben. Hierzu werden dem Mitglied auf sein Verlangen, im Fall der ausschließlichen Online-Vertreterwahl unaufgefordert, die erforderlichen Wahlunterlagen (Wahlschreiben mit Verfahrensbeschreibung der Online-Vertreterwahl und Hinweise auf die zur Authentifizierung erforderlichen Informationen) übermittelt. Der Wahlausschuss veranlasst, dass die Übermittlung in der Wählerliste vermerkt wird.

(3) Die elektronische Stimmabgabe ist nur nach vorheriger Anmeldung und Authentifizierung des Mitglieds am Online-Wahlprodukt möglich. Dies erfolgt gemäß der Verfahrensbeschreibung der Online-Vertreterwahl nach Abs. 2.

(4) Bis zur endgültigen Stimmabgabe kann die Eingabe korrigiert werden. Eine Übermittlung des elektronischen Stimmzettels ist erst nach Bestätigung der Eingabe durch das Mitglied möglich (endgültige Stimmabgabe). Die erfolgreiche Übermittlung (Speicherung des elektronischen Stimmzettels in der elektronischen Urne) wird dem Mitglied auf dem zur Durchführung der Wahl genutzten Endgerät angezeigt. Mit der Anzeige gilt die Stimmabgabe als vollzogen. Im Übrigen gilt § 6.

(5) Nach Abschluss der Stimmabgaben veranlasst der Wahlausschuss die Auszählung der elektronisch abgegebenen Stimmen. Das Auszählungsergebnis wird durch einen vom Vorsitzenden des Wahlausschusses und einem weiteren Mitglied des Wahlausschusses unterzeichneten Ausdruck des Wahlergebnisses durch den Wahlausschuss festgestellt. Der Auszählungsprozess muss reproduzierbar sein, insbesondere um die Ordnungsmäßigkeit der Auszählung nachprüfen zu können. Im Übrigen gilt § 9 entsprechend.

§ 8b Anforderungen an die Online-Vertreterwahl/das Online-Wahlprodukt

(1) Die Wahlgrundsätze gemäß § 43a Abs. 4 Satz 1 GenG müssen durch die Online-Vertreterwahl jederzeit eingehalten werden. Insbesondere muss sichergestellt sein, dass

a) jedes Mitglied sein Stimmrecht nur einmal ausüben kann;

b) die Speicherung der endgültigen Stimmabgabe in der elektronischen Urne anonymisiert und so erfolgt, dass eine Nachvollziehbarkeit der Reihenfolge des Stimmeingangs ausgeschlossen ist;

c) keine Speicherung des elektronischen Stimmzettels auf dem zur Eingabe benutzten Endgerät erfolgt bzw. sonstige Rückschlüsse auf das Abstimmungsverhalten möglich sind und

d) eine Veränderung des elektronischen Stimmzettels nach der Übermittlung ausgeschlossen ist.

Weitere Einzelheiten kann der Wahlausschuss festlegen.

(2) Das zur Durchführung der elektronischen Wahl eingesetzte Online-Wahlprodukt muss dem jeweiligen Stand der Technik genügen, insbesondere den entsprechenden Anforderungen des Bundesamtes für Sicherheit in der Informationstechnik. Das Online-Wahlprodukt muss insbesondere durch geeignete technische Maßnahmen gewährleisten,

a) dass im Falle des Ausfalls oder der Störung eingesetzter Technik keine Stimmdaten unwiederbringlich verloren gehen;

b) dass das Übertragungsverfahren der Stimmdaten vor Ausspäh- und Entschlüsselungsversuchen geschützt ist;

c) dass die Übertragungswege zur Überprüfung der Stimmberechtigung des Mitglieds sowie zur Registrierung der Stimmabgabe im Wählerverzeichnis und die Stimmabgabe in die elektronische Urne so gestaltet sind, dass zu keiner Zeit eine Zuordnung der Stimmdaten zum Mitglied möglich ist;

d) dass die Übermittlung der Stimmdaten Ende-zu-Ende verschlüsselt erfolgt und

e) dass bei der Übermittlung und Verarbeitung der Stimmdaten gewährleistet ist, dass bei der Registrierung der Stimmabgabe im Wählerverzeichnis kein Zugriff auf den Inhalt der Stimmdaten möglich ist.

(3) Der Wahlausschuss überzeugt sich davon, dass die wesentlichen Anforderungen an die Online-Vertreterwahl/das Online-Wahlprodukt eingehalten wer-

den. Der Dienstleister, der der Genossenschaft das Online-Wahlprodukt zur Verfügung gestellt hat, hat dem Wahlausschuss nach Durchführung der Wahl ein Protokoll auszuhändigen, in dem der Dienstleister bestätigt, dass das Wahlverfahren technisch ordnungsgemäß erfolgte und den Anforderungen des Bundesamtes für Sicherheit in der Informationstechnik genügte.

§ 8c Störung der Online-Vertreterwahl

(1) Störungen der Online-Vertreterwahl werden wie folgt behandelt:

a) Störungen, die ohne Gefahr eines vorzeitigen Bekanntwerdens oder Löschens der Stimmdaten behoben werden können und bei denen eine Stimmmanipulation ausgeschlossen ist, können durch den Wahlausschuss ohne Unterbrechung der Wahl behoben werden.

b) Störungen, bei denen die nach Buchstabe a) beschriebenen Gefahren nicht ausgeschlossen werden können, führen zur Unterbrechung der Wahl. Können die beschriebenen Gefahren im Anschluss behoben werden, kann die Wahl fortgesetzt werden. Ist dies mit vertretbarem Zeitaufwand nicht möglich, wird die Vertreterwahl insgesamt durch den Wahlausschuss endgültig abgebrochen.

(2) Störungen und Maßnahmen sind durch den Wahlausschuss in der Niederschrift gemäß § 10 Abs. 2 zu vermerken.

§ 9 Durchführung der Wahl

(1) Die Wahl findet unter Aufsicht des Wahlausschusses statt. Eine Delegation auf Mitarbeiter und/oder Mitglieder der Genossenschaft (Wahlhelfer) ist zulässig.

(2) Sofern für die gewählte Art der Stimmabgabe in den vorstehenden Normen nichts anderes normiert ist, sind für die Wahl vom Vorsitzenden des Wahlausschusses oder dessen Stellvertreter zu verschließende Urnen zu verwenden. Nach Abschluss der Stimmabgaben werden die Urnen von einem Mitglied des Wahlausschusses in Anwesenheit von mindestens zwei weiteren Mitgliedern des Wahlausschusses geöffnet und von diesen die Stimmzählung gemeinsam vorgenommen.

(3) Jedes Mitglied darf sein Wahlrecht nur einmal und grundsätzlich nur persönlich ausüben. Dies gilt unbeschadet der Vertretungsregelungen in § 26 der Satzung.

§ 10 Feststellung des Wahlergebnisses

(1) Die nach § 9 Abs. 2 Satz 2 tätigen Mitglieder des Wahlausschusses haben das Ergebnis der Vertreterwahl festzustellen.

(2) Über die Tätigkeit des Wahlausschusses sowie über die Durchführung und das Ergebnis der Wahl ist eine Niederschrift anzufertigen, die von dem Vorsitzenden des Wahlausschusses oder dessen Stellvertreter zu unterzeichnen ist. Die Niederschrift ist zu den Akten der Genossenschaft zu nehmen. Abschriften sind allen Mitgliedern des Wahlausschusses von seinem Vorsitzenden oder dessen Stellvertreter zu übersenden.

§ 11 Annahme der Wahl

(1) Die gewählten Vertreter und Ersatzvertreter sind nach Feststellung des Wahlergebnisses unverzüglich durch den Vorsitzenden des Wahlausschusses oder dessen Stellvertreter von ihrer Wahl in Textform zu benachrichtigen.

(2) Lehnt der Gewählte innerhalb einer ihm bei der Mitteilung seiner Wahl zu setzenden Frist von zwei Wochen die Wahl nicht ab, so gilt diese als von ihm angenommen.

(3) Der Wahlausschuss hat festzustellen,

a) wer die Wahl als Vertreter und Ersatzvertreter angenommen hat sowie

b) ob und wann eine neue Vertreterversammlung gemäß § 26f der Satzung zustande gekommen ist.

(4) Über diese Feststellungen ist eine Niederschrift anzufertigen; es gilt § 10 Abs. 2 entsprechend.

§ 12 Bekanntmachung der gewählten Vertreter

Eine Liste mit den Namen sowie den Anschriften, Telefonnummern oder E-Mail-Adressen der gewählten Vertreter und der gewählten Ersatzvertreter ist zur Einsichtnahme für die Mitglieder mindestens zwei Wochen lang in den Geschäftsräumen der Genossenschaft und ihren Niederlassungen auszulegen oder bis zum Ende der Amtszeit der Vertreter im nichtöffentlichen Mitgliederbereich auf der Internetseite der Genossenschaft zugänglich zu machen. Dies ist in der durch § 46 der Satzung bestimmten Form bekannt zu machen, nachdem der Wahlausschuss die Feststellungen nach § 11 Abs. 3 getroffen hat. Die Frist für die Auslegung oder Zugänglichmachung beginnt mit der Bekanntmachung. In der Bekanntmachung ist darauf hinzuweisen, dass jedes Mitglied jederzeit eine Abschrift der Liste der Vertreter und Ersatzvertreter verlangen kann.

§ 13 Auslegung der Wahlordnung, Bereitstellung im Internet

Die Wahlordnung ist während der Wahlzeit in dem Wahllokal auszulegen, bei Durchführung der Briefwahl oder der Online-Vertreterwahl ist die Wahlordnung auf der Internetseite der Genossenschaft zur Einsichtnahme bereitzustellen. Die Mitglieder haben jederzeit Anspruch auf Einsichtnahme oder Aushändigung der Wahlordnung.

§ 14 Verschmelzung

(1) Nach einer Verschmelzung findet für den Bereich der übertragenden Genossenschaft eine Ergänzungswahl zur Vertreterversammlung der übernehmenden Genossenschaft statt. Die Amtszeit der hierbei gewählten Vertreter endet automatisch mit Ende der bisherigen Mitglieder der Vertreterversammlung der übernehmenden Genossenschaft.

(2) Die Vorbereitung und Durchführung der Wahl sowie alle damit zusammenhängenden Entscheidungen obliegen dem Wahlausschuss der übernehmenden Genossenschaft nach deren Wahlordnung. Abweichend von § 1 Abs. 1 Satz 2, 2. Halbsatz ist der Mitgliederbestand der übertragenden Genossenschaft am Stichtag der Schlussbilanz maßgeblich.

(3) Gewählt werden können nur Mitglieder der übertragenden Genossenschaft.

(4) Wahlberechtigt sind nur die Mitglieder der übertragenden Genossenschaft.

§ 15 Wahlanfechtung

Jedes wahlberechtigte Mitglied kann innerhalb einer Frist von sieben Tagen nach Ablauf der Frist für die Auslegung oder Zugänglichmachung (§ 12) bei dem Wahlausschuss die Wahl schriftlich anfechten, wenn gegen zwingende Bestimmungen des Genossenschaftsgesetzes, der Satzung oder der Wahlordnung verstoßen worden ist. Die Wahlanfechtung ist nicht begründet, wenn durch den gerügten Verstoß das Wahlergebnis nicht beeinflusst wird. Über die Anfechtung entscheidet der Wahlausschuss. Er gibt dem Anfechtenden seine Entscheidung schriftlich bekannt. § 51 GenG bleibt unberührt.

§ 16 Inkrafttreten der Wahlordnung

Die Wahlordnung bedarf gemäß § 43a Abs. 4 GenG der Beschlussfassung der Generalversammlung/Vertreterversammlung. Sie tritt mit dieser Beschlussfassung in Kraft, soweit der Beschluss nicht einen späteren Zeitpunkt bestimmt.

6a. Musterprotokoll einer ordentlichen General-/Vertreterversammlung

Niederschrift über die ordentliche General-/Vertreterversammlung der .... eG, am .... (Wochentag), dem .... (Datum), ... (Uhr), in .... (Gemeinde), ... (Versammlungsort).

Tagesordnung:

1. Eröffnung und Begrüßung
2. Bericht des Vorstands über das Geschäftsjahr 20..., Vorlage des Jahresabschlusses 20... und Vorschlag zur Verwendung des Jahresüberschusses
3. Bericht des Aufsichtsrats über seine Tätigkeit
4. Bericht über das Ergebnis der gesetzlichen Prüfung und Erklärung des Aufsichtsrats hierzu
5. Beschlussfassung über den Umfang der Bekanntgabe des Prüfungsberichts
6. Feststellung des Jahresabschlusses 20... und Beschlussfassung über die Verwendung des Jahresüberschusses
7. Beschlussfassung über die Entlastung
   a) der Mitglieder des Vorstands
   b) der Mitglieder des Aufsichtsrats
8. Wahlen zum Aufsichtsrat
9. Verschiedenes

Zu TOP 1

Der Versammlungsleiter/Die Versammlungsleiterin Herr/Frau ARV .... (Name und Wohnort) eröffnet die ordentliche General-/Vertreterversammlung um .... Uhr und begrüßt die erschienen Mitglieder und deren Vertreter (bei VV: die Vertreter) sowie die Gäste.

Der Versammlungsleiter stellt fest, dass .... stimmberechtigte Mitglieder anwesend oder vertreten sind (bei VV: .... Vertreter anwesend sind).

Der Versammlungsleiter stellt fest, dass die Einladung zur General-/Vertreterversammlung unter Angabe der Tagesordnung durch unmittelbare Benachrichtigung sämtlicher Mitglieder (oder: Veröffentlichung im Mitteilungsblatt der eG) erfolgt ist. Die Einberufung ist in der satzungsgemäßen Frist und Form erfolgt. Die Versammlung ist somit beschlussfähig.

Der Versammlungsleiter bestellt Herrn/Frau .... (Name) zum Schriftführer, zu Stimmzählern werden die Herren/Damen .... (Name) ernannt.

Vor Eintritt in die Tagesordnung gedenkt die Versammlung der seit der letzten General-/Vertreterversammlung verstorbenen Mitglieder.

Zu TOP 2

Das Vorstandsmitglied Herr/Frau .... (Name) erstattet den Bericht des Vorstands über das abgelaufene Geschäftsjahr unter Hinweis auf den gedruckten Geschäftsbericht.

Er/Sie legt der General-/Vertreterversammlung den Jahresabschluss für das Geschäftsjahr, verbunden mit den Vorschlägen des Vorstands für die Gewinnverwendung vor und gibt einen Überblick über die Entwicklung der Genossenschaft im laufenden Jahr. Das Wort wird nicht gewünscht (oder: es erfolgt eine Aussprache).

Zu TOP 3

Das Aufsichtsratsmitglied Herr/Frau .... (Name) trägt den Bericht des Aufsichtsrats vor. Der Aufsichtsrat hat sich im Laufe des Berichtsjahres auf wiederholten Sitzungen von der Ordnungsmäßigkeit der Geschäftsführung des Vorstands überzeugt und erklärt sich mit dem Bericht des Vorstands und dessen Gewinnverwendungsvorschlägen einverstanden.

Zu TOP 4

Herr/Frau .... (Name) verliest das zusammengefasste Prüfungsergebnis. Das Aufsichtsratsmitglied (ARV) Herr/Frau .... (Name) gibt die Erklärung des Aufsichtsrats zu den wesentlichen Feststellungen des Prüfungsberichts ab.

Zu TOP 5

Der Versammlungsleiter fordert die Versammlung zur Beschlussfassung über den Umfang der Bekanntgabe des Prüfungsberichts auf. Das Wort wird nicht gewünscht. Nach offener Abstimmung stellt der Versammlungsleiter fest, dass die Versammlung mit der erforderlichen einfachen Mehrheit den Beschluss gefasst hat, die Verlesung auf das zusammengefasste Prüfungsergebnis zu beschränken.

Zu TOP 6

Das Vorstandsmitglied Herr/Frau .... (Name) erläutert den Jahresabschluss zum 31. Dezember 20... Das Wort wird nicht gewünscht. Der Versammlungsleiter stellt den Jahresabschluss zur Abstimmung. Nach offener Abstimmung stellt der Versammlungsleiter fest, dass mit der erforderlichen einfachen Mehrheit ohne Gegenstimme der Jahresabschluss genehmigt wird.

Der Versammlungsleiter beantragt, den Jahresüberschuss in Höhe von ... Euro entsprechend dem Vorschlag des Vorstand zu verwenden. Das Wort wird nicht gewünscht. Nach offener Abstimmung stellt der Versammlungsleiter fest, dass mit der erforderlichen einfachen Mehrheit der Beschluss über die Verwendung des Jahresüberschusses ohne Gegenstimme genehmigt wird.

Zu TOP 7

Der Versammlungsleiter ruft den Tagesordnungspunkt Entlastung auf und erläutert, dass die Entlastung für beide Organe Vorstand und Aufsichtsrat getrennt durchzuführen ist. Er weist darauf hin, dass die Mitglieder en bloc entlastet werden können, wenn kein Widerspruch erfolgt. Wortmeldungen gibt es keine. Es kommt zur offenen Abstimmung.

Der Versammlungsleiter stellt hinsichtlich der Entlastung des Vorstands fest, dass en bloc abgestimmt, die erforderliche einfache Mehrheit ohne Gegenstimme erreicht und damit die Entlastung des Vorstands erteilt wird.

Alternativ: Der Versammlungsleiter delegiert die Durchführung der Entlastung des Aufsichtsrats auf Herrn/Frau .... (Name), da er selbst von der Entlastung betroffen ist. Herr/Frau .... (Name) stellt auf Grund einer Wortmeldung fest, dass ein Mitglied die Einzelentlastung des Aufsichtsrats beantragt. Weitere Wortmeldungen liegen nicht vor. Herr/Frau (Name) nimmt daraufhin die Entlastung des Aufsichtsrats einzeln vor und stellt fest: Aufsichtsratsmitglied .... (Name) ist mit der erforderlichen einfachen Mehrheit ohne Gegenstimme entlastet worden, Aufsichtsratsmitglied .... (Name) ist ebenfalls mit der erforderlichen einfachen Mehrheit bei einer Gegenstimme entlastet worden etc.

Zu TOP 8

Der Versammlungsleiter gibt bekannt, dass aus dem Aufsichtsrat turnusmäßig (alternativ: wegen Erreichen der Altersgrenze) ausscheiden: .... (Namen). Der Aufsichtsrat schlägt, soweit im Hinblick auf die Altersgrenze möglich, Wiederwahl vor. Auf Nachfragen hin erfolgen keine weiteren Vorschläge. Auch das Wort wird nicht gewünscht. Der Versammlungsleiter schlägt daraufhin vor, für die drei zu vergebenden Mandate angesichts der drei vorhandenen Kandidaten eine En-bloc-Abstimmung vorzunehmen. Hierzu gibt es keinen Widerspruch. Es kommt zur offenen Abstimmung. Der Versammlungsleiter stellt fest, dass die Mitglieder .... (Namen) mit der erforderlichen einfachen Mehrheit zu Aufsichtsratsmitgliedern gewählt werden. Alle gewählten Aufsichtsratsmitglieder nehmen auf Befragen die Wahl an.

Alternativ: Aus der Versammlung heraus wird Herr/Frau .... als Kandidat vorgeschlagen. Da drei Mandate zu vergeben sind, jedoch vier Kandidaten auf Grund Vorschlags aus der Versammlung zur Wahl stehen, schlägt der Aufsichtsrat schriftliche Abstimmung vor. Die Kandidaten .... (Namen) stellen sich vor. Eine Aussprache wird nicht gewünscht. Es kommt zur geheimen Abstimmung. Nach Einsammeln und Auszählen der Stimmzettel stellt der Versammlungsleiter fest, dass für den Kandidaten Herrn/Frau .... (Name) .... Stimmen abgegeben wurden, für den Kandidaten Herrn/Frau (Name) .... Stimmen etc. Er stellt fest, dass damit die Damen und Herren .... (Namen) mit den erforderlichen Mehrheiten in den Aufsichtsrat gewählt wurden.

Zu TOP 9

Nach Aufruf des Tagesordnungspunktes „Verschiedenes" werden die Themen .... angesprochen und von Vorstand und Aufsichtsrat beantwortet. Der Versammlungsleiter schließt die Versammlung um .... Uhr mit dem Dank an die Versammlungsteilnehmer.

Unterschriften

6b. Protokollierung weiterer Gegenstände der Beschlussfassung einer General-/Vertreterversammlung (Beispiele)

1. Antrag auf Übertragung der Versammlungsleitung

Herr/Frau .... (Name) beantragt, die Leitung der General-/Vertreterversammlung wegen Befangenheit des Aufsichtsratsvorsitzenden auf Herrn/Frau .... (Name) zu übertragen. Nach lebhafter Diskussion bringt der Versammlungsleiter diesen Antrag zur Geschäftsordnung zur Abstimmung. Der Versammlungsleiter stellt fest, dass der Antrag auf Übertragung der Versammlungsleitung mit einfacher Mehrheit bei einer Gegenstimme abgelehnt wird.

2. Absetzung eines Tagesordnungspunktes

Herr/Frau .... (Name) beantragt, TOP 7 a, Beschlussfassung über die Entlastung der Mitglieder des Vorstands, von der Tagesordnung abzusetzen. Er begründet dies mit dem angeblich schlechten Betriebsergebnis. Nach Aussprache wird dieser Antrag zur Geschäftsordnung zur Abstimmung gebracht. Der Versammlungsleiter stellt fest, dass der Antrag mit der erforderlichen einfachen Mehrheit bei drei Gegenstimmen abgelehnt wird.

3. Antrag auf schriftliche Abstimmung

Herr/Frau .... (Name) beantragt zu TOP ... schriftliche Abstimmung. Der Versammlungsleiter weist darauf hin, dass gemäß der Satzungsvorschrift ein Viertel der gültig abgegebenen Stimmen für diesen Antrag stimmen müssen, um die schriftliche Abstimmung zu erreichen. Weitere Wortmeldungen liegen nicht vor. Nach offener Abstimmung verkündet der Versammlungsleiter, dass bei mehr als 100 anwesenden Stimmberechtigten lediglich drei Stimmberechtigte für eine schriftliche Abstimmung votiert haben. Er stellt fest, dass der Antrag auf schriftliche Abstimmung nicht die erforderliche Mehrheit erreicht hat und damit abgelehnt ist.

4. Wiederholung einer Abstimmung wegen unklaren Ergebnisses

Der Versammlungsleiter stellt fest, dass das Ergebnis der Abstimmung unklar ist. Er bittet die Stimmzähler, bei der nächsten Abstimmung besonders sorgfältig zu verfahren. Eine Diskussion zu der Wiederholung wird nicht gewünscht. Die wiederholte Abstimmung zu TOP ... bringt ein klares Ergebnis. Der Versammlungsleiter stellt fest, dass der Antrag mit der erforderlichen Mehrheit bei ... Gegenstimmen angenommen worden ist.

5. Widerspruch zu Protokoll

Herr/Frau .... (Name) erhebt gegenüber dem Schriftführer Widerspruch zu Protokoll mit der Begründung, das Ergebnis zu TOP ... sei seiner/ihrer Meinung nach fehlerhaft zustande gekommen.

6. Widerruf der Bestellung eines Aufsichtsratsmitgliedes

Zu TOP ... wird vorgetragen, dass Aufsichtsratsmitglied .... (Name) wiederholt die Schweigepflicht verletzt habe. Hierzu schließt sich eine lebhafte Diskussion an. Der Versammlungsleiter weist darauf hin, dass die Satzung für den Widerruf der Bestellung eines Aufsichtsratsmitglieds die qualifizierte Mehrheit von Dreiviertel der gültig abgegebenen Stimmen verlangt. Auf Antrag des Aufsichtsrats wird geheime Abstimmung vorgeschlagen.

Nach Auszählung der Stimmzettel gibt der Versammlungsleiter das Ergebnis bekannt und stellt fest: Der Antrag auf Widerruf der Bestellung des Aufsichtsratsmitglieds .... (Name) ist mit ... Ja-Stimmen zu ... Nein-Stimmen mit der erforderlichen Dreiviertelmehrheit zustande gekommen.

7. Einführung einer neuen Satzung auf der Grundlage der Mustersatzung

Der Versammlungsleiter bittet das Vorstandsmitglied .... (Name), die Neuerungen der Satzung zu erläutern. Herr/Frau .... (Name) geht auf die wichtigsten Änderungen ein, die den Mitgliedern in der Form einer Synopse mit der Einladung zugesandt wurden.

Er/Sie beantwortet zwei Fragen zu den neuen Bestimmungen. Weitere Wortmeldungen liegen nicht vor. Der Versammlungsleiter weist darauf hin, dass die Satzungsänderung mit einer Dreiviertelmehrheit beschlossen werden muss. Es kommt zur offenen Abstimmung. Der Versammlungsleiter stellt fest, dass dem Antrag auf Einführung der neuen Satzung ohne Gegenstimme stattgegeben ist und damit die erforderliche Dreiviertelmehrheit erreicht ist.

8. Änderung der Wahlordnung

Der Versammlungsleiter nimmt Bezug auf die den Mitgliedern zugegangene Synopse und erläutert die Notwendigkeit der Änderung. Das Wort wird nicht gewünscht. Der Versammlungsleiter weist darauf hin, dass die einfache Mehrheit für die Beschlussfassung ausreicht. Nach offener Abstimmung stellt der Versammlungsleiter fest, dass der Beschluss über die Änderung der Wahlordnung mit der erforderlichen einfachen Mehrheit ohne Gegenstimme zustande gekommen ist.

9. Wahlen zum Wahlausschuss

Der Versammlungsleiter erläutert, dass nach vier Jahren im Hinblick auf die bevorstehenden Wahlen zur Vertreterversammlung ein neuer Wahlausschuss gemäß Wahlordnung zu wählen ist. Er erklärt, dass aus dem Vorstand und Aufsichtsrat acht Personen Bereitschaft erklärt haben, dem Wahlausschuss anzugehören. Gemäß Wahlordnung müssen nunmehr neun, nämlich eine Person mehr als aus Vorstand und Aufsichtsrat, in den Wahlausschuss gewählt werden. Zur Wahl haben sich gestellt die Damen und Herren .... (Namen) Weitere Kandidaten werden aus der Versammlung heraus nicht benannt. Der Versammlungsleiter schlägt eine En-bloc-Wahl vor. Auch hiergegen erheben sich keine Einwendungen. Nach offener Abstimmung stellt der Versammlungsleiter fest, dass die neun Kandidaten mit der erforderlichen einfachen Mehrheit ohne Gegenstimme en bloc in den Wahlausschuss gewählt worden sind.

6c. Muster-Stimmkarte

STIMMKARTE

110 258 DG VERLAG 11.20

1	JA	NEIN	ENT-HALTUNG	21
2	JA	NEIN	ENT-HALTUNG	21
3	JA	NEIN	ENT-HALTUNG	21
4	JA	NEIN	ENT-HALTUNG	21
5	JA	NEIN	ENT-HALTUNG	21
6	JA	NEIN	ENT-HALTUNG	21
7	JA	NEIN	ENT-HALTUNG	21

7. Anmeldung zum Genossenschaftsregister – Fassung 2.12

Anmeldung zum Genossenschaftsregister

Anschrift der Genossenschaft

Amtsgericht – Registergericht

Gen.-Reg.

Wir melden hiermit zur Eintragung in das Genossenschaftsregister an[1]

☐ den Beschluss der General-/Vertreter-Versammlung vom ______ über die aus der Anlage ersichtliche Satzungsänderung

☐ die Bestellung des/der[2]

zu(m) Vorstandsmitglied(ern)

☐ die sich aus der Anlage ergebende Änderung – Beendigung – der Vertretungsbefugnis des/der[2]

☐ die Erteilung der Prokura an[2]	in folgender Ausgestaltung[3]
1. 2. 3.	

☐ das Erlöschen der Prokura des/der

Wir fügen dieser Anmeldung bei[1]

☐ eine unbeglaubigte auszugsweise Abschrift der Niederschrift über die oben genannte Versammlung sowie ein Exemplar der neuen Satzung

☐ zwei Abschriften der Urkunde(n) über die Bestellung von Vorstandsmitgliedern/Änderung der Vertretungsbefugnis

Ort, Datum	Unterschrift der Genossenschaft zur Anmeldung[4]

1 Von der Anmeldung sowie von den Anlagen sind gemäß § 14a Abs. 1 und 4 GenG außer den für das Gericht des Sitzes bestimmten Stücken so viele unbeglaubigte Stücke bzw. Mehrfertigungen beizufügen, wie eingetragene Zweigniederlassungen von der Anmeldung betroffen sind.
2 Vor- und Zuname, Wohnort und Geburtsdatum sowie bei Vorstandsmitgliedern gegebenenfalls Angaben wie stellv. Vorstandsmitglied, Vorstandsvorsitzender usw.
3 Zum Beispiel gemeinschaftlich mit einem Vorstandsmitglied oder Einzel-, Gesamt-, Filialprokura. Wird die Prokura nur für einzelne Zweigniederlassungen erteilt, so sind für die Anmeldung und Zeichnung der Unterschriften Ausfertigungen nur für diese und für das Registergericht des Sitzes einzureichen.
4 Firma der Genossenschaft sowie Unterschriften von Vorstandsmitgliedern mit Vor- und Zunamen in vertretungsberechtigter Zahl.

126 000 I DG VERLAG FA 2.12

Ausfertigung für das Registergericht

8. Stimmrechtsvollmacht – Fassung 7.03

Stimmrechtsvollmacht (§ 43 Abs. 5 GenG)

Hiermit bevollmächtige ich[1]

mein Stimmrecht in der Generalversammlung der

Name der Genossenschaft

vom ______________________ auszuüben.

Ort, Datum

Unterschrift

1 Aus der einschlägigen Vorschrift der Satzung ergibt sich, an wen Vollmacht erteilt werden kann.
Nach § 43 Abs. 5 GenG kann ein Bevollmächtigter nicht mehr als zwei Mitglieder vertreten.

110 220 DG VERLAG 7.03

9. Muster zur ListenWahl der Vertreterversammlung: a–k (Benachrichtigungen, Protokolle etc.)

a) Mitteilung von der Wahl zum Mitglied des Wahlausschusses (§ 2 der Wahlordnung)

An

....

Betr.: Bildung eines Wahlausschusses

Sehr geehrte Frau ....,

Sehr geehrter Herr...,

in der Generalversammlung/Vertreterversammlung von .... wurden Sie auf unseren Vorschlag zum Mitglied des Wahlausschusses gewählt. Dem Wahlausschuss obliegt die Vorbereitung und Durchführung der Wahl zur Vertreterversammlung.

Wir freuen uns über Ihre Wahl und begrüßen es dankbar, dass Sie bereit sind, uns durch Ihre Mitarbeit zu unterstützen.

Als Mitglied des Wahlausschusses laden wir Sie hiermit zu einer Sitzung

am .... in .... mit folgender Tagesordnung ein:

1. Wahl des Ausschussvorsitzenden und eines Stellvertreters
2. Aufstellung der Liste der für die Jahre .... zu wählenden Vertreter und Ersatzvertreter (Wahlliste)
3. Bestimmung von Ort und Zeit der Vertreterwahl
4. a) Benennung der Ausschussmitglieder, die gemäß § 7 Abs. 1 der Wahlordnung die Wahl beaufsichtigen

   b) Benennung der Ausschussmitglieder, die gemäß §§ 7 Abs. 2, 8 Abs. 1 der Wahlordnung die Stimmzählung durchführen und das Wahlergebnis feststellen

c) Delegation der Aufgabe des Ausschussvorsitzenden bzw. seines Stellvertreters gemäß § 9 Abs. 1 der Wahlordnung (Benachrichtigung von der Wahl zum Vertreter) auf den Vorstand

d) Benennung der Ausschussmitglieder, die gemäß § 9 Abs. 3 der Wahlordnung die Annahme der Wahl als Vertreter und das Zustandekommen der neuen Vertreterversammlung feststellen.

5. Verschiedenes

Unsere Satzung, die Wahlordnung sowie eine Liste der Mitglieder des Wahlausschusses fügen wir bei. Den Entwurf einer Wahlliste für die Vertreterversammlung werden wir Ihnen rechtzeitig vor der Sitzung zusenden.

Mit freundlichen Grüßen

Der Vorstand

b) Benachrichtigung über die Aufstellung als Kandidat für die Vertreterversammlung (§ 3 Abs. 3 der Wahlordnung)

An

....

Sehr geehrte Frau ....,

Sehr geehrter Herr ....,

gemäß § 43a des Genossenschaftsgesetzes werden die Rechte der Mitglieder zur Mitwirkung bei grundsätzlichen Angelegenheiten unserer Bank von einer Vertreterversammlung wahrgenommen, die in der Regel einmal jährlich zusammentritt.

Demnächst wird die Wahl-/Neuwahl zur Vertreterversammlung durchgeführt. Der Wahlausschuss hat eine Wahlliste aufgestellt, die nach den Bestimmungen des Genossenschaftsgesetzes und unserer Satzung insgesamt .... Vertreter und .... Ersatzvertreter umfasst. Die Wahl erfolgt nach unserer Satzung für die Dauer von vier Jahren.

Der Wahlausschuss möchte Sie als Kandidat zur Wahl-/Wiederwahl für die Vertreterversammlung vorschlagen und hat Sie demgemäß in die Wahlliste als

Vertreter/Ersatzvertreter

aufgenommen.

Wir würden es dankbar begrüßen, wenn Sie sich mit der erfolgten Nominierung einverstanden erklären. Um das Verfahren zu vereinfachen, dürfen wir ihr Einverständnis unterstellen, wenn wir nicht bis zum .... eine gegenteilige Nachricht von Ihnen erhalten.

Falls Sie weitere Fragen in diesem Zusammenhang haben sollten, steht Ihnen Herr/Frau .... für telefonische Rückfragen oder zu einem Gespräch gern zur Verfügung.

Mit freundlichen Grüßen

Der Vorstand

c) Bekanntgabe der Auslegung der Wahlliste (§ 4 der Wahlordnung)

Bekanntmachung zur Wahl der Vertreterversammlung

Die von dem Wahlausschuss unserer Bank aufgestellte Wahlliste zur Vertreterversammlung liegt zusammen mit der Wahlordnung ab heute für die Dauer von vier Wochen in den Geschäftsräumen der Bank, ihrer Niederlassungen und Zweigstellen während der üblichen Geschäftszeit zur Einsicht durch die Mitglieder aus. Diese Wahlliste enthält die Namen der Kandidaten für die Wahl zu unserer Vertreterversammlung.

Weitere Listen können von den Mitgliedern gemäß § 4 der Wahlordnung innerhalb von zwei Wochen nach Bekanntmachung, also spätestens bis zum ...., bei uns eingereicht werden. Diese Listen müssen .... wählbare Vertreter und .... wählbare Ersatzvertreter enthalten und von mindestens .... Mitgliedern unserer Bank unterzeichnet sein (§ 3 Abs. 1 der Wahlordnung)

Firma der Bank

....
(Ort)

....
(Datum)

....
(Stv.) Vorsitzender des Wahlausschusses

d) Bekanntgabe von Ort und Zeit der Wahl (§ 5 der Wahlordnung)

Bekanntmachung zur Wahl der Vertreterversammlung

Die Wahl zur Vertreterversammlung unserer Bank findet

am .... statt.

Wahlberechtigt sind alle Mitglieder unserer Bank, die bis zum heutigen Tage in der Liste der Mitglieder beim Genossenschaftsregister eingetragen sind; minderjährige Mitglieder üben ihr Wahlrecht durch ihren gesetzlichen Vertreter aus. Die Stimmen können abgegeben werden

in .... von .... bis .... Uhr.

in .... von .... bis .... Uhr.

Zur Wahl steht die vom Wahlausschuss aufgestellte Liste, nachdem weitere Listen nicht eingereicht worden sind. Die Wahlliste liegt zusammen mit der Wahlordnung bis zum Wahltag während der üblichen Geschäftszeit in den Geschäftsräumen unserer Bank, ihrer Niederlassungen und Zweigstellen zur Einsicht durch die Mitglieder aus.

Die Wahl erfolgt durch Stimmzettel, die von uns zu den Wahlzeiten zur Verfügung gestellt werden.

Briefwahl ist zulässig; die hierzu erforderlichen Unterlagen können bis spätestens eine Woche vor dem Wahltermin von uns angefordert werden. Die Wahlbriefe müssen bis zum Ablauf der vorstehend genannten Wahlzeit eingegangen sein.

Firma der Bank

....
(Ort)

....
(Datum) (Stv.) Vorsitzender des Wahlausschusses

e) Stimmzettel zur Vertreterversammlung (§ 6 Abs. 1 der Wahlordnung)

Stimmzettel

für die Wahl zur Vertreterversammlung am ....

Zur Wahl steht die vom Wahlausschuss aufgestellte Liste.

Ich stimme mit ja ☐ nein ☐

f) Unterlagen für die Briefwahl (§ 6a bzw. § 5 der Wahlordnungen)

An ....

Betr.: Vertreterwahl am ....

Sehr geehrte Frau ....,

Sehr geehrter Herr ....,

wunschgemäß übersenden wir Ihnen als Anlage die folgenden Briefwahlunterlagen:

Stimmzettel, Wahlumschlag, Erklärung der persönlichen Kennzeichnung des Stimmzettels und Wahlbrief.

Den von Ihnen ausgefüllten Stimmzettel bitten wir in den beigefügten Wahlumschlag zu verschließen. Den Wahlumschlag verschließen Sie zusammen mit der unterschriebenen Erklärung in den Wahlbrief.

Ihre Stimmabgabe kann nur berücksichtigt werden, wenn Ihr Wahlbrief spätestens bis zum Ablauf der Wahlzeit am .... um .... Uhr beim Vorsitzenden des Wahlausschusses eingegangen ist.

Mit freundlichen Grüßen

g) Protokoll über die Tätigkeit des Wahlausschusses sowie über die Durchführung und das Ergebnis der Wahl (§ 8 der Wahlordnung)

Protokoll

Der Wahllausschuss hat die Vertreterwahl am .... gemäß den Bestimmungen des Genossenschaftsgesetzes, der Satzung und der Wahlordnung vorbereitet und durchgeführt. Der Wahlausschuss hat insbesondere auf seiner Sitzung am .... eine Wahlliste aufgestellt, die Liste unter Beachtung des § 4 der Wahlordnung ausgelegt und dies ordnungsgemäß bekannt gemacht; er hat ferner den Termin zur Wahl der Vertreterversammlung entsprechend § 5 der Wahlordnung veröffentlicht, die Durchführung der Wahl überwacht, die abgegebenen Stimmen ausgezählt und das Wahlergebnis festgestellt. Weitere Listen wurden nicht eingereicht.

Die Vertreterwahl wurde in den Geschäftsräumen der Bank, ihrer Niederlassungen und Zweigstellen in .... von .... bis .... Uhr durchgeführt. Bei der Wahl waren folgende Mitglieder des Wahlausschusses zur Aufsicht anwesend:

....

Von der Briefwahl wurde in .... Fällen/kein Gebrauch gemacht.

Der Wahlausschuss bzw. die von ihm delegierten Mitglieder hat/haben folgendes Wahlergebnis festgestellt:

Abgegebene Stimmen insgesamt .... davon gültige Stimmen ....

Ja-Stimmen ....

Nein-Stimmen ....

Die entsprechenden Belege, insbesondere über die erfolgten Veröffentlichungen, sind ebenso wie die abgegebenen Stimmzettel und die Wahlliste diesem Protokoll als Anlage beigefügt.

....
(Ort)

....
(Datum) (Stv.) Vorsitzender des Wahlausschusses

h) Benachrichtigung über die Wahl (Wiederwahl) zum Vertreter/ Ersatzvertreter (§ 9 Abs. 1 der Wahlordnung)

An

....

Sehr geehrte Frau ....,

Sehr geehrter Herr ....,

mit Schreiben vom .... hatten wir Ihnen mitgeteilt, dass Sie vom Wahlausschuss als Kandidat für unsere Vertreterversammlung vorgeschlagen worden sind. Diese Wahl hat am .... mit dem Ergebnis stattgefunden, dass die vom Wahlausschuss vorgelegte Liste gewählt worden ist. Im Auftrag des Vorsitzenden des Wahlausschusses geben wir davon Kenntnis, dass Sie damit für die Dauer von .... Jahren als Vertreter/Ersatzvertreter in die Vertreterversammlung unserer Bank gewählt/wiedergewählt worden sind.

Gemäß § 9 Abs. 2 der Wahlordnung gilt die Wahl als von Ihnen angenommen, wenn Sie diese nicht innerhalb einer Frist von zwei Wochen seit Zugang dieses Schreibens ablehnen.

Sofern uns deshalb nicht bis .... eine gegenteilige Erklärung von Ihnen vorliegt, werden wir Ihnen mit der Einladung zur nächsten Vertreterversammlung einen Vertreterausweis zusenden. Diesen Ausweis bitten wir sorgfältig aufzubewahren und zu jeder Vertreterversammlung mitzubringen.[1]

Die Rechte und Pflichten der Vertreter/Ersatzvertreter ergeben sich im Übrigen insbesondere aus den §§ 27–35 unserer Satzung, die wir beifügen.

Wir beglückwünschen Sie zu Ihrer Wahl-/Wiederwahl und freuen auf Ihre Mitwirkung. Im Interesse der weiteren Förderung unseres genossenschaftlichen Unternehmens hoffen wir auf eine stets gute und vertrauensvolle Zusammenarbeit mit Ihnen.

Mit freundlichen Grüßen

Der Vorstand

---

1 Dieser Abs. des Schreibens gilt nur für die gewählten Vertreter, nicht für Ersatzvertreter.

i) Vertreterausweis gemäß § 26f Abs. 4 der Mustersatzung

Ausweis zur Vertreterversammlung

Herr/Frau	Mitglieds-Nr.

ist Mitglied unserer Vertreterversammlung und damit bis zur Beendigung des Vertreteramts zur Wahrnehmung aller aus Gesetz und Satzung sich ergebenden Vertreterrechte befugt.

Dieser Ausweis ist nicht übertragbar. Seine Gültigkeit erlischt mit der Beendigung des Vertreteramts.

Ort, Datum	Genossenschaft

110 240 DG VERLAG 10.96

j) Protokoll über die Feststellung der Annahme der Wahl und das Zustandekommen der Vertreterversammlung (§ 9 Abs. 3 der Wahlordnung; § 43 Abs. 5 GenG)

Protokoll

Der Wahlausschuss bzw. die folgenden von ihm delegierten Mitglieder hat/haben in der Sitzung vom .... das Wahlergebnis festgestellt. In der Zwischenzeit ist die Frist von zwei Wochen seit dem Zugang der schriftlichen Mitteilung gemäß § 9 Abs. 1 der Wahlordnung verstrichen, in denen ein gewählter Vertreter seine Wahl ablehnen konnte. Derartige Ablehnungen sind nicht eingegangen.

Damit wird festgestellt,

1. a) dass .... gewählte Vertreter und .... gewählte Ersatzvertreter die Wahl angenommen haben; auf eine Benachrichtigung der gewählten Ersatzvertreter wurde verzichtet.
2. b) dass die Vertreterversammlung ordnungsgemäß zustande gekommen ist.

....
(Ort)

....
(Datum) (Stv.) Vorsitzender des Wahlausschusses

k) Bekanntmachung der gewählten Vertreter (§ 10 der Wahlordnung)

Bekanntmachung zur Wahl der Vertreterversammlung

Nachdem am .... die Wahl unserer Vertreterversammlung ordnungsmäßig durchgeführt worden ist, geben wir hiermit bekannt, dass die Liste der gewählten Vertreter und der gewählten Ersatzvertreter gemäß § 43a Abs. 6 des Genossenschaftsgesetzes ab heute für die Dauer von zwei Wochen in den Geschäftsräumen unserer Bank, ihrer Niederlassungen und Zweigstellen während der üblichen Geschäftszeit zur Einsicht durch die Mitglieder ausliegt. Jedes Mitglied kann jederzeit eine Abschrift der Liste der Vertreter und Ersatzvertreter verlangen.

Firma der Bank
Der Vorstand

....
(Ort)

....
(Datum)

Literaturverzeichnis

Beuthien, Volker: Genossenschaftsgesetz. 16. Auflage 2018, München.

DGRV (Hrsg.): Mindestanforderungen an virtuelle General-/Vertreterversammlungen, Stand: 24. April 2020, Berlin.

DGRV (Hrsg.): Verschmelzung – Ausgliederung. Hinweise und Hilfen. DGRV Schriftenreihe, Band 39, 4. Aufl. 2021, Wiesbaden.

Frankenberger, Wilhelm/Geschrey, Erhard/Bauer, Heinrich: Der Aufsichtsrat der Genossenschaft. 8. Auflage 2016, Wiesbaden.

Gräser, Bernd/Holthaus, Jan: Die Satzung der Kreditgenossenschaften. 4. Auflage 2018, Wiesbaden.

Lang, Johann/Weidmüller, Ludwig: Genossenschaftsgesetz: GenG. 40. Auflage 2022, Berlin.

Ohlmeyer, Dietrich/Kuhn, Erwin/Philipowski, Rüdiger/Tischbein, Heinz-Jürgen: Verschmelzung von Genossenschaften und andere Umwandlungsmöglichkeiten. 7. Auflage 2004, Wiesbaden.

Pöhlmann, Peter/Fandrich, Andreas/Bloehs, Joachim: Genossenschaftsgesetz. 4. Auflage 2012, München.